集人文社科之思 刊专业学术之声

集 刊 名：南开日本研究
主办单位：南开大学日本研究院
教育部国别和区域研究基地南开大学日本研究中心

# 南开日本研究



## 2024年第2辑（总第31辑）

集刊序列号：PIJ-2022-465
集刊主页：www.jikan.com.cn/ 南开日本研究
集刊投约稿平台：www.iedol.cn

南开大学日本研究院
教育部国别和区域研究基地南开大学日本研究中心
主 办

# 南開日本研究

2024年第2辑（总第31辑）

刘岳兵　主编

南開日本研究
NANKAI JAPAN STUDIES
2024年第2辑
（总第31辑）

# 目　录

**特稿**

在“南开大学王金林日本研究基金”捐赠仪式上的致辞 …… 王金林 / 004

**日本历史与社会**

对内与对外：重新审视日本“记纪”的编纂意图 …………… 占才成 / 009

中日拔河源流考
——兼论苗族“拉鼓节”与日本“御柱祭” …… 李国栋　陈洁颖 / 029

“一号作战”中侵华日军的医疗补给问题 …………………… 李亚楠 / 047

**日本思想与文化**

朱熹《小学》在日本近世的传播与本土化 …………………… 万丽莉 / 071

昭和初期日本官僚的形象变动
——以“牧民官”形象为中心 ……………………………… 石　璞 / 085

近代日本“有色人种解放论”辨析 ………………………… 许赛锋 / 101

二战后日本的久野收研究综述 ……………………………… 王振涛 / 116

**日本经济与外交**

论日本对东南亚安全外交：打造战略支点 ………… 张文佳　徐万胜 / 143

山本条太郎与近代日本对华经济扩张活动 …………………… 周 游 / 159
日本驻满海军部的“满洲经营”初探 ……………… 张铭睿 刘景瑜 / 185

## 21世纪中国日本研究的回顾与展望

21世纪以来吉林大学日本问题研究的进展、问题与展望…… 庞德良 / 209
新世纪、新发展、新机遇：21世纪以来的东北师范大学日本研究所 …………………………………………… 陈秀武 / 215
励精图治，久久为功：21世纪辽宁大学日本学研究的发展轨迹及其思考 ……………………………… 崔 岩 于振冲 / 224
21世纪以来北华大学的日本史研究 ………………………… 郑 毅 / 230
浙江工商大学日本研究的历史与现状 ……………… 江 静 郑 辉 / 236

## 史海钩沉与翻译

中世的国家与天皇 ………………〔日〕黑田俊雄 著 康 昊 译 / 255
富永健一老师和南开大学 ………〔日〕园田茂人 著 赵文文 译 / 285

## 书评

太平洋战争的预言
——评爱德华·S. 米勒《美国陷阱：橙色计划始末》 …… 高 星 / 295

Contents ………………………………………………………… 300
《南开日本研究》征稿 …………………………………………… 308

# 特稿

# 编者按

2024年5月24日，“南开大学王金林日本研究基金”捐赠仪式在南开大学日本研究院举行。“南开大学王金林日本研究基金”由1957级历史系校友王金林捐资100万元设立，用于助力南开大学日本研究院发展建设。捐赠仪式前，南开大学党委副书记牛文利会见了王金林先生的女儿、南开大学日本研究院客座教授、浙江大学历史学院教授王海燕，代表学校向王金林先生对母校的厚爱和支持表达感谢与敬意。捐赠仪式上，王海燕向日本研究院院长刘岳兵教授致送捐赠支票，南开大学发展委员会办公室、教育基金会有关负责人向王海燕致送捐赠纪念牌。中国日本史学会前会长、日本研究院的创始院长杨栋梁教授对王金林先生的高风亮节表示敬佩和感激，对王金林先生在日本史研究领域的学术贡献、在中国日本史学会以及在促进中日学术交流中所发挥的重要作用给予高度评价。王金林先生是南开日本研究的骄傲，充分发挥好这笔基金的作用，是日本研究院的责任。刘岳兵介绍了“南开大学王金林日本研究基金”的规程与管理，对王金林先生和王海燕教授的信任表示感谢，表示日本研究院一定用好这笔宝贵的基金，为“在南开从事日本研究是一件幸福的事”这条鲜活的“史料”不懈地做好注释工作。日本研究院原院长李卓教授，荣休教授赵德宇、莽景石及日本研究院在校师生一同参加捐赠仪式。

中国日本史学会名誉会长、南开大学日本研究院客座教授、日本古代史研究中心顾问、天津社会科学院日本研究所研究员王金林先生线上参加捐赠仪式并致辞，特将王先生的致辞稿刊出，以作为对我们的鼓励。

# 在“南开大学王金林日本研究基金”捐赠仪式上的致辞

王金林

各位老师、各位朋友，大家好！

我是王金林，南开大学1962年历史系毕业生。

南开历史系是我学术生涯的起点。在1957—1962年的五年间，老师们在当时的困难环境下仍然精心设置课程，呵护和关怀我们学业的成长。名师亲自授课，为我们打下了厚实的、扎实的基础知识，并且教诲我们治学与做人。以郑天挺、吴廷璆为首的十余位名师亲执教鞭的情景，至今难忘。

我是在恩师吴廷璆先生、恩师兼学长俞辛焞先生的亲切教导和鼓励下，选择了研究日本史的人生道路的。我们之间的师生之情、学长之谊，在我离开学校的数十年间，仍然连绵不断。每当我取得一些研究成绩的时候，都能得到来自先生们的鼓励和支持。浓浓的南开情，使我成为关注南开日本史研究的校外学子。在南开日本研究从历史系日本史研究室、日本研究中心，到日本研究院的发展进程中，我也曾与之有过交集，只要吴、俞两位先生有吩咐，我必当尽力而为，如曾介绍和推荐多名研究骨干，也为研究生开过日本古代史课程等，还借以“中国日本史学会”平台，在史学交流中，常向国内外学术机构推介南开的日本研究群体及其研究成果。

20世纪80年代后半期，我曾有离开天津转移北京的想法。此事被吴廷璆先生和俞辛焞先生获知，为此他们分别约见我，见面的第一句话，就是“你哪里也不要去，回学校来，增强南开日本史研究的古代史研究力量”。回归南开，成为南开日本研究群体中的一员，一直是我的夙愿，于是我答应了先生们的诚约。尽管此事最终因为某种原因而未能实现，但是我一直认为自己是“南开人”，常常为南开日本研究的发展及其新研究成果的不断出现而欣喜。

我一生储蓄不多，但是为了支持母校的日本史研究，此次决定捐献本人的储蓄。感谢岳兵院长的帮助，感谢家人的支持，使我的心愿得以实现。

在此，借敬爱的周恩来总理的名言：“我是爱南开的！”

祝愿南开日本研究院兴旺发达，学术水平始终站在世界日本研究的最前列！

# 日本历史与社会

# 对内与对外：重新审视日本“记纪”的编纂意图

占才成

**内容摘要** 日本现存最早的史书《古事记》与日本第一部官修正史《日本书纪》两书成书时间仅相隔八年，为何在如此短的时间内要编写两部内容相差无几的史书？这成为困扰日本“记纪”研究学界的大问题，被坂本太郎称作“古来难题”。当今日本学界多认为《古事记》面向日本（对内），而《日本书纪》则面向海外（对外）。但这一观点忽略了一个很重要的问题：如果《日本书纪》是面向海外的，那为何一千多年来几乎没有迹象表明《日本书纪》传至中国、朝鲜等亚洲邻国？结合当时的历史，分析“记纪”的编纂意图可知，“记纪”并不存在日本学者所主张的对内、对外的区别，它们主要都是面向日本（即均对内）的，只不过在假想的读者群和具体的编纂意图侧重点上有所不同，本质上也无异，都是为了巩固以天皇为中心的中央集权制国家并记录日本古代历史。

**关键词** 《古事记》 《日本书纪》 编纂意图 “记纪”

“记纪”[①] 的编纂意图一直是学界关注的重点，究其原因是《古事记》诞生后仅八年，另一部官修正史《日本书纪》也问世，两书所载年代的大

① 即《古事记》和《日本书纪》。

部分史实与神话故事基本相近，并无本质不同。为什么要在如此短的时间内编纂两部记载内容大体相同的史书？答案可谓众说纷纭、莫衷一是，其问题还被坂本太郎称作“古来难题”，“虽有诸说，却至今仍未能解决”。[①] 坂本太郎的这一判断发表于60多年前，时过境迁，照说早就应该有了定论。然而，2019年，日本国学院大学“古事记研究中心”主任谷口雅博教授仍着重提及此点，指出：“其实，这里面最大的问题是，为何会出现两部书？《古事记》成书于712年，《日本书纪》成书于720年，相隔这么近的时间，为什么会出现两种记录大约相同历史的史书？这才是大问题。”[②] 日本古代为什么会在这么短的时间内编纂两部内容相差无几的历史书？本文就此试作一考，兼与日本学界主张的“对内”“对外”说商榷。

## 一　梅泽伊势三对记纪编纂意图的阐释

日本上代，为何会在短时间内编写两部史书？梅泽伊势三的『古事記と日本書紀の成立』对此有所阐述。该书将历来的主要观点总结如下：

> （1）《古事记》是面向国内的古传之书；《日本书纪》则面向国外，是国家正史。两者分开编纂。
>
> （2）作为之后编写国家正史的准备工作，先编纂了《古事记》。
>
> （3）《古事记》先诞生，但因为其形式、内容都不充分、不完美，所以其后又增补完成了《日本书纪》。
>
> （4）《古事记》原本是与《日本书纪》作为资料使用的古文献同类的书，是《日本书纪》里没有引用的特殊的“一书”。
>
> （5）《古事记》是天皇近侧或后宫相关联者的个人作品；《日本书纪》则是朝廷的官方任务。[③]

① 坂本太郎『古事記大成4　歴史考古篇』平凡社、1956年、2頁。

② 〔日〕谷口雅博、占才成：《比较视野下的日本神话与中国文化：谷口雅博教授访谈录》，《外国语文研究》2019年第5期。

③ 梅沢伊勢三『古事記と日本書紀の成立』吉川弘文館、1988年、1—2頁。

近年来对此问题亦有其他论述者，但多难脱窠臼。其中如第三条的“不充分、不完美”说，由本居宣长首倡，中国学界亦有推衍者。本居宣长认为当时朝廷酷好汉学，但《古事记》过于“朴素”，文字并无雕饰，与中国风的“国史”相比稍显逊色，因不满《古事记》的朴素简略，其后便编纂了饱含中国风的日本“国史”——《日本书纪》。[①] 本居宣长对此只提出了假设，未作过多的论证。

在探讨“为何会出现两部史书”的问题之前，让我们先来分析梅泽伊势三总结的五个代表性观点。

首先，第一条认为《古事记》是面向国内，《日本书纪》是面向国外的观点不乏支持者。日本历史学家直木孝次郎依据《古事记》更近古日语，《日本书纪》则为纯粹汉文，得出结论：“所以，一般认为《日本书纪》意识到了中国而向外；《古事记》则很好保留了古传说而向内，包含很多传统要素。”[②] 但笔者对此持疑。诚然，《日本书纪》的书名开宗明义地表明这是日本国的历史书，有别于他国史书，说明编纂者意识到了“外国”这一他者。而且，《日本书纪》全书用汉文记载，更方便汉字文化圈的人（特别是中国人）阅读。但这并不能表明《日本书纪》就是面向国外的，其假想读者不一定就是外国人，甚至可以说《日本书纪》或许如《古事记》一样也是面向国内的，并无特别呈送外国人阅览的意识。之所以如此推断，是因为“《日本书纪》面向国外”的结论，有一个严重的漏洞：如果《日本书纪》面向国外（这里所说的国外，其实在当时看来，主要指中国和朝鲜半岛)，那为何长期以来不见《日本书纪》传至中国和朝鲜半岛？中国史书《旧唐书》《新唐书》《元史》《明史》等及朝鲜史书《三国遗事》《三国史记》中均未提及《日本书纪》书名，就是中国清代以前史书外的文献中亦不见此书名。《日本书纪》甚至直到 2019 年才有中国出版社（四川人民出版社）在中国出版发行，这甚至都晚于《古事记》在中国被关注的时间。《古事记》早在 1963 年就有周作人译本，此后 1979 年又

① 本居宣長『本居宣長全集（第九巻）』筑摩書房、1968 年、3 頁。

② 上田正昭・岡田精司・直木孝次郎等『「古事記」と「日本書紀」の謎』学生社、1992 年、11 頁。

有邹有恒、吕元明合译本。如果真如部分学者所言《日本书纪》对外、《古事记》对内，那该如何解释被认为是对内的《古事记》甚至先引起中国人的注意，而被认为是对外的《日本书纪》，长期以来竟在中国尚且鲜有人知，更不必说朝鲜、越南等国家，我们该如何判定其面向国外？

《日本书纪》成书于720年，此后日本政府分别于733年、735年、752年、759年、761年、762年、777年、779年、804年、838年、894年十余次派遣遣唐使出使中国，其中761年、762年未能成行，最后一次894年因菅原道真的建议废除了遣唐使。但即便如此，也有八次遣唐使抵达中国。特别是733年、735年、752年、759年，距离《日本书纪》成书时间非常近。如果《日本书纪》是面向国外的，那又为何不将其随附遣唐使船只带到中国，送给中国皇帝和上流阶层？这对于日本展示其国力，宣传自身，有百益而无一害。即便成书初期日本官方还没能做好将《日本书纪》远播海外的准备，那在直至近代的近千年的历史长河中，《日本书纪》《古事记》为什么没有出现在中国人的视野里？不排除有部分赴日学人读到记纪，甚至近代以后，留日学人剧增，应该有留学人员将其带回。但作为日本古代最重要的官修正史、被誉为六国史之首的《日本书纪》，却在近千年的历史长河中，没有得到日本官方的支持向外推介。这不得不让人怀疑《日本书纪》的编纂目的究竟是不是对外。仅凭其用纯粹的汉文写成，就断定对外，未免有些武断。众所周知，在记纪成书的日本上代，日本没有自己的文字，知识阶层所学的文字也只有汉字，用汉字、汉文记载再正常不过，因为根本就没有其他文字。其时的日本书籍，均用汉字记载，大部分用汉文或变体汉文文体撰写，就连被视为日本传统文学的和歌，也不得不用万叶假名式的借音字表记。以是否使用纯粹的汉文撰写来判断面向国内还是国外，显然不妥。

其次，梅泽伊势三所总结的第二、三、四条观点成立的前提条件是《古事记》的编纂早于《日本书纪》，这不仅指最后的成稿时间，还包括着手编写的起始时间。第二条言明《古事记》是为《日本书纪》做准备工作而编写的，既是准备工作，就应先于《日本书纪》，亦即《古事记》编纂完成之后，《日本书纪》再依照《古事记》的编写经验着手编写。第三条的《古事记》“不充分、不完美”说，更是要在《古事记》编写完成之后，方能知晓是否充分、完美。因此，第三条的前提也是《古事记》的成稿和着手编纂时间都要早于《日本书纪》。第四条认为《古事记》是《日本书纪》用作编纂材料的书，只不过《日本书纪》没有使用《古事记》这一材料而已。这依然表明《古事记》在《日本书纪》着手编写之前就已存在，否则不可能成为《日本书纪》的编写材料。

因此，第二、三、四条成立的前提条件是《古事记》的着手编写时间和成书时间均须早于《日本书纪》。从成书时间来看，《古事记》先于《日本书纪》，这没有什么问题。但两书的着手编写时间，则有可能与上述前提条件相龃龉。关于《古事记》的着手编写时间，其序有两处作了交代，其一：

> 于是，天皇诏之：“朕闻‘诸家之所赍帝纪及本辞，既违正实，多加虚伪。’当今之时，不改其失，未经几年其旨欲灭。斯乃邦家之经纬，王化之鸿基焉。故惟，撰录帝纪，讨核旧辞，削伪定实，欲流后叶。”时有舍人，姓稗田，名阿礼，年是廿八，为人聪明，度目诵口，拂耳勒心。即敕语阿礼，令诵习帝皇日继及先代旧辞。然，运移世异，未行其事矣。[①]

其二：

> 于焉，惜旧辞之误忤，正先纪之谬错，以和铜四年九月十八日，诏臣安万侣，撰录稗田阿礼所诵之敕语旧辞以献上者，谨随诏旨，子细采摭。[②]

第一处“天皇诏之”中的天皇，一般认为是天武天皇。天武天皇时期，稗田阿礼受命诵习帝纪（帝王日继）、旧辞（先代旧辞）。因此，该诏

① 西宫一民校注『古事記（修訂版）』おうふう、2000年、23頁。

② 西宫一民校注『古事記（修訂版）』、24頁。

是《古事记》的发意之诏。但其后“运移世异，未行其事”，天武天皇驾崩，《古事记》的编纂一度中断。之后，太安万侣受命于元明天皇，于和铜四年（711）九月将稗田阿礼诵习的帝纪、旧辞撰录，次年正月成书。第二处的“和铜四年九月十八日”即是元明天皇诏命太安万侣撰录《古事记》的时间。《古事记》的撰录时间并不长，按照序文的记载，和铜四年九月十八日开始撰录，第二年正月廿八日完稿，只花了不足5个月的时间。当然，其编纂发意的时间较早，可以上溯至天武天皇时期。

与《古事记》相同，《日本书纪》也是天武天皇时期发意编纂的史书。依《日本书纪》所载：

> 丙戌，天皇御于大极殿，以诏川岛皇子、忍壁皇子、广濑王、竹田王、桑田王、三野王、大锦下上毛野君三千、小锦中忌部连首、小锦下阿昙连稻敷、难波连大形、大山上中臣连大岛、大山下平群臣子首，令记定帝纪及上古诸事。大岛、子首，亲执笔以录焉。[①]

这段修史的记录，究竟是《古事记》的编纂发意记录，还是《日本书纪》的编纂发意记录，尚存争议。或以为是其中一书，或以为两书同时进行。坂本太郎曾有分析，认为《古事记》序所记应在先，而《日本书纪》天武天皇十年的这则记录在其后。[②] 总之，记纪同在天武天皇时期发意编纂，但不同的是，《日本书纪》的编纂并没有证据显示其一度中辍，而《古事记》则不然。不少学者指出，记纪的编纂经历了很长一段时间，非一蹴而就。坂本太郎就曾说：“罗马非一朝建成，记纪也非一朝而就。”[③] 梅泽伊势三也提到：“然而，不可否认的是：《日本书纪》三十卷的诞生绝不是那样单纯地短期成就之物，而是经过了长期、复杂的过程。”[④] 从天武天皇发诏令，到元明天皇时期完成，记纪经历了持统、文武两代天皇，至

① 坂本太郎・家永三郎・井上光貞・大野進校注『日本書紀』（下）、岩波書店、1965年、445—447頁。

② 坂本太郎『古事記大成4　歴史考古篇』、33—34頁。

③ 坂本太郎『古事記大成4　歴史考古篇』、2頁。

④ 梅沢伊勢三『古事記と日本書紀の成立』、42頁。

少历时30载。《古事记》编纂的发意较早，但中断后并未立刻着手编写，而是直至元明天皇和铜四年再次启动，太安万侣才正式着手撰写，四个多月后便成稿。与此相对，一般认为《日本书纪》因其体量大（30卷，是《古事记》的数倍）、引用的文献多（以“一书曰”形式出现的异传众多，应收尽收）、记录的历史时间长（较《古事记》多记载了八代天皇的历史）、事件情节描述饱满、文辞华丽，所耗费的时间更长。因此，《日本书纪》不太可能是《古事记》编纂完成的712年之后才开始着手编写的，其最初着手编纂的时间或许就是《日本书纪》所记的天武天皇十年（640），远在《古事记》成书之前。而且，很重要的一个事实是《日本书纪》“对《古事记》没有一处引用。这种关系让人感觉不正常。一定有什么原因让《书纪》的编者无视了《古事记》”。[①] 甚至有观点认为《日本书纪》的撰者没有看过《古事记》，而《古事记》的撰者却看过《日本书纪》。[②] 如上述分析无误，则第二、三、四条观点的前提条件存在缺陷，即是说《古事记》不可能是《日本书纪》的准备材料，也不可能是《日本书纪》参考资料，更不可能是“不充分、不完美”的“试验品”。

如此，就只有第五条观点尚未加以讨论。那么，第五条观点又是否妥当？如不妥当，那日本上代两部史书同期出现的理由究竟是什么？

## 二　壬申之乱与日本古代修史观

要解开记纪编纂意图，就不得不提到日本古代史上规模最大的内乱——壬申之乱。

663年，唐、新罗联军与日本、百济联军在白村江发生海战，唐、新罗联军大胜，百济灭亡，百济王逃往高句丽。此后很长时间，日本不敢再侵犯朝鲜半岛。这次战败让日本吸取了教训，开启了改革步伐。664年，天智天皇的大皇弟大海人皇子在群臣面前宣读了“甲子之宣”。这被认为“天智天皇当初是将同母弟大海人皇子视为左膀右臂的，甚至考虑过让大

① 坂本太郎『古事記大成4　歴史考古篇』、34頁。

② 梅沢伊勢三『古事記と日本書紀の成立』、61頁。

海人皇子成为自己的继任者”。[①] 另据《日本书纪》记载，668年，大海人皇子被册立为东宫，东宫本为皇太子所居宫殿，后被转代为皇太子之称。大海人皇子领“汤沐”食封，“汤沐”是日本律令时期给予皇后、皇太子食封的称呼。可以说，从天智天皇的一系列举措来看，天智天皇应该是将大海人皇子视为后继人。

不过，不久情况发生了变化，天智天皇与大海人皇子兄弟出现嫌隙，加之后来天智天皇对其子大友皇子格外器重，渐生传皇位于其子大友皇子之意。他先于671年新设政府最高地位的太政大臣一职，任命大友皇子担此职，后又任命左大臣苏我赤兄、右大臣中臣金等权门辅佐大友皇子，大友皇子的势力得到极大提升。这就让大海人皇子的处境变得十分尴尬，实际上已经被架空。671年，天智天皇卧病在床，宣大海人皇子进宫，试探着说把皇位传给大海人皇子，大海人皇子深知其兄天智天皇排除异己的手腕，忙推辞说自己体弱多病，意欲出家。大海人皇子躲过一劫，借此暂时退隐吉野，静观时变。

天智天皇驾崩后，大友皇子打着修皇陵的旗号，暗中招兵买马、调兵遣将，该异动被大海人皇子的舍人察觉，并上报给大海人皇子。672年，大海人皇子在铃鹿、不破等多个关口提前作了部署，并悄然从吉野出发举兵向东国，先发制人。发兵稍晚的近江朝廷，没有抢得先机，苦战一个月左右，最后在濑田川战败。战败后，大友皇子自杀，右大臣中臣金被斩，左大臣苏我赤兄被流放。战争胜利的一方大海人皇子，673年2月27日在飞鸟净御原宫即位，成为日本第40代天皇——天武天皇。这就是日本古代史上有名的壬申之乱，它是一场围绕皇位继承而发生的内乱。[②]

这场内乱与天武天皇时期的修史密切相关，壬申之乱让天武天皇痛感要建立并稳固自己的政权，有两件迫在眉睫的事情需要处理。

其一，天武天皇必须向世人表明其承继皇位的正统性。壬申之乱本就

① 〔日〕熊谷公男：《从大王到天皇：古坟时代—飞鸟时代》，米彦军译，文汇出版社，2021，第350页。

② 也有观点认为壬申之乱并非简单的内乱，而将其定性为围绕朝鲜半岛的大的国际关系中发生的一场日本国内的皇位争夺。见大和岩雄『古事記と天武天皇の謎』六興出版、1979年、137頁。

是皇位之争，虽然天智天皇最初确有将皇位传给天武天皇的意图，日本历史上皇位的兄弟相传也并不少见，甚至在仁德天皇至持统天皇的25代天皇中间，皇位相传情况最多地发生在兄弟之间，[①] 但是，毕竟天智天皇最后还是将皇位传给了他的儿子大友皇子。大友皇子671年即位，成为第39代天皇弘文天皇，在位时间仅一年，就被大海人皇子夺取了皇位。这一史实史书该如何记载，是摆在天武天皇面前的难题。依《古事记》序所言，当时存在“诸家所赍帝纪及旧辞”，这表明当时记史的不止一家一说，壬申之乱中天武天皇夺取皇位的历史，诸家会如何记录？对天武天皇会如何评判？后世历史上，天武天皇的定位如何？这都是未知数。如果诸家对天武天皇有不利的记录，会不会影响舆情，进而威胁到帝位的稳固？这应该是天武天皇颇为担忧的事情。据《日本书纪》对壬申之乱的记载，大海人皇子并无谋反之心，而大友皇子却要置他于死地，所以大海人皇子才被逼起兵反抗。这一记载立场鲜明，不论是否属实，无疑为天武天皇阐释其皇位的正统性提供了正面论据。熊谷公男曾指出：“《日本书纪》的编纂者对如何维护天武天皇即位的正统性一事必定煞费苦心。毕竟，《日本书纪》不会把隐遁吉野的大海人皇子描述得虎视眈眈、伺机而动。”[②]

其二，壬申之乱中，天武天皇夺取皇位依靠了不少舍人等下级官吏的力量，还有东国地方国守、国宰、地方豪族等的势力。下级官员的协助方面，如回吉野通报近江朝异动，让大海人皇子早做准备的是舍人，前往美浓国动员美浓地方势力参与起兵的也是舍人。东国地方势力的协助方面，有筑紫的大宰、吉备的国守、美浓的国宰等。另外，对近江朝旧势力、豪族的处置方面，右大臣中臣金等八人被判死刑，左大臣苏我赤兄等人被流放，其他人多被赦免。那么，对这些在战乱中立功的官吏、豪族，以及近江朝势力中被赦免的官吏、豪族，该如何统领？如何让他们围绕在天皇周围，巩固天皇制国家的政权？这也是亟须解决的问题。

---

① 据记纪的记载，至16代天皇仁德天皇，日本的皇位基本都是父子相传，但从仁德天皇到持统天皇共计25代天皇中，有兄弟相传10例、父子相传6例、姐弟相传2例、夫妇相传2例、母子相传1例、叔侄相传1例、隔三代亲相传3例。

② 〔日〕熊谷公男：《从大王到天皇：古坟时代—飞鸟时代》，第354页。

王家骅先生曾指出："日本古代的史学，主要受中国史学影响。其中，儒家的修史观对日本古代史学的影响，尤显深广。其影响主要表现为鉴戒史观和正统论。"① 正统论在天武天皇的修史意识里尤为重要，天武天皇其实并没有真正得到天智天皇的传位诏书，反而起兵推翻近江朝，逼死了继任天皇弘文天皇。然而，"壬申之乱后，天武天皇升格为人们崇拜的'神'"。② 并且，自天武天皇始，日本帝王的称呼从"大王"改为"天皇"，被视为神裔。《万叶集》还留下了《壬申年之乱平定以后歌二首》等以和歌颂天武天皇神威的诗歌："此日终平乱，天皇信有神，赤驹驰骋处，田井作京城。"（第19卷第4260首）"此日终平乱，天皇信有神，集多水鸟处，水沼作京城。"（第19卷第4261首）③ 天武天皇能在壬申之乱后不仅摆脱有可能出现的谋朝篡位、"名不正言不顺"的不利舆论，反而升格为神，一方面自然是其英明神武、锐意改革、治国有方而留下的口碑，另一方面，恐怕与天武天皇时的修史也多少有些关联。

## 三 从《请修近史奏》看记纪的编纂意识与皇权建构

正如王家骅先生所言，日本古代史学主要受中国史学，特别是中国史学的正统观影响。在天武天皇时期的修史工作中，正统观显得更加重要。《古事记》序提到天武时期修史缘由，只有寥寥数语，但意味深长：

> 于是，天皇诏之："朕闻'诸家之所赍帝纪及本辞，既违正实，多加虚伪。'当今之时，不改其失，未经几年，其旨欲灭。斯乃邦家之经纬，王化之鸿基焉。故惟，撰录帝纪，讨核旧辞，削伪定实，欲流后叶。"④

① 王家骅：《儒家的修史观与日本古代的史学》，《日本研究》1998年第3期。

② 〔日〕熊谷公男：《从大王到天皇：古坟时代—飞鸟时代》，第365页。

③ 〔日〕大伴家持等：《万叶集》，杨烈译，湖南人民出版社，1994，第775页。

④ 西宫一民校注『古事記（修訂版）』、23頁。

天武天皇诏言不足80字，但内涵极为丰富。其修史观与中国唐代初期史学家令狐德棻（583—666）的《请修近史奏》有相似之处，值得探讨。《请修近史奏》曰：

窃见近代已来，多无正史，梁陈及齐，犹有文籍，至周隋遭大业离乱，多有遗阙。当今耳目犹接，尚有可凭，如更十数年后，恐事迹湮没。陛下既受禅于隋，复承周氏历数，国家二祖，功业并在周时，如文史不存，何以贻鉴千古？如臣愚见，并请修之。①

比较可知两者修史观有颇多“不谋而合”。《古事记》序提到“诸家之所赍帝纪及本辞”，表明此前多是私家史书、文献，从现存日本史书来看，并无更早的正史留存，《日本书纪》为第一部正史；《请修近史奏》也提到“近代已来，多无正史”。《古事记》序指出之前历史文献“既违正实，多加虚伪”；《请修近史奏》则指出“近代已来”“遭大业离乱，多有遗阙”。《古事记》序担心“当今之时，不改其失，未经几年，其旨欲灭”；《请修近史奏》亦忧虑“当今耳目犹接，尚有可凭，如更十数年后，恐事迹湮没”。在这种背景下，两部史书分别被列入各自帝王的修史计划中。总结上述分析，可列表对比如下（见表1）。

**表1 《古事记》序与《请修近史奏》编纂意图对照**

| | 《古事记》序 | 《请修近史奏》 | 总结 |
|---|---|---|---|
| 论述主体 | 朕闻 | 窃见 | 主体相异 |
| 现有史料类别 | 诸家之所赍帝纪及本辞 | 近代已来，多无正史 | 私家史料文献 |
| 现有史料问题 | 既违正实，多加虚伪 | 遭大业离乱，多有遗阙 | 不实或遗阙 |
| 修史的紧迫性 | 当今之时，不改其失，未经几年，其旨欲灭 | 当今耳目犹接，尚有可凭，如更十数年后，恐事迹湮没 | 其旨或事迹湮灭 |

显然，两者阐述编纂意图的相似之处颇多，除阐述的主体相异外，其他内容基本相同，论述编史的背景、理由，分析目前史料文献存在问题的

① 董诰等编《全唐文》，中华书局，1983，第1388页。

方式基本一致，就连表明修史的重要性、紧迫性的用语也极其相似。《请修近史奏》是“章、奏、表、议”类的上行公文，与《古事记》序上表文的文体性质相同。《请修近史奏》是唐初的上奏文，其撰者令狐德棻生年早于《古事记》成书时间近50年，唐高祖在听取令狐德棻的奏言后，于武德五年（622）下令编修魏、周、隋、梁、齐、陈六史，可知《请修近史奏》应在武德五年之前。在交流频仍的唐初，《请修近史奏》进入《古事记》序撰者视野的可能性很大。两者修史思想的“不谋而合”，或许是有意的策划、效仿。日本参照中国史书修史是不争的事实，记纪的纪传体、编年体的修史方法，儒家正统观和史鉴史观对日本的影响，都为我们探讨两者的相似性提供了证据。另外，巧合的是，《请修近史奏》上奏后，唐高祖接受建议，下令编纂史书，却“绵历数载，竟不就而罢”，[①] 直到贞观三年（629），唐太宗下诏修史，此项工作才得以进一步推进。与此相对，《古事记》的编纂也是在天武天皇时期下诏开启，却“运移世异，未行其事矣”，直至元明天皇和铜四年才重新启动。中日这两部史书都是在新政权建立之初计划编纂的，新政权的建立需要充分阐述其正统性，然而，新政府还不稳固，要巩固刚刚建立的政权，还有很多事情要做，修史正名固然重要，但恐怕新政权人力不及，导致计划一拖再拖，甚至当代未能完成，拖至后朝。不过，尽管如此，编史正名关系千秋基业，即便当朝无暇顾及，后继君王也会重启计划。这或许就是两部史书有同样经历的原因之一。

从《请修近史奏》和《古事记》序的相似处，可以看出两者或有影响关系。除此之外，我们还应该看到两者的不同之处，其为我们进一步讨论记纪的编纂意图提供了视角。

首先，《古事记》序与《请修近史奏》相比，少了一段：“陛下既受禅于隋，复承周氏历数，国家二祖，功业并在周时，如文史不存，何以贻鉴千古?”其中，提到唐高祖“受禅于隋”，这是在强调唐朝得天下的合理性和正统性。李渊虽改朝换代，建立了新的政权，但表面上得到了隋朝禅让，并非篡权，仍然具备正统性。令狐德棻之所以提出修史，而且是修近

① 王溥：《唐会要》，上海古籍出版社，1991，第1287页。

史，与唐朝统治者要阐释唐朝政权的正统性，应该不无关联。但《古事记》序中并没有与这类似的词句，这跟天武天皇得到政权的手段有关。所以在阐述编史理由时，对与前代的承继关系方面，选择闭口不提。但两者都想通过修史表明现有政权的正统性。天武天皇虽在夺取政权的手段上较为直接，但在其后的“造神”运动中取得了不凡的成就，不仅完美阐释了“君权神授”的政治理念，而且将天皇及各氏族的始祖都汇聚到一条主线上来，奠定了“万世一系”的天皇地位，也巩固了新成立的天武朝政权。

其次，在讨论编纂方法时，《请修近史奏》只有“如臣愚见，并请修之”一句，只是奏请修史，在编纂方法上并没有区别对待编纂内容中的帝王谱系和一般史实；《古事记》序则明确提出“撰录帝纪，讨核旧辞”，“帝纪”使用的是“撰录”，而“旧辞”则使用的是“讨核”。虽然撰者应该是为了对仗，才选择了“撰录”“讨核”两个词，但这两个词的挑选和使用，应该不是随意行为，如果反过来说“讨核帝纪，撰录旧辞”，意义会大不一样。“帝纪”是与皇位继承有关的记录，即“帝皇日继”，包括天皇皇位继承事迹、天皇名、皇居所在、后妃、天皇子女、天皇享年、天皇治世年数、皇陵所在等。可以说“帝纪”是天皇家谱系、历史的记载。“旧辞”（或曰“本辞”）与“帝纪”相对应，主要是关于日本古代神话、传承、歌谣等方面的记载，包括各氏族的神话、传说等。“撰录”至少包含两种可能：一种是原本没有系统的史书，此次编纂从头开始新编史书；另一种是原本有古史书或文献资料，但并不令人满意，此次另起炉灶，重新记史。不论哪种可能，改动和重新编写的幅度都很大，甚至可能是依据口头传承，组织语言从无到有的创造性记录。“讨核”则是在原有的基础上进行修修补补，即是说原有的史料或古史书有些地方“不实”或者缺失，此次编写是在讨论、分析之后，辨伪存真、查漏补缺，因此，并不是另起炉灶、单立门户。如都有原始资料或古史书作为编修的参考资料，则“讨核”修改的幅度显然不如“撰录”来得彻底。根据《古事记》序“诸家之所赍帝纪及本辞”可知，无论是“帝纪”，还是“旧辞（本辞）”，都存在已有文献。那为何一个使用彻底的“撰录”方式编纂，另一个则使用温和的“讨核”方式修补？这表明，天武天皇编修史书的指导方针是区别对待“帝纪”和“旧辞”，在“帝纪”的编纂上，为了实现以天皇制为中心的统治制度煞费苦心，可能打散了已有资料，重新拼合、编录。“旧辞”（本辞）因大部分与天皇谱系无直接关联，只需“讨核”即可，当然“讨核”之中应该也有重新修改的，如有关氏族的神话、传说，可能有分析、修订。

《古事记》序与《请修近史奏》在强调正统观上一致，但在阐述皇权继承时，因为唐高祖通过禅让制得到的皇权，而天武天皇则是通过武力推翻旧政权得到的皇权，因而，阐述编史理由时，《古事记》序有意省去了部分内容，而且在涉及编写天皇系谱、皇族历史记载时，对已有古史资料的筛选显得更加彻底和严格。

## 四　记纪编纂意图与假想读者

记纪的编纂有深刻的政治意义，可以说是天武天皇阐释其皇位继承的正统性，构建以天皇为中心的统治制度的思想旗手。近代天皇制的基本观念之一是“打着文明开化的旗号，人为地创造出的卡里斯玛式的政治领袖”，天武天皇则是“打着建设律令制国家的旗号，人为地创造出的卡里斯玛式的政治领袖”。[①] 记纪的编纂，无疑是为天武天皇的“造神”运动呐喊助威的先锋。熊谷公男曾说：“作为天智天皇的同母弟，大海人皇子还曾拥有与太子相当的地位，这些高贵的身份相互叠加，大海人皇子的权威一路扶摇直上，大家都把这位新出现的英雄视为神圣。”[②] 在壬申之乱中获胜的天武天皇，启动了编纂记纪的千古伟业，而这一伟业的完成，应该有两条主线并行不悖，分析这两条主线的编纂意图和方法，需要梳理其各自所面向的读者。

谷口雅博教授曾指出《古事记》假想的读者群或许是皇后、皇子以及各氏族的族长。他基于“《日本书纪》面向国外，《古事记》面向国内”的观点进一步推测，如果《古事记》是面向国内的，那么其假想的读者会

① 〔日〕熊谷公男：《从大王到天皇：古坟时代—飞鸟时代》，第365页。

② 〔日〕熊谷公男：《从大王到天皇：古坟时代—飞鸟时代》，第364页。

有谁？谷口教授总结了两种观点：一种观点认为，从物语性强、增添了很多戏剧性的故事这点来看，《古事记》是为了让皇后、皇子阅读，供皇后娱乐用，或是供皇子教育用的；另一种观点认为，《古事记》是为了让各氏族周知、认可其与诸神及天皇家的关系，确立、加强以天皇为中心的氏族制度，而让各氏族长阅读的。[①] 笔者并不认同记纪分别面向国内、国外的说法，但对谷口雅博教授总结的上述假想读者的观点深表赞同。

《古事记》和《日本书纪》都是在天武天皇的发意下编纂的，所以，都不是私家著述，都包含为巩固以天皇为中心的中央集权制度服务的因素。《日本书纪》是纯汉文体编纂，一方面当然可以理解为它是为汉字文化圈的国外读者编写的，但是，另一方面，也可以理解为它就是为日本国内部分读者编写的。《日本书纪》长期以来并没有传到汉字文化圈的国家，所以，笔者认为后者可能性更高。如果《日本书纪》也是为日本国内读者编写的，那究竟是为哪个群体编写的，编写的目的何在？

记纪成书的8世纪初，正是汉字、汉文化影响日本的重要时期。日本对汉字、汉文化的吸收，在推古朝达到了一个高潮，汉字、汉文化借着圣德太子等人对东传日本的佛教思想的推崇，在日本列岛一路高歌猛进，后又经过大化改新的洗礼，到平安初期甚至一度出现所谓“国风暗黑时代”的巅峰时期。《日本书纪》编纂正是日本极力推崇汉字、汉文化时期的产物，对于日本知识分子来说，学习汉字、汉文既是当时的风尚，也是入仕生存的手段。在记纪成书年代，日本尚无自己的文字，知识分子的研习就是学习汉文、汉字，知识的传承也凭借汉字这一载体。所以，阅读纯汉文体的文章，对知识分子来说，已经不是难题。《日本书纪》应该是以知识分子、上层官僚这部分人群为假想读者来编写的。纯粹的汉文，不仅彰显国家正史的编写水准，也能流传后世，成为后世正史的编写典范。而《日本书纪》对壬申之乱的记录，还能粉饰天武天皇承继皇位的史实，做到“欲流后叶”，千古正名。

因此，笔者推断，《日本书纪》的编纂是面向日本国内（并非国外），其假想读者应该是历代“公的”知识分子、高层官僚等群体，目的是在

① 谷口雅博『古事記の謎をひもとく』弘文堂、2018年、6頁。

“公的”层面统一历史记录的口径，建立以天皇为中心的中央集权制国家，将天皇神格化，把日本古史、古神话传说和天皇家历史糅合起来，将天皇的统治合理化、正当化、神格化。

这其中有两点需要注意。第一，记纪虽然有神格化以天皇为中心的中央集权制的目的，但也承担着记载日本历史的任务。将以往散在的私家史料、口头传承汇聚并留存，是记纪的一大历史功绩。特别是《日本书纪》，它还保留了很多以“一书曰”形式出现的“异说”。第二，记纪汇聚私家史料和口头传承时，有明显的人为加工痕迹。特别是《古事记》，这种“人为加工”痕迹正是统治阶级为了统一历史记录而留下的。其中最为明显的是关于日本神话的记录。日本神话在记纪中非常系统，且从神代到人代完成了天皇从神到人的转变过程，成功将天皇的祖先追溯到高天原最高统治神——天照大御神身上，完美地将古神话和天皇家历史融合起来。原始神话一般具有地域性、散在性，一旦过于系统，且跟统治阶级扯上千丝万缕的联系，就有后来人为加工之嫌。

那么，与《日本书纪》相比，《古事记》的编纂意图与假想读者又是什么？论及《古事记》的编纂意图，不得不提到《古事记》伪书说。长期以来，《古事记》的真伪一直是一个问题。最早提出疑问的是江户时代国学家贺茂真渊，他在给本居宣长的信中提到《古事记》序的作者与本文的作者太安万侣可能不是同一人。① 此后，沼田顺义、中泽见明、松本雅明、西田长男、鸟越宪三郎等都发表言论，从不同角度支持《古事记》作伪说。特别是中泽见明，其论证有力，颇具影响。但主张《古事记》作伪说的学者甚至在二战时期被日本国内的激进分子认为是“国贼”，饱受排挤，致使中泽见明等人一度噤声。1979年，在日本奈良市此濑町发现了太安万侣的墓，出土了铜制长条形墓志铭，墓志铭长29.1厘米、宽6.1厘米，有双行41字铭文：“左京四条四坊从四位下勋五等太朝臣安万侣以癸亥/年七月六日卒之养老七年十二月十五日乙巳。”至此，《古事记》作伪说才逐渐销声匿迹，但即便如此，《古事记》作伪说所列证据并非全无道理。

《古事记》作伪说的几个重要证据值得讨论。这里根据大和岩雄的总

① 大和岩雄『古事記偽書説の周辺』名著出版、1979年、24頁。

结归纳如下。第一，晚出于《古事记》的《日本书纪》没有参考《古事记》，即便是《日本书纪》所引的“一书曰”中都鲜有与《古事记》相似的词句。第二，依《古事记》序所言，太安万侣是和铜四年受敕命撰录《古事记》的，但其后的史书《续日本纪》（797 年）记有和铜七年天皇命纪朝臣清人等编纂日本国史，没有提到和铜年间敕命太安万侣撰录《古事记》。这证明《续日本纪》编者没有看过《古事记》。第三，《古事记》序对稗田阿礼高度赞扬，但《日本书纪》《续日本纪》都没有“稗田”一姓，《日本书纪》中也不见“稗田阿礼”的记载。[①] 由此可见，《古事记》成书后的一段时间内，日本的正史（“公的”场合）并不见对《古事记》及其诵习者的记录。这说明在“公的”场合，《古事记》成书后的相当一段时间内，其书名和著者的信息几乎没有在文献里出现，或者说没有引起关注，抑或是即便出现了，知识分子和高层官僚对它也不屑一顾，否则前代修史的千古功绩，不至于在其后不久的正史中全无踪影，连诵习者的名字都未出现过。这只能说明《古事记》并没有走进“公的”视野、得到“公的”认可。

因此，主张《古事记》供皇后、皇子、各氏族长阅读，供其娱乐、教化用的观点是妥当的。首先，《古事记》没有采用纯粹的汉文记录，而是选取了混杂日式表达的变体汉文，或曰和汉混淆文，这一文体掺杂了较多日式表达方式，使用了借音字、日语助词，甚至混杂了部分日文语序。这种文体更利于汉文能力稍逊但有一定基础的日本人阅读。而皇后、皇子恰恰是这样一类人。其次，《古事记》对原有古史材料的帝纪、旧辞进行了整合，即其序中提到的“削伪定实”，以撰录帝纪和旧辞。帝纪部分与《日本书纪》一样，目的是将天皇家的历史上溯至神代，将天皇神格化，也是将天皇的统治神格化，即“君权神授”。另外，还有一个很重要的作用就是让各氏族长确认各氏族与天皇家的关系。记纪编纂发意的天武天皇就曾制定“八色姓”，将氏族姓氏分为“皇别、神别、诸蕃”三种，即所谓的“三体”，其中的“皇别”是在天皇还作为“大王”时期就已存在，以天皇家为先祖的豪族。据《新撰姓氏录》所载，皇别氏族多达 335 个，

① 大和岩雄『古事記偽書説の周辺』、25—26 頁。

很多作伪，可见天皇家为了巩固势力，将氏族与天皇家历史联系起来，真可谓煞费苦心。皇别氏中有名的氏族如葛城氏、苏我氏、息长氏等，与天皇家均有千丝万缕的联系。依《古事记》所载，葛城氏的祖先是第8代天皇孝元天皇的曾孙建内宿祢（亦称“武内宿弥”），建内宿弥乃几朝重臣，位高权重；苏我氏亦是建内宿弥的后裔，自日本古坟时代至飞鸟时代，代代出辅佐天皇的“大臣”，飞鸟时期的著名政治家苏我马子先后辅佐过四代天皇，乃苏我氏中的名臣；息长氏为应神天皇之孙意富富杼王的后裔，是近江国的豪族。这些豪族、权门权倾一时，对于巩固天皇的中央集权起到了至关重要的作用，让他们确认其和天皇家的关系，正是为了稳定政权。

《古事记》只记载了第33代天皇推古天皇之前的日本历史，即是说编纂发意的天武天皇时期的历史并没有记录，而《日本书纪》记载了第41代天皇持统天皇之前的历史，恰好前一代天皇即是天武天皇。这种记载截止时间不同，也说明记纪编纂目的大不一样。《日本书纪》不仅记载了天武天皇时期的历史，且在30卷的著作中，用了两卷的量来记录天武天皇，其他历代天皇或者只有一卷，或者几代天皇共用一卷，除神代以外，只有天武天皇有此两卷的体量，而神代卷记载神的系谱、事迹颇多，用两卷无可厚非，那为何撰者会对天武天皇如此浓重着墨？如果是因为离记录时间较近，事迹留存较多，那最后一代的持统天皇应该更近，但持统天皇也只有一卷。因此，很明显，这是要着重记载天武天皇，让其详细事迹流传后世。由此，笔者认为，《日本书纪》确系天武天皇十年敕令编纂，并将其最初目的一以贯之编纂而成的；与此相对，《古事记》虽然也在天武天皇时期就下令编纂，但中途有中断，到元明天皇重启编修时，并未完全贯彻最初的目的，或者最初的目的就与《日本书纪》不同。《日本书纪》一个重要的目的是阐释天武天皇的正统性，神格化天皇，巩固中央集权；《古事记》最重要的目的是神格化天皇，统一历史书写口径，确认各氏族与天皇家关系，从而巩固氏族统治。也就是说，两部史书编纂的目的都是巩固以天皇为中心的中央集权制国家，但是阐释的侧重点不一样（详见表2）。

**表 2　记纪编纂意图及面向对象异同**

| 书名 | 面向国家 | 面向场合 | 假想读者 | 读者数量多寡 | 编纂目的 | |
|---|---|---|---|---|---|---|
| | | | | | 总目的 | 侧重点 |
| 《古事记》 | 日本 | 私的 | 后宫、皇子、各氏族长等 | 少量 | 巩固以天皇为中心的中央集权制度，记录历史 | 神格化天皇，统一历史书写口径，让各氏族确认与天皇家的关系 |
| 《日本书纪》 | | 公的 | 知识分子、官僚阶层等 | 大量 | | 神格化天皇，阐释天武天皇的正统性，巩固中央集权制度 |

# 五　结语

《古事记》《日本书纪》都是面向日本国内编纂的，其总的目的都是巩固以天皇为中心的中央集权制度，当然作为史书，记录历史也是其主要目的之一。但是，《古事记》是面向"私的"场合，读者群限于少量人群，诸如后宫皇后、嫔妃、皇子，以及各氏族长，这就决定了它流播的范围有限，而且只是在"私的"场合流传，以致"公的"正史并没有关注到它的存在，或者不重视它的价值，没有将其录入。《古事记》虽然和《日本书纪》一样都是为了巩固以天皇为中心的中央集权制国家统治且为了记录历史，但其侧重点与《日本书纪》不同，根据《古事记》序所言"撰录帝纪、讨核旧辞""削伪定实"等用语及《古事记》本文的内容，我们可以推知，《古事记》削去了其他异说，只保留了一家之说，为的是在各氏族和天皇家内部统一历史书写口径。另外，从《古事记》有颇多各氏族的起源记录可以看出，让各氏族与天皇家更紧密结合起来，也是其重要目的之一。与此相对，《日本书纪》在上述总的目的之下，首先，更注重天武天皇的历史书写，因此，更加注重阐释天武天皇的正统性；其次，《日本书纪》作为正史，在"公的"场合受到关注，成为"六国史之首"；再次，《日本书纪》在一定程度上保留了部分异说，当然，这些异说是在不违背总的目的，即不违背天皇中心政治制度的基础上保留下来的。两部史书在天皇的起源上都极为一致，都认为天皇祖神是高天原主神天照大御神。将天照大御神作为天皇的祖神，这显然是穿凿附会的结果。两部史书都是在天皇的主导下编纂，最初发意又都出自天武天皇，都采用神格化天皇的撰写方法，可知其最终目的其实一样，不过是因为二者面向的对象和使用的场合、记录的篇幅不同，所以侧重点不同而已，本质并无异。

（占才成，华中师范大学外国语学院副教授）

# 中日拔河源流考*

## ——兼论苗族“拉鼓节”与日本“御柱祭”

李国栋　陈洁颖

**内容摘要**　作为稻作习俗，拔河起源于苗族“拉鼓节”，而“拉鼓节”又源自苗族特有的枫香树信仰。公元前10世纪，作为苗族蚩尤后裔的徐偃王族人舟山兵败后，从舟山逃往日本列岛避难，将稻作农耕传入日本，长江下游的大蛇信仰以及作为其表现形式的拔河也随之传入。日本诹访大社的“御柱祭”与苗族“拉鼓节”都显示出树柱崇拜，而且“御柱入乡式”中的拔河与苗族“拉鼓节”中的拔河极其相似。这似乎说明，日本拔河传承着苗族拉鼓拔河的神髓，带有祭祖意味，并祈祷人丁兴旺、稻谷丰收。

**关键词**　拉鼓节　枫香树信仰　大蛇信仰　御柱祭

2015年，联合国教科文组织将拔河列入人类非物质文化遗产名录。于是，拔河作为古老的稻作习俗又重新进入研究者的视野。

但是，作为稻作习俗的拔河到底起源于何时何地，以及何时传入日本，迄今为止还没有人作过深入研究。鉴于此，本文将以古文献为基础，结合民俗学、考古学、词源学等相关学科的非文字证据，对这一问题进行一次多维度的考证。

* 本文系浙江省哲学社会科学重点研究基地课题“稻作文化东传日本之研究”（项目号：20JDZD017）的阶段性成果。

## 一　拔河与苗族“拉鼓节”

成书于6世纪的《荆楚岁时记》中有一段关于拔河的记录：“为施钩之戏，以緪作篾缆相罥，绵亘数里，鸣鼓牵之。”“按施钩之戏，求诸外典，未有前事。公输子游楚，为载舟之戏，退则钩之，进则强之，名曰‘钩强’。遂以钩为戏，意起于此。”①

《荆楚岁时记》提到“公输子游楚”。《墨子·鲁问》云：“公输子自鲁南游楚，焉始为舟战之器，作为钩强之备，退则钩之，进者强之，量其钩强之长，而制为之兵，楚之兵节，越之兵不节，楚人因此若埶，亟败越人。”②

根据以上记载，拔河起源于公输子鲁班游历楚国时为楚国制造的水战兵器“钩强”。之后，民间将“钩强”训练变为民俗活动，称“施钩”“牵钩”，唐代以后始称“拔河”。这就是文献中拔河的源流，最早可以追溯到春秋战国时期的荆楚地区。

但是，如果从非文字资料判断，拔河作为稻作祭祀仪式的历史远比文献记录早。广西融水县的苗族有过“拉鼓节”（见图1）的习俗，当地苗语称“xib niel”（苗语拼音最后一个字母不发音，仅表示声调），本义为“相互拉扯木鼓”。从具体内容来看，“拉鼓节”开始后，人们先上山砍伐一棵枫香树，然后用藤条或绳索把枫香树干拉下山，制作成枫香木鼓，并将其作为祖鼓加以祭拜，纪念从枫香树芯飞出的苗族祖神“蝴蝶妈妈”。笔者认为，拔河仪式很可能就起源于苗族“拉鼓节”中的拉鼓行为。

苗族“拉鼓节”始于何时，学术界没有定说。但是，苗族的枫香树信仰确确实实起源于6000年前湖南澧阳平原的城头山遗址。城头山遗址是一座圆形古城，设有东、南、北三个门，东门附近出土了祭坛，祭坛旁边还出土了附带灌溉设施的稻田，可知那里曾举行过大规模的稻作祭祀。据日本学者科学检测，城头山遗址内出土的木材80%以上是枫香木，但遗址周

① 宗懔撰，宋金龙校注《荆楚岁时记》，山西人民出版社，1987，第20页。

② 方勇译注《墨子》，中华书局，2011，第464—465页。

**图 1　苗族"拉鼓节"**

资料来源：《这个苗寨沸腾了！"苗族拉鼓习俗"正式列入自治区级非遗项目名录》，柳州文明网，2018 年 12 月 29 日，http://gxlz.wenming.cn/whjs/201812/t20181229_5626062.html。

边并没有枫香树自然林。[①] 这就说明，大量的枫香木是由于稻作祭祀需要而特意从远处搬运进来的。也就是说，枫香树信仰是伴随大规模稻作农耕而产生的。

另外，城头山遗址祭坛附近还出土了一具男性遗骨，脖颈上佩戴玉璜。根据复旦大学生命科学学院李辉教授的基因检测，其"Y 染色体基因谱系为〇 3-F11，属于苗瑶系统"。[②] 在所有传统稻作民族中，只有苗族自古崇拜枫香树，所以当枫香树信仰与〇 3-F11 这一基因谱系结合以后，我们就可以断定，苗族起源于 6000 年前的城头山遗址，苗族的枫香树信仰亦始于此。

遥想 6000 年前，城头山遗址的古苗人上山砍伐枫香树，然后用藤条把枫香树干拉下山，再拉进古城，用枫香树干搭建祭祀设施。笔者推测，最初的拔河应该就是在这种神圣的祭祀氛围中产生的，用藤条互相拉扯枫香树干很可能就是最古老的拔河形态。

从 5800 年前起，澧阳平原的苗族依靠稻作农耕这一生计方式向东北方

① 〔日〕安田喜宪：《长江文明的环境考古学》，湖南省文物考古研究所、国际日本文化研究中心：《澧县城头山——中日合作澧阳平原环境考古与有关综合研究》，文物出版社，2007，第 14 页。

② 李国栋：《稻作背景下的苗族与日本》，中国社会科学出版社，2019，第 11 页。

向扩张，5500年前到达安徽巢湖一带，5000年前到达安徽北部的蒙城县一带，4800—4600年前进入山东半岛。4500—4100年前在山东半岛组建九黎稻作联邦，蚩尤是其晚期领袖。但是，4200—4100年前，蚩尤在与炎黄联盟的征战中被黄帝擒杀，于是九黎稻作联邦崩溃，大批苗人开始南迁，流落到江淮一带或撤回长江中游。4000年前，被称为“三苗国都城”的石家河遗址群以及更南的城头山遗址相继被遗弃，长江中游的苗族开始向云贵山地及广西西部迁徙。

1985年贵州民族出版社出版的《苗族简史》认为，苗族历史上有五次大迁徙：第一次，蚩尤战败后的逃亡；第二次，遭受尧、舜、禹讨伐的三苗时期；第三次，夏、商、周及春秋战国时期；第四次，秦汉至唐宋时期；第五次，元、明、清时期。而苗族进入云贵山地及广西西部，则可以追溯到第四阶段的魏晋南北朝时期。“元徽元年（公元473年），封建王朝对五溪地区苛勒重赋，规定每户‘输谷数斤’”[①] 以及次年的发兵征缴就是一个证据。但是，如果从城头山遗址、石家河遗址群的被遗弃来看，苗族很可能早在4000年前就开始向湘西、贵州以及广西西部迁徙了。也就是说，广西融水一带的苗族祖先是由长江中游迁徙过去的，所以从文化源头上讲，流行在那一带的苗族“拉鼓节”也应该源自湖南澧阳平原的枫香树信仰。

## 二　拔河中的稻作文化

苗族“拉鼓节”具有浓厚的稻作文化色彩，比如用水牛皮蒙鼓。水牛在没有机械的时代被视为稻作农耕必不可少的帮手，蝴蝶妈妈生下的十二个蛋中就有一个黑色的蛋，从中孵化出水牛：“黑色什么蛋？灰的什么宝？黑的水牛蛋，灰的大象宝。”[②] 由此我们可以看出，苗族的枫香树信仰不仅是祖神信仰，也是稻作信仰。

日本九州岛鹿儿岛县志布志市的山宫神社和安乐神社每年都会共同举

① 苗族简史编写组：《苗族简史》，贵州民族出版社，1985，第9—10页。

② 田兵：《苗族古歌》，贵州人民出版社，1979，第198—199页。

行春祭，祭祀中便有拔河环节，在拔河前还会举行“牛使”仪式，把神社的院子当成稻田，由拴着绳子的两个人扮演耕牛，神官则扶犁模拟耕田（见图 2）。

**图 2　山宫神社与安乐神社的春祭——牛使仪式**

资料来源：http：//www. osumi. or. jp/sakata/furusatokaze/tanbou2/anrakuyama. html。

弗雷泽在人类学名著《金枝》中提出了“交感巫术”理论和“顺势巫术”（模拟巫术）、“接触巫术”的概念。笔者认为，拔河就是一种典型的“模拟巫术”。

拔河日语称“纲引”（tsunahiki），日本的拔河一般都会将绳子两端命名为“男纲”和“女纲”，以男女相互拉扯来模拟男女交合过程。冲绳县伊是名岛每年都要举办祈祷稻作丰收的拔河“乌纳”（unna）。在乌纳拔河中，将“男纲”和“女纲”连接到一起的是一根木棒，呈男根状（见图 3），称“头贯棒”。

对于稻作民来说，稻谷的生长与人类的交合相通，所以他们根据“相似律”，通过拔河来模拟、放大性行为，达到祈祷人丁兴旺和稻作丰收的目的。

除了生殖意象外，日本拔河还显示出鲜明的蛇信仰。鹿儿岛县每年农历八月十五都会举行“十五夜纲引”，其中使用的绳子被视为蛇（龙）。蛇在蜕皮后获得重生，月亮也在满月和新月间不断变化。蛇的蜕皮重生、月亮盈亏变化与婴儿从子宫中生出，在古人眼里都是生命的重生与延续，所以这时候举行拔河，其目的主要就是祈求生命的延续。另外，鹿儿岛县位

**图 3　头贯棒**

资料来源：漫步海界村庄，伊是名岛“乌纳”。https:∥www. youtube. com/watch? v=a-jxcvSAV6s. YouTube Jp。

于海边，月亮的盈亏亦与潮汐紧密相关，所以“十五夜纲引”最后将拔河绳送入大海，也具有恭送水神归海，愿其休养生息的含义。

京都府南丹市大送神社的“纲引神事”也起源于古代征服大蛇的传说。祭祀开始时先敲太鼓召集村民，在天快黑的时候，由一名武士装束的男子用弓箭射大蛇的眼睛，之后再进行拔河。大蛇的眼睛象征太阳，所以用弓箭射大蛇的眼睛这一行为与射日神话相通，可知这一拔河神事的目的是祈祷既不发生水灾，也不发生旱灾，从而保佑这一年的稻谷丰收。

兵库县但马地区圆山川流域举行的八朔拔河也与大蛇有关。相传圆山川下游曾经是一片泥沼，泥沼中栖息着一条大蛇。大蛇时常将河流堵塞，引发洪灾，村民们深受其害，于是求助于但马五明神，随后但马五明神用剑将大蛇斩杀。从此之后，村民们便在河流附近开垦出稻田，而且为纪念此事，每年都会制作蛇形稻草绳举行拔河，再现当年的驱蛇场景。

笔者认为，拔河中的生殖崇拜和大蛇信仰本质上是一体的。笔者曾在《论日本稻魂信仰的渊源——以“技术”和“巫术”的区别为视角》一文中指出，在日本传统文化中，稻魂在最本源的意义上是指蛇神的“精液”，[①] 而且蛇的交合时间长达 15 小时以上，雌蛇一般一次能生 10—20 个蛇蛋，显示出强大的交合能力和生育能力。另外，日本人认为蛇神住在天

① 李国栋：《论日本稻魂信仰的渊源——以“技术”和“巫术”的区别为视角》，《日语学习与研究》2020 年第 5 期。

上，在水稻灌浆结实期，通过雨中闪电从天而降，与田里的稻穗交合，于是空空的稻穗中便结出浊白色的稻米。因此对于稻作民来说，“男根→精液→婴儿”这一生殖过程和“闪电→精液→稻米”这一水稻结实过程是相通的，而拔河仪式的举行既可以促进蛇神与水稻的交合，也可以促进男人与女人的交合，体现出稻作民族特有的人稻一体的生命观。

## 三　日本拔河传自中国长江下游

日本拔河源自何处，学界尚无定说。不过，笔者在稻作信仰层面找到了明确的证据。

《古事记》中记载了须佐之男命斩杀八岐大蛇的传说，而且日本许多地方的拔河以及草绳巡游都与斩杀大蛇有关。小野重郎在《十五夜纲引之研究》中收集了 226 个拔河案例，其中大部分拔河都存在切断绳索这一环节。由此可见，日本拔河的重点不在于胜负，而在于模拟斩杀大蛇的仪式性。

为了更好地展现祭祀大蛇的仪式性，日本许多神社都有编制蛇形稻草绳的神事。例如，每年 5 月 5 日，奈良县御所市蛇穴地区的野口神社都要举行“蛇纲曳”神事，仪式当天要用稻草编制长达 14 米的稻草蛇（见图 4）。

**图 4　野口神社祭祀用的稻草蛇**

资料来源：御所市観光导览，https://www.city.gose.nara.jp/kankou/0000001398.html。

每年 1 月中旬滋贺县大津市长等神社举行的“龙蛇纲打祭”也可视为一例。“龙蛇纲打祭”虽然没有双方拉扯绳索的环节，但长等神社的主祭神就是斩杀八岐大蛇的须佐之男命，当地居民通过编制稻草大蛇（见图 5）来抚慰须佐之男命，祈祷稻作丰收，祭祀的目的和功能与拔河完全一致。

**图 5　长等神社的稻草大蛇**

资料来源：长等神社网站，http：//nagarajinja. net/gosanpai/saiji. shtml。

总而言之，日本拔河显示出鲜明的大蛇信仰。但值得留意的是，日本列岛自古并没有大蛇生存。日本列岛上最大的蛇是锦蛇，俗称“青大将”，长度一般在 1—1.5 米，最长也超不过 2 米。但是，拔河所模拟的大蛇是大蟒蛇，长度一般在 3 米以上。在东亚范围内，这样的大蟒蛇日本列岛没有，朝鲜半岛也没有，只有中国长江下游及以南的古越族聚居区才有。

《搜神记》中有《李寄斩蛇》故事，与《古事记》中须佐之男命斩杀八岐大蛇的传说相似：东越闽中地区有一条长七八丈、粗十多围的大蛇，当地人通过献祭童女的方式来防止大蛇作乱，连年如此，已用九女。将乐县李诞家有六女，其中李寄应募前行。李寄要求一把好剑和一只会咬蛇的狗，把蜜拌麦糊包在米饼里，诱惑大蛇出洞，然后将其斩杀。越王得知李寄斩蛇后，便将她聘为王妃。

中日两国的斩杀大蛇神话在故事结构上基本一致，都围绕大蛇作乱、拿童女祭献、诱惑大蛇出洞、英雄斩杀大蛇这四点展开。《李寄斩蛇》的地点在东越闽中地区，而闽越地区的古越人自古崇尚大蛇，福建省南平市樟湖镇至今每年都要举办“蛇王节”。每年农历六月下旬，当地男人开始捕大蛇，然后交到蛇王庙集中喂养，到了七月初七，每人认领一条，参加蛇王节巡游活动。巡游队伍中有人抬着蛇神神龛，神龛中置一大盆，盆中有大蟒蛇。随行众人也将各自认领的大蛇拿在手中，或盘于肩上（见图6），谓之人蛇共游。

**图6　福建南平蛇王节**

资料来源：https://img1.baidu.com/it/u=1981180103，3690456209&fm=26&f。

另外，3000多年前以黄土仑类型文化为代表的福建陶器上也有大量的蛇形堆塑、蟠虺纹饰以及仿蛇皮花纹，都显示出闽越人对于蛇的崇拜。

2020年10月25日，笔者去江苏无锡鸿山遗址博物馆参观，意外地看到该馆的镇馆之宝“盘蛇玲珑球”（见图7）。据博物馆介绍：“盘蛇玲珑球由泥质灰白陶制成，球形，中空，下部为矮圈足，球身由盘曲的八条蛇组成，一蛇的口衔另一蛇尾、身，或头向上扬，圆目，口微张，蛇身盘成圆圈状，形成玲珑球状，蛇头和蛇身饰点状的蓝色琉璃釉，并以红彩相间。……盘蛇玲珑球在已发掘的鸿山墓群7个土墩墓中仅见于特大型墓邱承墩，共发现4件，均位于墓室东部。盘蛇玲珑球不见于文献记载，在考古发掘中也为首次发现。”

鸿山遗址群是战国早期的越国墓地，“盘蛇玲珑球”仅见于特大型的邱承墩墓，可见其规格之高。八条蛇盘踞而形成一座圆丘，其实日本的

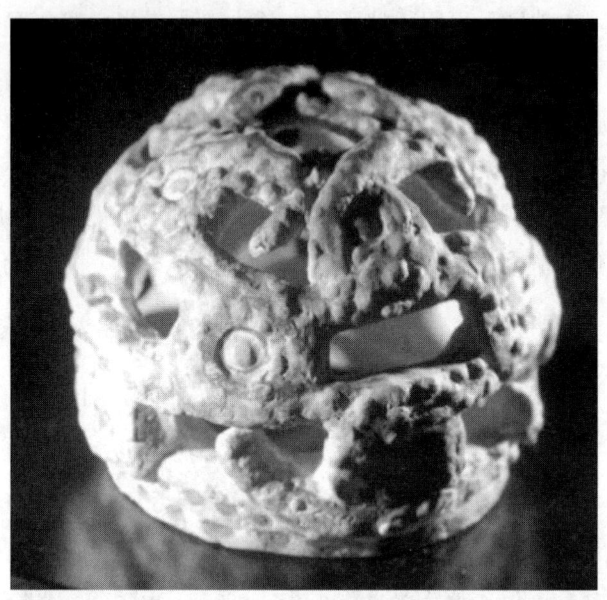

图 7　盘蛇玲珑球

资料来源：李国栋摄于无锡鸿山遗址博物馆。

“八岐大蛇”盘踞时也像一座山丘，《日本书纪》云：“松柏生于背上而蔓延于八丘八谷之间。”由此可见，日本的“八岐大蛇”在形态上与“盘蛇玲珑球”基本一致。

总而言之，不仅是大蛇信仰，日本的“八岐大蛇”也可以在中国长江下游找到原型。因此，我们可以将中国长江下游的大蛇信仰和邱承墩墓出土的“盘蛇玲珑球”视为一个直接证据，证明日本拔河确实传自中国长江下游。

## 四　公元前10世纪拔河传入日本

长江下游的拔河何时传入日本，没有文献记载。但有一点很明确，拔河是作为稻作习俗伴随稻作农耕的传入而传入的。

日本九州岛北部有日本最古老的稻作遗址——菜畑遗址。该遗址出土了炭化稻米（见图 8）、稻田和大量农具，年代可以追溯到公元前 930±40 年。单从年代上看，公元前 10 世纪也不算很晚，但日本列岛自古没有野生稻生长，所以菜畑遗址的栽培稻肯定是由外部传入的。

**图 8　菜畑遗址出土的炭化稻米**

资料来源：李国栋摄于日本菜畑遗址末卢馆。

20 世纪 80 年代以前，关于稻作起源地已有各种学术假说提出，但从 90 年代后期起，“长江中下游起源说”逐渐得到学术界的广泛认同。当然，到底是起源于长江下游，还是起源于长江中游，或长江下游和中游同时起源，学界尚未达成共识。公婷婷在其博士学位论文《中国水稻起源、驯化及传播研究》中列举了支持“长江中游起源说”的证据，颇为具体且简明扼要，特引如下：

> 首先，基于现有的水稻遗址遗存考古证据，长江中游和下游地区发现的稻作遗址最多并且稻作遗存最为古老，目前发现的一万年左右的最早古栽培稻遗址均在长江流域。同时结合全新世气象资料和物种分布区预测的生态模型分析，全新世早期和中期长江中下游地区是有普通野生稻分布的，具备了作为水稻起源地必备的直接条件。其次，对水稻驯化基因的系统发育和单倍型分析结果表明，在我国现有的野生稻群中，长江中游野生稻群与栽培稻的亲缘关系最近，证明了长江中游是中国水稻起源中心。最后，长江中游的汉江地区和长江下游的海岱地区都具有较为完整的稻作文化序列，体现了该地区先民对水稻

的连续性驯化，同时这两个地区的原始稻作文化的发展进度明显早于其他地区。[①]

稻作起源于长江中游，而文献记载的拔河起源地荆楚地区也处于长江中游，这就说明拔河确实是稻作民族的古老习俗。

6000—4000年前，稻作农耕开始在长江中下游、江淮及山东半岛广域传播，并于公元前10世纪传入日本列岛。在公元前10世纪，能够将稻作农耕传播到日本九州岛北部的地方只有两处：一处是朝鲜半岛南部，蔚山市玉岘遗址出土的稻作遗存可以追溯到公元前11世纪；另一处是长江下游。最保守地讲，从5300—4300年前的良渚文化时代起，长江下游就已经进入大规模稻作农耕时代。

朝鲜半岛南部离日本九州岛北部很近，而且二者之间有洋流连接，因此，很多学者认为菜畑遗址的栽培稻是由朝鲜半岛南部传入的。但是，日本考古学家藤尾慎一郎曾指出："在水田稻作开始出现的公元前10世纪后半期的遗址中，并没有哪个遗址出土过朝鲜半岛南部的陶器。"[②] 也就是说，在日本稻作农耕初始期，并没有证据表明九州岛北部与朝鲜半岛南部有稻作文化交流。

长江下游与日本列岛之间有辽阔的东海相隔，但洋流"黑潮"将两地紧密地联系起来。远古时代，长江下游生活着两大族群，即古苗人和古越人。古苗人生活在杭州湾以北，古越人生活在杭州湾以南。因此，古越人和古苗人都有可能通过黑潮将稻作农耕传播到日本列岛。

从逻辑上讲，如果是古越人最早将稻作农耕传播到日本的话，那古日语中的"稻"音则应该以古越语"稻"音名命。反之，如果是古苗人最早将稻作农耕传播到日本的话，那古日语中的"稻"音则应该以苗语"稻"音名命。基于这一逻辑，日本农学家安藤广太郎断定，最早将稻作农耕传播到日本的是居住在江南的苗族。

---

① 公婷婷：《中国水稻起源、驯化及传播研究》，博士学位论文，中央民族大学，2017，第92页。

② 藤尾慎一郎『弥生時代の歴史』講談社、2015年、40頁。

安藤氏在阐述日语“稻”音与江南吴语“稻”音相通时，特别注意到《穀梁传》中的“仲孙蔑，卫孙林父会吴于善稻，吴谓善伊，谓稻缓”这句话。[①] 稻作研究者一般认为，《穀梁传》襄公五年条下记载的吴语“稻”音“缓”同“暖”，发“nuan”音，[②] 但若按照吴语发音，则应该发“nə”，而“nə”则与古日语“稻”音“ne”非常接近。

日语“稻”音共有四个——“na”“ina”“ne”“ine”。“na”这个音与古朝鲜语“稻”音“narak”属于同一系列，甚至可以说“na”就是“narak”的词根。由此判断，“na”比“narak”古老，至少同等古老，所以日本最初的稻作文化很可能不是由朝鲜半岛传入的。

前文说过，蚩尤九黎稻作联邦在山东半岛的崩溃导致大批苗人流落到江淮一带，所以苗语融入吴语方言是必然的。另一方面，同是蚩尤后裔而撤回长江中游的那部分苗人，在三苗国崩溃后则继续向西南方向迁徙，进入湘西及云贵山地，所以直至今天，湘西及云贵山地的苗族仍然保留着非常古老的稻作文化。

贵州省丹寨县扬颂村和腊尧村的苗人每年农历十月第二个丑日都要举行“祭尤节”，祭祀他们的直系始祖蚩尤。贵州东南部的苗人说苗语中部方言，普遍称“稻”为“na”或“nee”（ne），与古日语“稻”音“na”和“ne”完全对应。贵州东南部的苗族与江南一带的古苗人同源，由此可知古日语中的“稻”音“na”和“ne”，应该是对苗语“稻”音“na”和“nee”（ne）的借用。

前文曾提到日本最古老的稻作遗址菜畑遗址。公元前9世纪以后，在九州岛北部那珂川流域也开始出现稻作遗址和环濠聚落。公元前1世纪以后，从那珂环濠聚落中又诞生出一个稻作方国——“奴国”（须玖冈本遗址）。奴国受到东汉光武帝的册封，受赐“汉委奴国王”金印一枚（见图9）。此枚金印1784年出土，现已成为日本国宝。

不管是菜畑遗址、那珂环濠聚落，还是奴国，其名称中都包含“na”音，即“菜”、“那”和“奴”的上古音都读“na”。“na”音选择了不同

① 稲作史研究会・盛永俊太郎『稲の日本史（上）』筑摩書房、1969年、272頁。
② 游修龄、曾雄生：《中国稻作文化史》，上海人民出版社，2010，第417页。

**图 9　汉委奴国王金印**

资料来源：文化庁『国宝 12・考古』毎日新聞社、1984 年。

的汉字表述，可见重点并不是汉字，而在于“na”这个发音，而这个“na”又让我们自然联想到苗语“稻”音“na”。也就是说，日本早期稻作遗址都是以苗语“稻”音“na”名命的，“菜”畑遗址即“稻”畑遗址，“奴”国即“稻”国。那珂环濠聚落的“珂”本义为“处所”，所以“那珂”也可以理解为“种水稻的地方”。这也从另一个侧面证明，日本九州岛北部的稻作文化确实与古苗人密切相关。

至于是古苗人中的哪个支系或哪个人最早将稻作农耕传播到日本，笔者曾在论文《徐夷族属考证——兼论徐偃王族人东渡日本》中作过考证。公元前 10 世纪中叶，作为蚩尤后裔的徐偃王伐周不成，避战舟山群岛，舟山兵败后其族人很可能继续向东逃亡，乘黑潮去日本列岛避难。他们出海逃亡的时间与日本九州岛北部出现菜畑遗址的时间完全吻合，而且徐偃王族人说的是苗语，这一点亦与该遗址以苗语“稻”音“na”名命这一事实相符。由此我们可以断定，应该是徐偃王族人“给日本带去了稻作农耕文化”。[①]

## 五　“御柱祭”与“拉鼓节”

日本全境都有拔河习俗。其中，长野县诹访大社的“御柱祭”与广西融水苗族的“拉鼓节”非常相似。

---

① 李国栋：《徐夷族属考证——兼论徐偃王族人东渡日本》，《浙江社会科学》2021 年第 6 期。

诹访大社是日本最古老的神社之一，其创建可以追溯到《古事记》中的“让国神话”。诹访大社的“御柱祭”每六年举行一次，这与苗族“拉鼓节”的“小鼓”举行时间间隔相同。

诹访大社分上社和下社，上社由本宫和前宫组成，下社由春宫和秋宫组成。每个宫殿四角都有四根御柱守护。“御柱祭”以上社为主，从上一次结束后的第六年 2 月开始准备，断断续续持续到 6 月，其间要举行“御柱大祭”筹备大会，然后依次举行“手斧始祭”“山神祭”“御柱采伐入斧式”“御柱出山式”“御柱入乡式”“御柱挂注连绳祭”“御柱固定式”“宝典上栋式”“御柱大祭完成报告祭”等祭祀仪式。苗族“拉鼓节”也有各种仪式。首先要举行“拉枫木鼓”筹备大会，然后进行“醒鼓”“凿鼓”“演鼓”“接鼓”“抱头”“开伞”“藏鼓”等仪式，也要持续 5 个月。

“御柱祭”的“御柱采伐入斧式”相当于苗族“拉鼓节”的“醒鼓”，神职人员需要上山伐树。“御柱采伐入斧式”由当地世袭的“八人众”负责，“八人众”被认为具有辨别神树的灵力，而苗族“醒鼓”仪式的主祭者也是一个鼓头和七个鼓师，共八人。①

日本人和中国苗族都认为“八”是神圣的数字，而且在古日语和苗语中部方言里都发“ya”（苗语拼音为“yaf”）音。不仅都崇尚“八”，而且发音完全相同，如果再结合古日语和苗语中部方言都称“稻”为“na”或“nee”（ne）这一词源学事实，我们则可以进一步看清日本“御柱祭”与苗族“拉鼓节”的文化关联性。

“御柱祭”与“拉鼓节”最相似的部分，是将安置所中的御柱拉向神社的“御柱入乡式”。在这个阶段，神木的前方系两根绳子，后方系一根绳子，一部分人用两根绳子将神木向前拉，同时另一部分人用一根绳子向后拉，在前方与后方相互拉扯的过程中，神木不断接近神社。这一过程与“拉鼓节”中两队相互拉扯神树或“祖鼓”非常相似，有异曲同工之妙。

日本学者近藤信义在其论文《诹访大社式年造营御柱祭之研究——以上社为中心》中指出，“御柱入乡式”中使用的牵引绳分为“男纲”、“女

① 石子健：《民间信仰仪式与村落共同体意识的建构——以广西融水县尧告苗族“拉鼓”仪式为例》，《重庆文理学院学报》（社会科学版）2021 年第 5 期。

纲”和“追挂纲”。“男纲”位于神木左前方，“女纲”位于神木右前方，“追挂纲”位于神木后方。[①] 其实，在苗族“拉鼓节”中拉拽神木的绳索也是前方两根、后方一根，而且也会出现男女各站一方，互相拉扯的情景。

综上所述，“御柱祭”和“拉鼓节”中都有古老的拔河环节，而且都以祭祖为核心。当然，“御柱祭”所砍伐的神树是冷杉，而不是枫香树。其实，广西融水尧告苗寨的“拉鼓节”现在也不砍伐枫香树，而是用香樟树代替。虽然在观念上是要砍伐一棵枫香树，但根据周边具体环境，也可以用样态相似的香樟树代替。笔者认为，尧告苗寨的这一树种变更便可以解释日本“御柱祭”中为什么要使用冷杉。原因就是日本列岛没有枫香树种，而冷杉高大笔直的样态与枫香树非常相似。因此从这个意义上讲，在树柱信仰方面，日本“御柱祭”仍然保留着苗族“拉鼓节”的基本特征。

## 六　作为旁证的鸬鹚与鳄鱼

《古事记》让国神话记载，建御雷神奉天照大神和高木神之命，来到大国主神统治的苇原中国，要求大国主神让出自己的国家。大国主神说，你先去问我的两个儿子愿意不愿意。大国主神的长子叫“八重事代主神”，次子叫“建御名方神”。建御雷神先去见八重事代主神，他当时在外猎取鱼鸟。被问及是否同意让国后，他表示同意，随后便在海中将船化作“青柴垣”，然后自己隐于其中了。建御雷神又去问建御名方神，他不同意让国，提议比武。但在比武中被建御雷神打败，于是逃至诹访湖畔，并向建御雷神承诺从此不再走出诹访地区。最后，大国主神只得让出自己的国家，建御雷神则按照大国主神的请求，在出云国的多艺志小滨为他建造了壮丽的神殿——出云大社。

之后，栉八玉神化作鸬鹚，钻进海里，衔出海底的黏土制成许多陶器，又取海带柄作为燧臼，取海莼柄作为燧杵，钻出火来。然后献上一首

---

① 近藤信義「諏訪大社式年造営御柱際の研究——上社を中心に」『立正大学人文科学研究所年報』、1989 年、36 頁。

祝词和一份丰盛的海鲜大餐。根据《古事记》记载的谱系，栉八玉神是水户神的孙子，生活在河口一带，属于以鸬鹚为图腾的氏族。

日本列岛远古时代没有鸬鹚，所以可以肯定鸬鹚是作为鸬鹚捕鱼这一渔猎方式由海外传入日本的。长江中游的古苗人自古就利用鸬鹚捕鱼。湖北省石家河遗址群中的邓家湾遗址出土了六件短尾鸟陶塑。考古学家武仙竹通过对其体型的分析，得出了短尾鸟即鸬鹚的结论。[①]

在长江下游，河姆渡遗址第四文化层出土了鸬鹚遗骨，距今7000年。第四文化层也同时出土了木桨，说明当时长江下游的古越人已经掌握了航海技术，为鸬鹚文化的传播提供了技术支撑。

在《日本书纪》中，大国主神的长子八重事代主神也被称为"事代主神"，其原型是"八寻熊鳄"。也就是说，事代主神属于以鳄鱼为图腾的部族。在东亚及东北亚地区，只有长江下游有野生鳄鱼生存，即扬子鳄，而且长江下游7000年前的河姆渡遗址和田螺山遗址都出土了扬子鳄的遗骨。由此可见，事代主神也来自长江下游，与栉八玉神化作鸬鹚所显示的文化倾向完全一致。

其实，八重事代主神和建御名方神都是诹访大社的主祭神。八重事代主神被祭祀在下社秋宫，而建御名方神则被祭祀在上社本宫和下社春宫。由此我们也可以知晓，诹访大社的"御柱祭"本质上与长江下游有关。

从《古事记》记载的稻羽兔踏鳄渡海，以及鳄鱼从海神宫送山幸彦回家的故事情节来看，鳄鱼经常承担渡海任务。因此笔者推测，长江下游的稻作渔猎文化在传往日本列岛的过程中，以鳄鱼为图腾的部族主要承担操船渡海的任务，而鸬鹚部族则主要承担途中捕鱼、提供优质蛋白质食物的任务。

总而言之，与"御柱祭"密切相关的让国神话也显示出与长江下游的文化关联性，这也可以视为"御柱祭"源自长江下游的一个重要佐证。当然，从中国长江下游迁徙到日本列岛的不仅有古苗人，还有大批古越人，他们就像涌向日本列岛的波涛一样，一波又一波地在日本各地登陆，给日本带去了不同时期且具有不同民族特色的稻作渔猎文化。但是，从诹访大

① 武仙竹:《邓家湾遗址陶塑动物的动物考古学研究》,《江汉考古》2001年第4期。

社每六年举行一次的“御柱祭”与苗族“拉鼓节”的高度相似性来看，日本拔河所传承的确实是苗族拉鼓拔河的神髓，带有祭祖意味，并祈祷人丁兴旺、稻谷丰收。

（李国栋，浙江工商大学东方语言与哲学学院、东亚研究院教授；
陈洁颖，浙江工商大学东方语言与哲学学院硕士研究生）

# “一号作战”中侵华日军的医疗补给问题

李亚楠

**内容摘要** 1944年侵华日军发动的“一号作战”中，因伤病死亡的日军人数超过战死人数，大量日军死于后方医疗机构。日军大量伤病死的原因，是战时日军高强度行军、长期缺乏食物、医药品短缺，导致后方医疗机构无力应对伤病员，医疗卫生难以得到保障。中美军队的空袭及地面袭扰打击了日军的公路、水路、铁路补给线，加之天气、地形等因素影响，日军补给能力低下，前线部队的补给严重短缺，最终导致大量士兵死于伤病。

**关键词** “一号作战” 侵华日军 伤病死 医疗补给

1944年4月，侵华日军为打通“大陆交通线”，占领中国南方机场以遏止美军空袭，向河南、湖南、广西等地发动了大规模进攻。日本方面称此次战役为“一号作战”。战役共历时8个月，日军形式上打通了“大陆交通线”，取得了战术胜利。而中国方面伤亡惨重，丢失大片领土，此次战役也成为抗战以后国民党在正面战场的第二次大溃退。但从日军的角度来看，事实上这场战役也让日军损失了大量兵力，而死亡的兵员中相当一部分是因伤或因病而死，这与以往日军在中国作战的情况有很大的不同。为何“一号作战”中有大量日军士兵死于伤病？这与日军的医疗补给存在何种关联？本文希望对这些问题加以探讨。

以往学界对日军“一号作战”的研究，多从中方视角出发，集中于对战役的总体评价及中国军队的军事作战等问题，[①] 近年来也有研究关注到“一号作战”中日军的战略决策，[②] 但仍鲜见有关战役中日军的专门性研究。关于“一号作战”中日军的医疗补给问题，日本学者广中一成的研究以第三师团为中心，涉及了“一号作战”中第三师团的补给困难，认为“一号作战”是在忽视补给的情况下发动的。但其研究并未深入探讨日军的伤亡、医疗、补给之间的关系，也未能揭示“一号作战”中日军补给困难的原因。[③] 有关二战时期日军医疗卫生的研究，以藤原彰、吉田裕等学者的研究[④]为代表，探讨了战时尤其是战争后期日军士兵普遍面临的死亡、伤病、精神疾患、营养不良等问题，为日军医疗卫生研究奠定了重要基础。而有关日本军队后勤补给的研究，则在过去的很长一段时间内未能得到足够重视，但近年来也有学者开始关注日军补给落后与战时日军战地“征发”之间的关联。[⑤]

可见，目前对日军在“一号作战”中医疗补给展开的研究仍比较薄弱。由于视角和史料的关系，以往研究更加侧重中日在正面战场的军事作战，往往忽视了对作战有着重要影响的医疗和补给；虽然对国民党军队在“一号作战”中的溃败进行了充分的讨论，却未关注到日军在“一号作战”中激增的伤病死及其原因。因此，本文参考日文原始档案及各类日记、回忆录，考察了“一号作战”中日军的伤病死状况及其与医疗、补给的关系，揭示日军伤病死激增的原因。

---

① 温锐、苏盾：《重评1944年中国抗日战争的正面战场》，《抗日战争研究》1996年第4期；唐军，蒲元：《豫湘桂会战失败原因论》，《宁夏社会科学》2014年第4期；李刚：《豫湘桂会战之黔南作战》，《抗日战争研究》1996年第4期；盛差偲：《豫湘桂战役爆发后新四军第五师在敌后的发展与调适》，《抗日战争研究》2021年第1期；等等。

② 刘峰：《日军的“扣号作战”计划与华北的敌后战场》，《近代史研究》2023年第2期；姚江鸿：《非战之时·非战之地·非战之人——日军“一号作战”再研究》，《日本侵华南京大屠杀研究》2023年第3期；等等。

③ 広中一成『後期日中戦争:太平洋戦争下の中国戦線』角川書店、2021年。

④ 藤原彰『餓死した英霊たち』青木書店、2001年;吉田裕『日本軍兵士——アジア·太平洋戦争の現実』中央公論新社、2017年。

⑤ 王萌：《侵华日军在中国战地的“征发”》，《民国档案》2021年第1期;佐々木啓「日本帝国軍の兵站と『人的資源』」蘭信三ら『シリーズ戦争と社会3　総力戦·帝国崩壊·占領』岩波書店、2022年。

## 一 “一号作战”中侵华日军的伤病死情况

1944年1月24日，日本大本营下达天皇“大命”，命令中国派遣军及南方军向湘桂铁路、粤汉铁路及京汉铁路南部地区出击，攻占沿线要地，破坏中国主要的空军基地。① 战役自1944年4月中旬爆发，直至12月结束。中国方面将这场战役称为“豫湘桂战役”，日本方面则称之为“一号作战”或“大陆打通作战”，按阶段又分为“京汉作战”（中国称“河南会战”）和“湘桂作战”（中国称“湖南会战”）。

在日军发动的“一号作战”中，中国军队损失惨重，丢失大片领土，国际舆论一片哗然。对于日本军队而言，这场战役同样带来了巨大的人员伤亡。关于日军在“一号作战”中的具体伤亡人数，目前尚未发现有准确数据的史料。根据日本原防卫厅防卫研修所战史室所编《战史丛书》的记录，日军自4月17日进攻河南中牟至5月25日占领洛阳，共报告战死869人、负伤2280人。② “湘桂作战”期间，日军报告称截至7月20日，共战死3860人、伤8327人、病7099人，合计伤亡19286人，另有7126匹战马战死或染病。③ 有中国学者依据日本防卫厅的资料，认为日军在攻打衡阳期间，伤亡人数应在29000人以上。④ 王奇生的研究则综合中日双方的资料，认为日军在“湘桂作战”期间的湖南战场上，总共伤亡6万余人。⑤

由于资料的缺失，有关日军在“一号作战”中总的伤亡人数目前暂时无法得出定论，但日军在作战中有大量士兵死于伤病却是值得注意的问

① 防衛庁防衛研修所戦史室『戦史叢書　一号作戦〈1〉河南の会戦』朝雲新聞社、1967年、34頁。

② 「支那方面作戦記録　第3巻　第2節　第1款/其の4　京漢作戦」JACAR（アジア歴史資料センター）、Ref. C13031938500（防衛省防衛研究所）。

③ 「支那方面作戦記録　第3巻　第2節　第1款/其の5　湘桂作戦（1）」JACAR（アジア歴史資料センター）、Ref. C13031938600（防衛省防衛研究所）。

④ 章伯锋、庄建平主编《抗日战争》第2卷（中）《正面战场与敌后战场》，四川大学出版社，1997，第2073页。

⑤ 王奇生：《湖南会战：中国军队对日军“一号作战”的回应》，《抗日战争研究》2004年第3期，第22页。

题。战时日军以“战死”、“战伤死”和“战病死”来区别士兵的阵亡类型。按照日军定义，所谓“战死”，是指在战场死亡或在被野战医院级别的医疗机关收治前就因伤死亡者；“战伤死”指从野战医院级别的医疗机关直到日本本土，直接因战伤而死亡者；“战病死”则是在战地或“事变地”因公务受伤或罹患疾病而死亡者。[①] 可见，日军将伤病死区别于战死，特指在后方医疗机构因伤病死亡的士兵。在日军的诸多战史记录中，常常可见“一号作战”伤病死人数占比过半的记述，如“本次作战（‘一号作战’）补给极度困难，给养程度低下，因营养不良导致的病死占死亡人数之大半”,[②]“兵员的消耗大多并非源于战斗死伤，而是病死”,[③]“大约一半的人死于后方的野战医院”,[④] 等等。这些记述虽然只是日军兵士的直观感受，但对伤亡数据进行的分析亦能印证这些观点。

以第二十七师团为例，第二十七师团的前身为日军中国驻屯军，1937年中日战争全面爆发后，改编为中国驻屯混成旅团，隶属华北方面军。1938年3月12日，旅团新建中国驻屯步兵第三联队，遂改称中国驻屯兵团。1938年6月21日，兵团最终改编为第二十七师团。第二十七师团下辖三个步兵联队，分别为中国驻屯步兵第一、第二、第三联队，此外还有山炮兵第二十七联队、工兵第二十七联队、辎重兵第二十七联队及通信队、卫生队、野战医院等辅助部队。1944年日军为发动“一号作战”，将第二十七师团自锦州驻地调至华北，隶属第十一军，参与了“京汉作战”及“湘桂作战”，是日军“一号作战”的主要参战部队之一。第二十七师团在“一号作战”中的伤亡数据，一定程度上也能反映日军的伤病死状况。

第二十七师团中国驻屯步兵第一联队于1944年3月17日参与“京汉作战”，5月12日参加“湘桂作战”，1945年1月9日完成在湖南安仁的“警

---

① 「戦傷、戦病等の定義に関する件」JACAR（アジア歴史資料センター）、Ref. C01001653900（防衛省防衛研究所）。

② 浪鉄会江戸鉄会『鉄道兵回想記』浪鉄会鉄道兵回想記刊行会、1989年、532頁。

③ 支駐歩一会編『支那駐屯歩兵第一連隊史』非売品、1974年、485頁。

④ 井後彰生『連隊誌余話集　征衣残影』非売品、1980年、22頁。

备”任务。[①] 第一联队在“一号作战”中共阵亡 1393 人，其中战死者 289 人，因伤病死亡者为 1103 人。[②] 战死者所占比例仅为全体阵亡人数的 20.7%，却有多达 79.2%的士兵死于伤病。

中国驻屯步兵第二联队自 1944 年 3 月 22 日起参加“京汉作战”，5 月 12 日参加“湘桂作战”，同年 12 月 16 日完成对湖南安仁的“扫荡”。[③] 第二联队在“一号作战”中共阵亡 1139 人，其中战死者为 298 人，因伤病死亡的人数达到 837 人。[④] 即“一号作战”期间，第二联队有 26.2%的阵亡士兵死于战场，而有 73.5%因伤病而死。

中国驻屯步兵第三联队自 1944 年 3 月 25 日参与“京汉作战”，5 月 11 日参加“湘桂作战”，1945 年 1 月 9 日完成在湖南茶陵的“警备”任务。[⑤] 第三联队在“一号作战”中共阵亡 1172 人，其中战死人数为 376 人，因伤病死亡 790 人。[⑥] 故第三联队在“一号作战”中阵亡的这 1100 多人中，有 32.1%为战死，有 67.4%死于伤病。

日军的伤病死状况在“湘桂作战”期间尤为突出。时任第六方面军参谋长的宫崎周一曾在其日记中记述，第二十七师团到 1944 年 10 月底已处于“兵力损耗极甚，亟须补充”的状态，7000 人中大约 5000 人因病无法继续作战。原本师团的一个中队定员在 100 人左右，而这一时期每个中队却只有 40 人，有的中队甚至只有 20 人。[⑦] 而中国驻屯步兵第二联队自 1944 年 8 月起至次年 1 月初共战死 201 人，病死及在路上冻死、饿死的人数却达 646 人，各中队一半以上的士兵都处于虚弱状态，兵力损耗大半。[⑧]

---

① 「中支那方面部隊略歴（その1）/分割 12」JACAR（アジア歴史資料センター）、Ref. C12122438200（防衛省防衛研究所）。

② 支駐歩一会編『支那駐屯歩兵第一連隊史』、573—615 頁。

③ 「中支那方面部隊略歴（その1）/分割 12」JACAR（アジア歴史資料センター）、Ref. C12122438200（防衛省防衛研究所）。

④ 支那駐屯歩兵第二連隊誌編纂委員会（海光寺会）『支那駐屯歩兵第二連隊誌』非売品、1977 年、937 — 977 頁。

⑤ 「中支那方面部隊略歴（その1）/分割 13」JACAR（アジア歴史資料センター）、Ref. C12122438300（防衛省防衛研究所）。

⑥ 支駐歩三会編『支那駐屯歩兵第三連隊戦誌』非売品、1975 年、752—781 頁。

⑦ 軍事史学会編集『宮崎周一中将日誌』錦正社、2003 年、462 頁。

⑧ 井後彰生『大陸縦断の足どり』非売品、1985 年、30 頁。

由于日本战败前销毁了不少有关医疗卫生的档案资料，伤亡数据存在遗漏的可能，加之战时统计伤亡常将伤病死改记为战死[①]，因此“一号作战”中实际的伤病死人数可能超过了统计的数字。

综合以上数据，可以看出在“一号作战”尤其是后期的“湘桂作战”中，日军六成以上的死亡源于伤病。原本野战医院、兵站医院是日军战场医疗后送体系中的重要环节，在“一号作战”中却未能有效发挥作用，致使大量伤病士兵死于后方医院。“对于（昭和）十八年（1943）征召的现役兵而言，茶陵野战医院就宛如一座坟场，人们如同倒下的将棋一般，进了医院就没人能再返回部队。”[②]“这些（医疗）设施极度匮乏物资，患者病情好转无望。相比起康复，患者在很短的时间内就会病情恶化。”[③]后方医疗机构的失效，表明“一号作战”中日军的医疗卫生并未得到有效的保障，脆弱的医疗卫生条件直接导致了大量的伤病死亡。

## 二　日军的医疗卫生未能得到有效保障

后方医疗机构在“一号作战”中未能有效保障伤病士兵免于死亡，大量日军士兵因为病情恶化和伤口感染死在后方医院里。之所以出现这样的状况，原因就在于负重行军和饥饿导致日军士兵普遍营养失调，各种疾病广泛传播，加上医药品短缺，后方医疗机构超负荷运转，无力应对与日俱增的伤病员。

### （一）高强度行军与士兵过劳

沉重的装备负重严重消耗了士兵的体力。根据吉田裕的研究，在战争初期，日本陆军军医团将士兵的负重极限设定在体重的35%—40%。然而到了战争后期，随着战争形势的复杂化，士兵携带的武器装备越来越多，

① 吉田裕『日本軍兵士——アジア・太平洋戦争の真実』、30頁。

② 角屋数男「戦傷と茶陵野戦病院」山砲兵第二十七連隊有志『山砲兵第二十七連隊誌』非売品、1985年、647頁。

③ 井後彰生『連隊誌余話集　征衣残影』、23頁。

负重已经超过其体重的50%。参与攻占郑州、许昌的第三十七师团第二二六联队第一大队中，有的士兵甚至背负着几乎与其体重相当的装备行军。[①] 第五十八师团第一〇六大队的一名普通士兵，其随身携带的装备就超过了50公斤。[②] 第二十七师团自河南怀庆出发时，每名士兵要携带包括手榴弹、器械、粮食等在内总重超过40公斤的装备，而部队中新近补充的新兵体重也不过55公斤。许多新兵由于不堪重负，患上了"行军性关节炎"。[③] 沉重的武器装备让普通士兵的行军变得异常艰难："由于装备太重，如果穿的不是底子厚实的士兵靴，就根本没法走路。"[④] 在与中国军队交战前，日军士兵就因负重过重损耗了大量的体力。

除了过重的负重外，高强度的行军也让普通士兵疲于奔命。在河南战场上，许多部队每天拂晓时分就要出发，一直行军至日落方抵达目的地。每名士兵的睡眠时间常常只有四五个小时。[⑤] 战况复杂时，部队在夜晚也不允许士兵休息，必须继续行军。"一天行军四五十公里，途中还要渡河，战斗时还不得不背着沉重的炮架奔跑。新兵的体力就这样被急剧消耗，人也变得消瘦。"[⑥] 由于严重睡眠不足，许多士兵在行军途中昏倒，即使勉强能够支撑，也处于极度困倦的状态："因睡眠不足而处于半睡半醒状态行军的士兵，从后面看就像喝醉了酒一样踉踉跄跄，有的跌落到水沟和河流中，有的陷进农田里。"[⑦] 一般的步兵尚且如此，对于需要携带弹药及炮架的炮兵和负责运输补给的辎重兵而言，行军过程更加艰苦。长时间、高负重、高强度的行军过度消耗了士兵的体力，许多士兵因此陷入过劳状态，免疫力也随之下降，身体极度虚弱。

5月14日，日军主力部队抵达淮河北岸，计划利用长台关铁桥渡过淮河，向信阳方向进军。然而当天夜里下起大雨，日军多支部队被迫拥堵在

① 吉田裕『日本軍兵士——アジア・太平洋戦争の真実』、184—185頁。

② 吉岡義一「零の進軍（上）」『新老人の会』熊本支部、2015年、167頁。

③ 井後彰生『大陸縦断の足どり』非売品、1985年、16頁。

④ 岡野篤夫『大陸戦塵録』旺史社、1985年、139頁。

⑤ 支那駐屯歩兵第二連隊誌編纂委員会（海光寺会）『支那駐屯歩兵第二連隊誌』非売品、1977年、238頁。

⑥ 堀啓『中国行軍　徒歩6500キロ』川辺書林、2005年、70頁。

⑦ 堀啓『中国行軍　徒歩6500キロ』、71頁。

长台关铁桥一带。突如其来的降雨和骤降的气温，让处于极度虚弱状态的许多士兵最终因体力不支而死亡。“道路两旁到处可见人和马的尸骸。军马、驴、牛、苦力、士兵都像连珠串似的倒在泥泞之中，全都冻死在昨天的寒夜里。”① 在此地仅第二十七师团就有166人死亡，② 其他师团也有相当多的伤亡。天气固然是直接诱因，但长时间高强度的行军所导致的普遍疲劳和虚弱，才是日军在一夜之间出现如此多伤亡的根本原因。

## （二）食物匮乏与营养失调

除了负重行军所带来的体力消耗，食物匮乏也导致日军士兵普遍存在营养失调的症状，这进一步加重了其身体的虚弱。“一号作战”中，日军士兵通常只在出发时随身携带数天的便携口粮，在口粮耗尽前，抵达下一个补给地点。然而，实际情况是日军士兵在耗尽口粮后，常常无法获得充足的食物。食物匮乏是“一号作战”中日军普遍面临的问题。“由于没有后勤，所以也没有粮食补给，随身携带的口粮耗尽……野外所有可以吃的野草都被我们挖了回来”，③ “说是筹措食物，也没有任何可以用来吃的东西”，④ “粮食只能靠夜晚收割稻谷、挖掘莲藕来维持生命”。⑤ 即便是补给状况相对良好的第一一六师团，其工兵队自5月至10月摄入的食物中，只有主食基本能够达到定额，蔬菜则仅有定额的六分之一，肉类在7月和8月几乎为零。⑥

按照日军大本营陆军部“一号作战”纲要的要求，参战各部队要“充分利用当地物资及虏获资源”，⑦ 因此开战伊始，“上面就下达了命令，要

① 支駐歩三、第十中隊会編集『支駐歩三、第十中隊の歩み』非売品、1985年、156頁。

② 支那駐屯歩兵第二連隊誌編纂委員会（海光寺会）『支那駐屯歩兵第二連隊誌』、238頁。

③ 元木富士男「独立重砲兵第六大隊桂林攻略戦」『平和の礎　軍人軍属短期在職者が語り継ぐ労苦5』平和祈念事業特別基金、1995年、308頁。

④ 稲井田一二「中国大陸に戦って　以徳報怨」『平和の礎　軍人軍属短期在職者が語り継ぐ労苦3』平和祈念事業特別基金、1993年、353頁。

⑤ 山地豊重「鯨隠密挺進隊苦心懐古録」『平和の礎　軍人軍属短期在職者が語り継ぐ労苦2』平和祈念事業特別基金、1992年、369頁。

⑥ 長尾五一『戦争と栄養』西田書店、1994年、72頁。

⑦「第7編/第5章　大陸打通作戦（1）」JACAR（アジア歴史資料センター）、Ref. C13071337900（防衛省防衛研究所）。

求所有部队就地筹措粮草等物资”。[①] 为了“充分利用当地物资”以缓解日军食物匮乏的现状，“征发”成为日军获取食物的重要手段。“正式的征发，即使是强制征收军需物资，也要支付军票补偿……但很多时候并不给钱，而是强行掠夺民众的食物及其他物资。这种掠夺才是征发的真实状态。”[②] 因为日军残酷的“征发”，当地民众常常在日军到来之前，就已将粮食物资转移至隐匿的坑洞和山林中，导致日军“征发”食物异常艰难。第四十师团进攻广西时，当地的民兵就将粮食和物资提前藏匿到山洞之中，致使日军不仅难以搜寻到食物，还频繁遭到当地民兵的攻击。[③] 日军即便侥幸搜刮到物资，也时常发生误食导致的食物中毒事件。有的部队一度将工业用的桐油当作食用油烹饪食物，导致大量士兵食物中毒，出现严重的腹泻症状。[④]

长期得不到充足的食物供给，使许多士兵身体消瘦，出现了营养失调的症状。武昌陆军医院作为日军在中国占领区设立的少数陆军医院之一，在 1944 年接收了大量从湖南、广西战场送下来的伤病士兵。依据武昌陆军医院在 1944 年 12 月 20 日对 1675 名内科入院患者进行的调查，这些入院士兵健康时的平均体重为 57.6 公斤，而收治入院时的平均体重只有 46.7 公斤，平均减少了 10.9 公斤，约为其健康体重的 19%。其中体重低于 46 公斤的有 661 人，低于 40 公斤的也有 228 人。[⑤] 患有严重营养失调的士兵由于身体极度消瘦，只能长期卧床，有的人甚至在昏睡中死去。[⑥] 据日军老兵回忆，营养失调的士兵最初会在手指、脚趾、面部出现水泡状的浮肿，经过短暂时间后，脸颊变得瘦削，逐渐只剩皮包骨头，最后就像朽木

① 小平喜一『湖南戦記』光人社、2007 年、66 頁。

② 堀啓『中国行軍　徒歩 6500キロ』、78 頁。

③ 水谷隆雄「中支から南支まで　鯨部隊野戦病院」『平和の礎　軍人軍属短期在職者が語り継ぐ労苦 4』平和祈念事業特別基金、1994 年、292 頁。

④ 吉田政雄「歩兵砲満州より湖南へ」『平和の礎　軍人軍属短期在職者が語り継ぐ労苦』平和祈念事業特別基金、1991 年、292 頁。

⑤ 長尾五一『戦争と栄養』、58—59 頁。

⑥ 佐藤喜多郎「山上の分哨」『平和の礎　軍人軍属短期在職者が語り継ぐ労苦 14』平和祈念事業特別基金、2004 年、337 頁。

般死去。[①] 长期的饥饿使日军士兵的消化功能减弱，腹泻成为常态，而“患者腹泻后会感到饥饿，抓到什么就吃什么，然后就继续腹泻，不断重复着这一恶性循环”。[②] 根据第二十七师团的调查报告，该师团在“湘桂作战”中的伤病士兵大多患有营养失调症，仅茶陵第一野战医院收治的2000多名患者中，就有一半的人死于营养失调，而耒阳第二野战医院的情况也大致相同。[③] 营养失调使士兵的免疫力显著下降，再加上卫生条件难以得到保障，疾病很容易在军队中蔓延。

### （三）疾病肆虐与医药品短缺

最典型的传染性疾病就是霍乱。霍乱是一种烈性消化道传染病，主要通过被污染的饮食传播。在“一号作战”中，由于日军缺乏充足的补给，许多士兵长期处于饥饿状态，因此很容易摄入不洁的饮用水和食物。7月的湖南正值盛夏，虽然日军严令禁止饮用生水，但依然有士兵难忍酷暑，饮用了不洁净的生水，结果导致前线暴发霍乱。日军高层紧急下令，要求各部队“禁止饮用任何生水，饮用水必须经过加热。一旦有士兵出现腹泻呕吐必须立即报告”。[④] 霍乱的传染速度很快，患者由于剧烈的腹泻和呕吐，体力会迅速耗尽直至死亡。“传染病房一夜之间就有近百人死亡……无论是患者还是医务人员都在死亡深渊里求生。第二天一早……河边就堆了六七十具尸体。”[⑤] 有的士兵感染霍乱后，一天之内就陷入脱水状态。[⑥] 一旦无法及时补充体液，感染霍乱的士兵很快就会死去，死亡率甚至能达到50%。[⑦] 霍乱的肆虐让日军十分恐惧，为了防止霍乱传播，日军甚至执

---

① 読売新聞大阪社会部『中国慰霊』角川文庫、1985年、156頁。

② 小平喜一『湖南戦記』光人社、2007年、94頁。

③ 「資料通報（B)第45号　中国派遣軍27D関係　合同成果、資料　昭和25年9月15日」JACAR（アジア歴史資料センター）、Ref. C13071195100（防衛省防衛研究所）。

④ 近藤光次「湘桂作戦に参加して」『平和の礎　軍人軍属短期在職者が語り継ぐ労苦』、44頁。

⑤ 読売新聞大阪社会部『中国慰霊』、165—166頁。

⑥ 松木正「第十一軍直通信隊湘桂作戦　陰の戦歴」『平和の礎　軍人軍属短期在職者が語り継ぐ労苦6』平和祈念事業特別基金、1996年、309頁。

⑦ 第三師団第一野戦病院戦史編さん委員会編集『第一野病の戦跡と回顧』第三師団第一野戦病院戦史編さん事務局、1981年、483頁。

行了所谓的"卫生作战"。1944 年 9 月，驻扎衡阳的日军内部暴发霍乱，日军认为霍乱是由附近的中国农民传播而来，便下令各部队将周边感染霍乱的中国人全部杀光，并焚毁房屋。许多无辜的中国民众在日军的"卫生作战"中被残忍杀害。[①]

疟疾也在日军士兵内部广泛流行。疟疾主要依靠蚊子叮咬传播，夏季炎热潮湿的中国南方正是疟疾的高发地区。根据第六十八师团野战医院对 1944 年 5 月 15 日至 12 月 31 日入院患者伤病死亡的统计，患有疟疾的士兵共 274 人，其中死亡 142 人，死亡率达 51.8%，仅次于细菌性痢疾。[②] 奎宁作为治疗疟疾的特效药，无论在当时的中国民间还是日军内部都是十分珍贵的药品，日军甚至将奎宁用作"宣抚"当地民众的工具。[③] 武昌陆军医院的军医坦言："当时的我们除了用蚊香或蚊帐防蚊外，别无他法。一旦感染疟疾，只能服用奎宁。"[④] 但在湘桂战场上，日军的奎宁供应一直无法得到有效保障，甚至士兵发烧也无法得到奎宁。[⑤] 奎宁供应不足，使疟疾长期困扰日军。

除此以外，伤寒、赤痢、蛔虫等疾病也折磨着日军士兵。然而，日军的医疗后送体制在这个时候并未发挥其应有的效用。由于补给断绝，不仅是粮食和弹药，医药品也同样失去了来源。特别是在"湘桂作战"期间，除了陆军医院尚且能够基本维持运转外，前线的卫生队和野战医院大多处于缺医少药的状态。"由于运输船被炸，药品已经化为尘埃。因此，大队的医务室并没有多余的能力去照顾其他部队的患者。"[⑥] 医疗卫生物资逐渐耗尽，甚至出现将单人所用注射液及药品分给多名患者使用的情况。[⑦] 不只是药品短缺，随着接收的伤病兵不断增加，医疗人员也出

① 読売新聞大阪社会部『中国慰霊』、180、186 頁。

② 長尾五一『戦争と栄養』、54 頁。

③ 岡野篤夫『大陸戦塵録』旺史社、1985 年、155 頁。

④ 苅谷影嘉『一応召軍医の手記』非売品、1979 年、144—145 頁。

⑤ 小平喜一『湖南戦記』、94 頁。

⑥ 小平喜一『湖南戦記』、93 頁。

⑦ 番場新一・冨田幸一・横尾達夫編『第三十四師団野戦病院史』椿第三十四師団野戦病院戦友会、1984 年、218—219 頁。

现短缺，有时一个卫生兵要同时照料三四十个病人，[①] 无论军医还是卫生兵都陷入极度疲惫的状态。战地医疗机构难以应对源源不断的病患，无力医治接收进来的患者，只能让伤病员在病床上自生自灭："当时的野战医院即便有军医，也处在没有食物、没有药品的状态。军医和卫生兵自身都在为温饱挣扎，想治疗病人也无从下手。"[②] 有的野战医院甚至连军医也感染疾病，以致无法给伤病兵提供诊疗。[③]

长时间高强度的负重行军、长期食物匮乏导致的严重营养失调，使日军士兵普遍体质虚弱、免疫力低下。这些士兵面对中国战场的复杂环境，极易感染各种疾病。"疲劳困惫到了极点，这种状态不限于一支部队，而是蔓延到整个军队。"[④] 缺医少药的战地医疗机构难以应对各种疾病，导致日军士兵不断死于伤病。日军难以保障良好的医疗卫生条件，根源在于其后勤补给存在缺陷，以致食品、药品等物资难以运抵前线，士兵不得不在补给匮乏的情况下，横跨中国南方数千公里行军作战。

## 三　日军的补给困难及其影响

1944 年初，日军大本营在制定"一号作战"的作战纲要时，就已经注意到中国战场的长距离补给问题。按照日军的规划，"京汉作战"由华北方面军调用储备物资自行供给，补给的重心被放在"湘桂作战"上，增派的运输部队及弹药物资也主要分配到湘桂战场。[⑤] 日军计划通过公路、水路和铁路补给线，将后方的物资运往前线。然而战役开始后不久，日军的补给便遭遇各种困难，补给效率低下，严重影响了前线部队。

① 腰山厳『衛生兵戦記』朝日新聞社、1970 年、68 頁。

② 支駐歩三、第十中隊会編集『支駐歩三、第十中隊の歩み』、239 頁。

③ 田中英俊『改稿　湖南進軍譜』白日社、2010 年、245 頁。

④ 第三師団第一野戦病院戦史編さん委員会編集『第一野病の戦跡と回顧』第三師団第一野戦病院戦史編さん事務局、1981 年、586 頁。

⑤ 輜重兵史刊行委員会編『輜重兵史（下巻）』非売品、1979 年、306 頁。

## （一）公路补给线的建设与废止

日军在湘桂战场上规划了两条公路补给线，分别称作甲补给线和乙补给线。甲补给线为岳州—新墙—新市—长沙—易家湾—易俗河—中路铺—衡山—衡阳，乙补给线位于甲补给线以东，为咸宁—崇阳—通城—平江—浏阳—株洲。两条公路补给线均以国民政府的军用公路为基础，但历次战役导致长沙以南的军用公路损毁殆尽，汽车只能依靠人力拖曳牵引方能勉强行进，有时一晚的前进距离不过四五公里，[①] 运输效率十分低下。为了尽快建立起公路补给线，第十一军决定由工兵司令官平野庄三率领两个独立工兵联队及一个独立工兵大队修复甲补给线，乙补给线则在野战运输司令官平冈清的指挥下由第二十七师团投入大量兵力负责建设。[②]

然而，直到 6 月 18 日主力部队攻陷长沙时，甲补给线也仅仅推进到长沙北部的新市，炮兵和汽车部队堵塞了新墙到新市之间的道路，同时还不断遭到美军飞机空袭。到了第一次进攻衡阳时，甲补给线也不过推进至新市以南 25 公里、长沙以北 45 公里的铜盆寺。负责运输的汽车部队一面遭受空袭，一面在穿越恶劣道路时发生故障、抛锚，以致车辆损失达到半数以上。

另一方面，第二十七师团总共投入 5000 人的兵力，采用人海战术铺设乙补给线，终于在 6 月 23 日将补给线延伸至平江。但由于工具简陋，加之师团步兵普遍缺少工兵作业经验，修筑的道路难以通行汽车，1200 辆汽车被堵在通城—平江一线，随处可见抛锚的车辆，[③] 最终抵达平江的寥寥无几。为了补充因空袭而严重受损的甲补给线，乙补给线最终于 6 月 29 日被迫宣布废止。[④]

唯一剩下的甲补给线在接下来的作战过程中也未能顺利“推进”。7 月中旬以后，漫长的阴雨天气虽然结束，但美军战机对日军的空袭更加猛烈。

---

① 鯨第六八八九部隊隊史編集委員会編集『鯨輜重兵連隊史〔輜重兵第四十連隊史〕』非売品、1987 年、438 頁。

② 安斎直泰『わがあゆみの記』非売品、1987 年、269 頁。

③ 第二十七師団のあゆみ編纂委員会『第二十七師団のあゆみ』第二十七師団会、1974 年、184 頁。

④ 大森威一郎『霧の中の青春群像』霧の中の青春群像出版有志会、1990 年、55 頁。

岳州—长沙的甲补给线上，平均每隔500米就有一辆被击毁的卡车残骸瘫痪在路边。道路和桥梁修复后旋即又被炸毁。在日军主力部队攻占衡阳后，汽车部队于8月6日渡过湘江，到达衡阳地区。但由于完全丧失制空权，汽车只能在夜间通行，仅一个月内就损失了三个汽车中队的约150辆汽车。[①]

## （二）空袭下的水路运输

虽然日军大本营陆军部在制定作战大纲时便已明确后勤补给要充分利用水运、节省陆路运力，[②] 但开战后不久，日军通过水路运输补给的意图就遭到了中美空军的抵抗。

自1944年起，美军加强了对日军船舶的打击力度。根据美国战略轰炸调查团的统计，1944年1月初，日本服役中的商船总吨位约为407万吨，而到了该年12月，这一数字就迅速下降到了197万吨。[③] 日军发动"一号作战"期间，中美空军在遂川、零陵、桂林、芷江等地部署了大批战斗机及轰炸机。这些战机在支援中国军队地面作战的同时，也被派往东南沿海及内河地区，用于袭击日军的水上舰艇。"（美军）在攻击湘江地区的船舶上尤其倾注了最大努力"，[④] 中美空军在湘桂战场出动战机的总架次甚至一度占到当时整个中国战场的70%。[⑤] "湘桂作战"开始后不久，美军就增强了在中国东南地区的空军力量。日军攻陷衡阳后，中美空军撤往桂林、柳州，芷江的战略地位迅速上升，成为中美空军的前沿基地，在侧翼阻击了日军的军事行动。日军发起对桂林、柳州的侵略后，中美空军依托遂川、赣州的机场频繁发动空袭，集中打击了日军在长江的运输船及其位于广

---

① 中島敬三『幻の鉄兵』非売品、1992年、263—267頁。

② 「大東亜戦争全史草案　第7編/第5章　大陸打通作戦（1）」JACAR（アジア歴史資料センター）、Ref. C13071337900（防衛省防衛研究所）。

③ 富永健吾編『現代史資料39　太平洋戦争5』みすず書房、1975年、549頁。

④ 臼井勝美・稲葉正夫編・解説『現代史資料38　太平洋戦争4』みすず書房、1972年、311頁。

⑤ 臼井勝美・稲葉正夫編・解説『現代史資料38　太平洋戦争4』、313頁。

州、南京等地的空军基地。[①]

为了打击中国方面不断增强的空军力量，日军也向中国战场增派战机。8月中旬，在原有第五航空军的基础上，日军又临时增派三个飞行战队协助作战。[②] 但中国空军的优势仍能保持。表1为战时日军对中日双方战机数量的估算，随着日军战机和飞行员在战斗中被不断消耗，中日双方的空中力量对比差距越来越大。

**表1　中日飞机数量比较**

单位：架

| 时间 | 中国空军、中美混编空军、美国空军 | 日军 | 中方与日方相比 |
|---|---|---|---|
| “一号作战”开始时 | 520 | 230 | 2：1 |
| 长沙失陷时 | 600 | 220 | 3：1 |
| 衡阳失陷时 | 750 | 160 | 5：1 |
| 桂林失陷时 | 800 | 150 | 5.3：1 |

资料来源：「彼我飛行機数比較表」第一復員局『支那方面（支那事変、大東亜戦争）航空作戦記録』第一復員局、1947年、148頁。

尽管日军高层很快就意识到空袭将对日军的补给造成威胁：“下一阶段作战的重要问题，在于敌人（中美）空中势力的增强对后方交通线带来的威胁，以及保障长距离、长时间作战的后方补给。”[③] 但由于中美空军在空中力量上占据优势，日军难以掌握中美空军发动空袭的时间和规模，因此日军的水上运输线遭到了严重打击。[④] 通过内河航道运送补给的日军运输船，经常遭遇自桂林、遂川等地起飞的中方飞机的空袭。日军一个载有700吨弹药、400吨粮食、300吨燃料的混编船队，就在沿湘江南下前往长

① 第一復員局『支那方面（支那事変、大東亜戦争）航空作戦記録』第一復員局、1947年、156、169頁。

② 防衛庁防衛研修所戦史室『戦史叢書　中国方面陸軍航空作戦』朝雲新聞社、1974年、495—496頁。

③ 軍事史学会編集『宮崎周一中将日誌』、430頁。

④ 「軍事鉄道記録　第5巻　4、大東亜戦争/6、支那鉄道/③昭和23年4月　湘桂作戦鉄道戦史（自作戦初頭至20年5月）」JACAR（アジア歴史資料センター）、Ref. C14020316200（防衛省防衛研究所）。

沙运送补给的途中遭到空袭，最终损失了大约三成的物资。[①] 水运既已难以维持，日军便将补给运输的重心转移到铁路上。

### （三）日军铁道部队对铁路的修复

然而，日军在铁路运输上面临的问题更加复杂。1944 年日军发动“全面攻势”后，国民政府为了延缓日军进攻，避免日军利用铁路线快速向南进军，不得已下令拆除了粤汉、湘桂、黔桂线的部分铁路，并组织沿线铁路员工向后方转移。“民国三十三年（1944）日寇南侵，路局员工撤退前夕，将所有桥梁、隧道、路轨路基、厂屋号志及一切有关行车设备，均经施行破坏，而以桥梁为最彻底。路轨完全拆毁者凡三百余公里，其余亦残破不全，沦陷后日人曾力图修复，历时一载，仍未实现。”[②] 据湘桂铁路局员工回忆：“在（民国）三十三年（1944）夏天，敌人第四次又自湘北发动攻势，不数日衡阳被围，战事踏进了湘桂线，通车未久的湘江大桥首予彻底破坏，累年辛苦经营的结果，轰然一声，便沉落江底……在衡阳防守战的期间，湘桂线黎家坪以西尚照常通车，接近衡阳的一段则奉令破坏，爆破桥梁，拆除钢轨。”[③] 铁路线的毁坏阻碍了日军的侵略步伐。

为了尽快恢复铁路沿线设施，日军专门组建了铁道部队，负责架设铁路并打通桥梁、隧道。这支铁道部队由第四野战铁道司令部统辖，包括了铁道第一、第三、第十二、第十三、第十四、第十五联队以及两个独立铁道工务大队、两个独立铁道桥梁大队、两个独立铁道工作队及第四野战铁道材料厂。[④] 按照战地军队的计划，岳州—长沙段的铁路应在 9 月 20 日前完成修复，以期达到每天 80 吨的物资运输量，为日军后续作战提供物资补给，但第四野战铁道司令部考虑到实际的物资准备及建设速度，对这一计划提出异议，最终将工期延长至 10 月 20 日，同时为弥补铁路建材的不足，还将淮南线、苏嘉线、南浔线等线路的部分轨道拆除，转用于粤汉铁路的重建。[⑤]

---

① 輜重兵史刊行委員会編『輜重兵史（下卷）』、324 頁。

② 《粤汉铁路》，行政院新闻局印行，1947 年，第 5 页。

③ 刘植人：《湘桂铁路撤退的回忆》，《湘桂黔旬刊》第 2 卷第 1 期，1947 年，第 32 页。

④ 鉄道第 12 連隊東京連絡所編集『鉄道 12 物語』非売品、1991 年、109 頁。

⑤ 鉄道第 12 連隊東京連絡所編集『鉄道 12 物語』、110 頁。

虽然日军对这支铁道部队给予了厚望，希望铁道部队的工作能够改善日军的补给状况，但实际的修复进展十分缓慢。事实上该铁道部队系临时组建，除铁道第一、第三联队外，其余部队均为新建部队，故兵员素质参差不齐。且由于调集仓促，到 1944 年 6 月上旬时，抵达工作地的仅有铁道第一、第三、第十四联队及材料厂，其余部队直到 8 月、9 月甚至 11 月才陆续抵达，严重拖慢了工程进度。天气也是铁路修复进展缓慢的一个重要原因。岳阳—长沙段的铁路修复工作以重筑路基为主，然而此时湖南正值漫长的雨季，降雨使土地变得泥泞松软，难以铺设路基。① 连日降雨使中方空袭频次减少，但泥泞的道路仍阻碍了日军的行军，② 物资材料难以运达目的地。长期的降雨甚至导致路面被积水淹没，新建的桥梁在雨水的长期侵蚀下垮塌，③ “岳州以南至全县的主要桥梁全部流失，道路泥泞，深度过膝”，④ 进一步拖慢了修筑进程。畑俊六在其日记中写道：“（10 月 22 日）由于二十多天的降雨，作战地区的交通因道路泥泞而十分不畅。新市附近、岳州、长沙的铁路修复工作全无进展，道路乃最初临时修筑之物，故交通彻底断绝。汽车第二十五、第二十六中队被堵在路上，给一号作战的实施带来了不小阻碍。”⑤ 直到 11 月，日军才勉强在株洲—衡阳段铺设了轻便铁路，但受物资不足及中方空袭的影响，铁路每天的运载能力不过 20 余吨。而岳州—长沙段的铁路，则因长沙以北捞刀河、浏阳河上损毁的桥梁尚未恢复，直到 11 月仍无法通车。⑥

---

① 「軍事鉄道記録　第 5 巻　4、大東亜戦争/6、支那鉄道/③昭和 23 年 4 月　湘桂作戦鉄道戦史（自作戦初頭至 20 年 5 月）」JACAR（アジア歴史資料センター）、Ref. C14020316200（防衛省防衛研究所）。

② 高木義輝「長沙・桂林作戦」『平和の礎　軍人軍属短期在職者が語り継ぐ労苦』、226 頁。

③ 吉原矩編『燦たり鉄道兵の記録』全鉄会本部、1965 年、289 頁。

④ 軍事史学会編集『宮崎周一中将日誌』、467 頁。

⑤ 畑俊六著、伊藤隆・照沼康孝編・解説『続・現代史資料 4　陸軍：畑俊六日誌』みすず書房、1983 年、493 頁。

⑥ 「支那方面作戦記録　第 6 方面軍の作戦　昭和 19 年 9 月—終戦まで　第 4 章　昭和 19 年 11 月に於ける状況」JACAR（アジア歴史資料センター）、Ref. C13031930200（防衛省防衛研究所）。

### （四）湘桂战场的人力运输

在日军步兵部队中，负责随军搬运器械物资的士兵被称作“行李”。由于日军总体摩托化水平不高，除辎重兵联队及独立汽车中队配备有汽车外，步兵部队通常只能用所谓的“辎重车”来运输物资。这种辎重车为二轮或四轮板车，依靠被称作“挽马”的军马在前方牵引，可以在相对平坦的道路上运输物资。

这一运输方式在“京汉作战”时尚可维持，但当日军进入“湘桂作战”的湖南、广西时，情况便发生了改变。由于湖南、广西地形崎岖、山地广布，除了一些大城市外，日军大部分作战区域都位于丘陵、山区。辎重车无法在蜿蜒陡峭的山路上行进，因此日军被迫放弃辎重车，将作战部队的挽马编制改为驮马编制。但人力及驮马能够运输的补给量终究无法同挽马牵引的辎重车相比：“如果用驮马进行运输，光是运马草和牵马兵吃的粮食就已经筋疲力尽。在远离补给地的区域作战，无论是辎重队还是行李班，都不具备运输军队粮食的能力。补给线只能延伸到车辆和船舶能够到达的地方。我们开始在没有补给线的战场上作战了。”①

在长距离、高强度的行军下，军马的损耗十分迅速。由于长时间马鞍的摩擦，一些相对瘦弱的马匹被磨破了背，露出血肉，造成了严重的鞍伤。因为得不到及时的治疗，伤口在行军途中化脓溃烂，最终导致这些军马无法继续供人驱使。② 中国驻屯步兵第二联队经“一号作战”后，军马数量锐减至原先的三分之一，行李班、弹药班的军马损耗尤为显著，以致后期甚至开始用牛辅助驮运物资。③ 山区复杂多变的环境，也给日军行李班的运输带来了困难，遇到道路狭窄及塌方落石地带，就不得不将驮马身上的物资卸下，由士兵背负通过。④ 除了运输物资，伤病员的医疗后送实际上也多靠人力完成。通常依照伤病员的病情，采用担架、马匹或独自步

① 岡野篤夫『大陸戦塵録』、76—77 頁。

② 番場新一・冨田幸一・横尾達夫編『第三十四師団野戦病院史』椿第三十四師団野戦病院戦友会、1984 年、357 頁。

③ 井後彰生『連隊誌余話集　征衣残影』、18 頁。

④ 橋本秀峰『画集　中国大陸縦断一万粁』日興企画、1986 年、102 頁。

行的方式将伤病员后送。而担架运送对人力有着极高的要求，有时一副担架需要多达 10 名士兵才能完成运送。[①] 日军士兵在高强度行军的同时，还不得不承担了繁重的物资及伤员运输工作。

为了减轻自身的运输负担，日军在战地大量“征用”中国民众为其运输粮食及其他物资，日军称这些中国民众为“苦力”。为了最大限度地搜刮劳动力，强征成为日军的常用手段：“与其说是雇佣，不如说是抓捕。”[②] 日军用枪逼迫强征来的青壮年男性为其运输物资。这些“苦力”部队一般跟随在日军的正规部队后，用扁担或者布袋装运行李物资，在日军的监视下行军。第三十七师团由于强征了大量“苦力”为其运输装备补给，还被其他师团讥讽为“苦力兵团”。[③] 由于不堪忍受残酷的劳动，时常有“苦力”逃亡或反抗，[④] 因此日军不得不专门派兵监视“苦力”行动。

在恶劣的运输条件下，日军的补给能力相当脆弱，加之运输途中损耗，最终运抵作战部队的寥寥可数。日军第十一军的许多部队在 8 月侵占衡阳前，长期处于无法得到补给的状态。[⑤] 中美空军的空袭和中国游击队的袭扰对补给的运输造成了很大阻碍。中国空军的飞机一旦发现日军运输补给的辎重车队，就会采取战术同时攻击车队首尾，待日军无法动弹后，再对辎重车队反复进行空中打击。日军在衡阳—耒阳—安仁—渌田的补给线，就因这一战术受到严重打击。[⑥] 日方称：“我军补给线完全处于敌空军基地的包围攻势中，敌军为了切断我军补给线，不仅对我军前线，还对我军后方运输机关发动了猛烈攻击。从前线到后方，无论是兵团、船舶、汽车还是铁路，白天的行动都受到了阻碍，以至于只能在夜间行动。这导致

① 岡野篤夫『大陸戦塵録』、118 頁。

② 橋本秀峰『画集　中国大陸縦断一万粁』、80 頁。

③ 藤崎武男『歴戦一万五〇〇〇キロ　大陸縦断一号作戦従軍記』中央公論新社、1999 年、300 頁。

④ 及川佳哉「誰か苦力を知らないか」山砲兵第二十七連隊有志『山砲兵第二十七連隊誌』非売品、1985 年、376 頁。

⑤「支那方面作戦記録　第 6 方面軍の作戦　昭和 19 年 9 月—終戦まで　第 1 章　第 6 方面軍の新設」JACAR（アジア歴史資料センター）、Ref. C13031929900（防衛省防衛研究所）。

⑥ 支那駐屯歩兵第二連隊誌編纂委員会（海光寺会）『支那駐屯歩兵第二連隊誌』、266—267 頁。

运输能力极其低下。”[①] 除了空袭外，中国军队在地面发动的袭扰也打击了日军。湖南会战期间，蒋介石就致电第九战区司令长官薛岳及第二十四集团军总司令王耀武，要求组织工兵对日军的辎重、交通进行破坏。[②] 衡阳战役中，日军的运输线常被中国游击队袭扰，有的运输车队甚至全军覆没。[③] 此外，负责运输的辎重部队自身也要消耗补给。表2为1944年5月末至8月末，自岳州发往日军第十一军的军需补给量与实际获得量，可见运输途中的损耗大大削减了日军的补给能力。

**表2　1944年5月末至8月末日军第十一军军需品输送情况**

| | 自岳州发送量 | 途中损失 | 途中消耗 | 到达战场量 |
|---|---|---|---|---|
| 各师团辎重、行李队 | 满载 | 30%—40% | 10%—20% | 约50% |
| 后勤补给汽车约40队 | 约1000吨 | | | |
| 战役开始时民船载重 | 约10000吨 | | | |
| 7月、8月民船送出 | 约4000吨 | | | |
| 合计 | 约16000吨 | | | |

资料来源：「支那方面作戦記録　第6方面軍の作戦　昭和19年9月—終戦まで　第1章　第6方面軍の新設」JACAR（アジア歴史資料センター）、Ref. C13031929900（防衛省防衛研究所）。

正是由于上述不利的补给状况，“一号作战”中日军前线部队难以及时获得粮食、弹药、医疗品等军需品，后方医疗机构无法对伤病士兵采取有效的医疗措施。“战线离后方基地一远，物资尤其是药品的补给就会断绝……即使好不容易将伤兵送到了野战医院，可药品和食物都十分稀缺，只能让他等死。”[④] 在无法获取足够补给的情况下，后方医疗机构自然难以发挥作用。原本能够治愈的士兵因为得不到及时救治，伤病情加重，最后不治而亡。最终，“一号作战”中日军因伤病死亡的士兵人数超过了前线

① 第一復員局『支那方面（支那事変、大東亜戦争）航空作戦記録』、157頁。

② 《蒋中正电薛岳王耀武据白崇禧电拟改变战法于湘江两岸以空军及工兵爆破向敌后袭击其辎重破坏交通等希即遵办》（1944年8月7日），台北，“国史馆”藏“蒋中正文物”档案，002-090106-00016-450。

③ 第二十七師団のあゆみ編纂委員会『第二十七師団のあゆみ』、185頁。

④ 永井収三「戦争と軍医と衛生兵」『平和の礎　軍人軍属短期在職者が語り継ぐ労苦4』、373頁。

阵亡的人数，严重阻碍了日军的军事行动。

## 四 结语

“一号作战”中，日军伤病死人数超过战死人数，反映了日军医疗卫生保障机制未能有效发挥效能。而补给不足则是日军无法保障医疗卫生的根本原因。日军的水陆补给遭遇重重阻碍，前线部队难以从后方获得充足的粮食、弹药等物资补给，不得不通过对中国当地民众的“征发”来保障食物和人力。食物的匮乏，使日军士兵普遍处于营养失调状态；对人力的依赖，导致日军士兵被迫进行高强度的行军，过分消耗了体力。在两者的共同作用下，日军士兵普遍过劳虚弱，极易感染各种疾病。后方医疗机构缺少补给，难以应对与日俱增的伤病员，最终导致大量士兵因伤病而死亡。

通过对“一号作战”中日军的“伤病死—医疗—补给”三者关系的深入探讨，也可以看到战役本身与太平洋战场之间的关联。日军发动“一号作战”的一个重要动机，就是摧毁美军在中国东南地区的空军基地，以遏制美国空军对日本本土的威胁，缓解其在太平洋战场的压力。然而在作战过程中，掌握中国战场制空权的中美空军对日军的水陆补给线造成了沉重打击，日军不得不向中国战场增派了更多战机。日军不仅在“一号作战”中投入了大量师团，还被迫抽调了为数不多的空军力量支援中国战场，这反过来又给太平洋战场造成了更大的压力。这样的恶性循环也加速了战争后期日本的败亡。

（李亚楠，南开大学日本研究院博士研究生）

# 日本思想与文化

# 朱熹《小学》在日本近世的传播与本土化*

万丽莉

**内容摘要** 《小学》作为朱子学的童蒙教育书，自镰仓时代就已传入日本。江户时代初期，海南朱子学派、崎门学派以及以贝原益轩、中村惕斋等为代表的海西朱子学派均依据《小学》创作出相应的仿编本与注释本，对《小学》展开了注释与研究，促进了《小学》在日本近世的普及与推广。《小学》在日本近世的传播，可以为朱子学思想在日本的受容与变容情况提供一个很好的范本。

**关键词** 《小学》 海南朱子学派 崎门学派 海西朱子学派

江户时代初期，日本海南朱子学派野中兼山、小仓三省等对《小学》的重视，为《小学》诸版本在日本的印刷与传播发挥了重要的先行作用。受海南朱子学派影响，山崎暗斋在朱熹《小学》基础上，曾作出本土化仿编，著有《大和小学》《小学蒙养集》《〈文会笔录〉一之〈小学〉》。而崎门弟子三宅尚斋则将朱熹的“小学”“大学”教育思想付诸实践，开设培根达支堂，推广初学教育。同时，三宅尚斋的《小学笔记》等，对于思考与理解崎门学派对《小学》的重视以及“小学”教育思想的实践具有重要的文献学意义。此外，还出现过《小学》的各种注释本，诸如贝原益轩的《小学句读备考》，竹田定直编、贝原益轩鉴定的《小学句读集疏》，中

* 本文为四川省哲学社会科学基金项目“朱熹《小学》在日本近世的传播与本土化研究”（项目号：SCJJ23ND118）成果。

村惕斋的《小学示蒙句解》，这些均加深了日本朱子学派儒生对《小学》文本的理解。

围绕上述内容的研究，最早有阿部吉雄从三宅尚斋的培根达支堂切入考察日本庶民小学教育说，从而论述朱子“小学”思想在日本的展开。[①] 近年来又有白井顺、高桥恭宽分别从文献学及教育史视角探讨崎门学派弟子蟹养斋在初学教育阶段的实践。[②] 而最新的研究成果则是松野敏之围绕贝原益轩《小学句读集疏》的编撰过程及其内容所作出的考证与阐释。上述研究对于考察《小学》在日本近世的传播与本土化情况具有非常重要的意义，但未关注到海南朱子学派对《小学》传入日本的贡献以及对崎门学派重视《小学》的影响，也因此缺乏《小学》在日本传播脉络的整体性分析。本文在先行研究基础上，分别考察并解读海南朱子学派、崎门学派以及以贝原益轩、中村惕斋等为代表的海西朱子学派分别为《小学》所作的仿编本和注释本。这对于重新思考日本是如何更好地吸取朱子学思想的智慧，以及朱子学在日本化过程中所体现的思想文化个性具有重要意义，可以由此更好回应海外中国哲学研究等的普遍性与特殊性问题。

## 一　海南朱子学派对《小学》传入日本的贡献

海南朱子学派是与藤原惺窝的京学以及中江藤树的关西学相并立的学派，又称南学、海南学，最早由战国末期禅僧南村梅轩（生卒年不详）传入土佐（今日本高知县），由梅轩门人即后来被誉为“南学三叟”的忍性、如渊、天质三位禅僧加以传播。天质弟子谷时中（1598—1649）获得南学真传，专授程朱之学，以道义为基础同时注重实践的海南朱子学派学风自此确立。谷时中虽然亦研习程朱学，但因书籍匮乏，其讲学内容以《大学》为主，并将其放置于佛堂，代替经文作为首选读物。

① 阿部吉雄「三宅尚斎の庶民小学教育説と培根達支堂——朱子小学説の一展開」『漢学会雜誌』第1巻1号、1933年。

② 白井順「蟹養斎の講学——九州大学碩水文庫を主たる資料に仰いで」『哲学年報』第70巻、2011年3月;高橋恭寛「蟹養斎における『小学』理解から見た初学教育への視線」『道徳と教育』第59巻333号、2015年。

谷时中门人主要有野中兼山（1615—1664）、小仓三省（1604—1654）、山崎暗斋（1618—1683）。野中兼山作为海南朱子学派重要人物之一，其突出贡献是从长崎、京都等地大量求购儒学图书且加以翻刻，直接促进了儒学图书的普及与南学的推广。其时对于《小学》的态度，谷时中认为《小学》是童蒙读物，除此之外别无他用。到野中兼山之时才认识到《小学》在儒学教育中的重要性。据《南学史》记载，野中兼山在读到《四书大全》之《大学或问》“古法之宜于今者，亦既辑而为书矣”时，始知有《小学》一书。兼山参照朱熹《小学》为《大学》之阶梯的读书法，认为先读《大学》违背了为学之道，遂向京师书肆求购《小学》一书，并最终买来高丽本《小学集说》，唐本《小学句读》《小学合璧》《小学句解大全》等版本，积极进行翻刻。[①]

《南学传》序中对野中兼山、小仓三省推动海南朱子学派儒者研读《小学》有极高的评价：

> 正保之前，南学未咸熙，列国儒生，唯知读四书，而不知先读小学立之础质。唯知有六经，而不知有近思录为之阶梯。徒顾释诂词藻可勉，而不觉戒惧慎独为要。有师长之说授文义，而无弟子之讲受是正。今而学就本实，乃恐我二子（指野中兼山、小仓三省——引者注）之功居多。[②]

由上述可见，野中兼山与小仓三省均在闲暇之际进行讲学，将《小学》作为儒学学习之重要阶梯。野中兼山“每政事间暇，招书生而讲习小学四书近思录，读五经。既迄春秋。喜看通鉴纲目。见解莹彻，说得精神，听者心了如声”。[③] 而小仓三省亦“暇日设讲筵集士类，习惯小学四书近思录，究五经。研易通书启蒙，广阅三传三史通鉴纲目大学衍义十七史等，又观程朱张邵之书，丧祭据文公家礼之仪”。[④] 可见，兼山与三省积极

---

① 寺石正路『南学史』冨山房、1926年、278—279頁。

② 『南学伝』関儀一郎『近世儒家史料』中冊、井田書店、1943年、1—2頁。

③ 『南学伝』関儀一郎『近世儒家史料』中冊、11頁。

④ 『南学伝』関儀一郎『近世儒家史料』中冊、9頁。

招揽学徒，为其讲授《小学》。《南学传》中还留有其他名士读《小学》的记录，如长泽潜轩“师事三省、兼山，通小学四书近思录，究易书洪范启蒙”，[①] 长泽潜轩弟子饭室与五右卫门“崇道师古，接潜轩长泽氏，历年所，焚膏继晷，学习砥研，肆有自得，尊信小学四书如神明之照监，一生唯讲小学四书而已。曰古人犹多四书，我道斯足矣，何暇读他书”；[②] 小仓三省门生曾我直之“普听诸先生之诲，读小学四书，力究家礼葬祭全依礼”，[③] 町定静“达武备勛文术，久陪三省兼山二子之函丈，通小学四书近思录之大义”。[④] 可见以野中兼山、小仓三省为代表的海南朱子学派儒者极其重视《小学》，并将《小学》作为儒学重要阶梯的种子播撒出去，为朱子学在土佐的传播与普及发挥了先行者的作用。

但因语言障碍，海南朱子学派对儒学书籍的理解亦常有出入。《先达遗事》曾记载：“有一人买小学白本于大津驿，诸人争集校，绝藏主自作注解，至明伦篇，会野中得韩本小学句读于宗对州之许，藏主乃火所著注解，便区别句读，使诸人训点，有一人训小学做人底样子语，底为盖底之底，误认样字为橡，子训实，满坐无不大笑。南人至今为笑谈。”[⑤] 可见，《小学》中“做人底样子”一句，曾作为儒学误读的典型案例在海南朱子学派之间传为笑谈。虽然《小学》在镰仓幕府时期一度进入学者的视线，但直到江户初期才真正意义上受到海南朱子学派儒者的关注，并为《小学》之解读作出初步努力。

## 二　崎门学派的《小学》仿编本及其本土化实践

崎门学派又称暗斋学派、敬义学派。该学派继承并发扬了海南朱子学

① 『南学伝』関儀一郎『近世儒家史料』中冊、17頁。关于对长泽潜轩的评价，《长泽传》还记载：“又听正保以往唱南学于东武者，潜轩为之胄。弘南学于西洛者，暗斋为之冠。此后覬覦跆关陕之路，沿伊洛之流者，或虽非二子面命耳提，而仄闻进修之方，以堪自淑也。”由此可以看出长泽潜轩在南学史上的重要地位。

② 『南学伝』関儀一郎『近世儒家史料』中冊、22頁。

③ 『南学伝』関儀一郎『近世儒家史料』中冊、14頁。

④ 『南学伝』関儀一郎『近世儒家史料』中冊、14頁。

⑤ 『先達遺事』関儀一郎『日本儒林叢書』第3冊、東洋図書刊行会、1929年、2—3頁。

派重视“知”与“行”的学风，在《小学》的日本化方面作出了突出贡献。三宅尚斋（1662—1741）十九岁时游学京都，成为山崎暗斋的门人。尚斋重视对暗斋理论的继承和阐发，尤其围绕《小学》留下了珍贵的讲义和笔记。1733 年，尚斋设立培根堂与达支堂，并受邀到各藩讲学。

1. 山崎暗斋《小学》仿编本及其本土化

关于山崎暗斋与《小学》的相关记录，最早见于《暗斋先生年谱》：“净因君（暗斋父亲——引者注）处之裕如也。平居无事，从容乎庭树之间，时携幼使其诵小学，及先生所作诗文，闻而乐之。”① 提到暗斋父亲净因常令暗斋诵读《小学》一事，但更多细节无从得知。因此一般认为山崎暗斋和《小学》真正结缘始于土佐吸江寺。彼时以野中兼三、小仓三省为代表的南学者，推崇儒学研习应始于《小学》。山崎暗斋作为其中一员，曾为《小学》作注解，但因故中途停止。对此，《山崎暗斋先生年谱》记载道：“（宽永）十六年己卯，二十二岁，在土佐作三教一致论。当时僻境乏书籍，人或得《大学或问》而读之，知有《小学》之书。求诸三都及长崎不得，后得之大津。野中兼山等大喜，使先生作解。先生既起稿，比至明伦，偶得句读本于对马岛，乃焚其稿。”②

在野中兼山等海南朱子学派重要人物的影响下，明历元年（1655）春，三十八岁的山崎暗斋返回京都开设儒学讲坛，“四方游学之士，靡然向风。其讲经先《小学》，次《近思录》，次‘四书’，次《周易本义》及《程传》”。③ 山崎暗斋在讲学过程中逐渐完成了《小学》三部曲，即以《大和小学》《小学蒙养集》《〈文会笔录〉一之〈小学〉》为基础的体系。山崎暗斋的三部曲系列，主要以仿编本的形式出现。尤其是成书于 1658 年的《大和小学》，体例上参照《小学》设内外篇，内容上则结合日本本土化情况，作出相对应的“大和”式《小学》仿编本。朱熹“小学”教育的主要内容是纲常伦理道德，其教育方法是烦琐而严苛的道德训练，教育思想更多强调儒家伦理下的孝道观念以及移孝于忠等观念，这与日本

① 日本古典学会『新編山崎闇斎全集』第四巻、ぺりかん社、1978 年、408 頁。

② 日本古典学会『新編山崎闇斎全集』第四巻、388—389 頁。

③ 日本古典学会『新編山崎闇斎全集』第四巻、393 頁。

“忠”大于“孝”的理念是相悖的。因此山崎暗斋的《大和小学》中减少了关于“孝”的论述，更多强调“忠”，具有明显的日本本土化特征。[①]三部曲随着受众的不同，其深度和广度以及对学习者儒学的基础要求亦逐渐加深。《小学蒙养集》《〈文会笔录〉一之〈小学〉》以专业的儒者为读者，促进了朱子学在日本的专业化普及。[②]

2. 三宅尚斋的《小学笔记》及初学教育实践

继山崎暗斋之后，崎门学派弟子皆承袭师说，极力推崇《小学》，在日常讲习中反复提及并留下多个版本的《小学》讲义笔记，著有各种注释书。其中具有代表性的便是三宅尚斋的《小学笔记》。

《小学笔记》主要包含三宅尚斋关于《小学》内容的介绍及其自身的理解。尚斋在笔记开篇指出山崎暗斋“为著《蒙养集》，旦编《大和小学》者便童习，可谓继朱子之志，其功大矣”，[③] 高度评价了山崎暗斋编撰《小学》三部曲对于日本朱子学发展的重要性。三宅尚斋继承其师遗志，提出“志大业者，固以是立其基本，虽农工商贾之徒，亦有此身而居此家，有君臣，有父子，有兄弟夫妇朋友，不可不读也”，[④] 向后学反复强调《小学》修身的重要性。除此之外，尚斋对《小学》的突出贡献还包括贯彻了儒学学习阶梯始于《小学》之说并付诸实践。朱熹的“小学”教育思想脱胎于其“大学”教育思想，认为“小学”教育虽然是“大学”教育之基础，但更重要的是要为“大学”教育作准备。朱熹虽将道德教育分为“小学”和“大学”两个阶段，但认为应当是“吾道一以贯之”。[⑤] 与朱熹“小学”“大学”教育思想不同的是，三宅尚斋认为《小学》主要讲修身

① 参见万丽莉《从〈大和小学〉探析山崎暗斋的早期思想》，《国际汉学》2019年第4期。

② 参见万丽莉《山崎暗斋〈小学〉三部曲刍议——兼谈朱熹〈小学〉在日本的传播和接受》，《汉学研究》2019年秋冬卷。

③ 三宅尚斎『小学筆記』（写本）、昌平坂学問所、国立公文書館デジタルアーカイブ、https://www.digital.archives.go.jp/DAS/meta/listPhoto?LANG=default&BID=F1000000000000034693&ID=M2015070616152455143&TYPE=。

④ 三宅尚斎『小学筆記』（写本）、昌平坂学問所、国立公文書館デジタルアーカイブ、https://www.digital.archives.go.jp/DAS/meta/listPhoto?LANG=default&BID=F1000000000000034693&ID=M2015070616152455143&TYPE=。

⑤ 戴红宇：《朱熹“小学”教育思想刍议》，《成都师范学院学报》2017年第11期。

之道，因此庶民百姓读《小学》中关于“修身齐家”的内容足矣；而《大学》主要讲“治国平天下”之道，涉及统治者的政治原理，因此无须费徒劳之功讲给庶民百姓。

此外，三宅尚斋结合日本实际，认为“士”与农、工、商阶层不同，其使命自然不同：“若夫农工商贾之徒，则固无治人之责，唯学《小学》而足焉耳。其俊秀则不在此限也。”① “盖二十以上，虽大学年数，凡民一生学《小学》而足也。”② 三宅尚斋严格区分了“小学”“大学”教育之差异，提出按照农、工、商与士的分类，分别讲《小学》《大学》即可。《小学》作为中国科举考试科目之一，是儒生的重要理学造诣基础。而日本未实行科举制，无法实现阶层流动。因此三宅尚斋的“小学”“大学”教育思想呈现出明显的日本化特征，认为农、工、商阶层无须肩负“治国平天下”的使命，因此学习《小学》修身之法足矣。

鉴于此，享保十七年（1732）三宅尚斋在其七十一岁时于京都开设培根达支堂，按照学习阶段不同来讲授《小学》《大学》等儒学书目。三宅尚斋弟子蟹养斋（1705—1778）曾担任尚斋所设培根达支堂的干事之一。其将儒学课程继续细化，讲学分为“二学四座”，“二学”即“久学”与“新学”，分别设“上座”与“次座”，按照儒生的不同学习阶段分别讲授儒学课程，③ 进一步将崎门学派的“小学”“大学”教育思想付诸实践。

## 三　海西朱子学派贝原益轩与中村惕斋的《小学》注释本

海西朱子学派贝原益轩和中村惕斋也分别对《小学》作过完整注释。

---

① 三宅尚斎『小学筆記』（写本）、昌平坂学問所、国立公文書館デジタルアーカイブ、https://www.digital.archives.go.jp/DAS/meta/listPhoto? LANG=default&BID=F1000000000000034693&ID=M2015070616152455143&TYPE=。

② 三宅尚斎『小学筆記』（写本）、昌平坂学問所、国立公文書館デジタルアーカイブ、https://www.digital.archives.go.jp/DAS/meta/listPhoto? LANG=default&BID=F1000000000000034693&ID=M2015070616152455143&TYPE=。

③ 白井順「蟹養斎の講学——九州大学碩水文庫を主たる資料に仰いで」『哲学年報』第70巻、2011年3月。

1. 贝原益轩《小学句读备考》及《小学句读集疏》

根据贝原益轩年谱所载，其于正保三年（1646）十六岁时始读《小学》，宽文二年（1662）三十二岁时于京都讲《小学句读》，宽文十年（1670）四十岁时著有《小学句读备考》。《先哲丛谈》中对其编撰《小学句读备考》的评价为："年三十九著《近思录备考》，明年著《小学备考》，并版布于世，后学因此而进者多云。人见鹤山云：本邦先儒编著固多，而裒辑经传注解者，以益轩先生此二篇为始。"① 可见，相对于山崎暗斋《小学》三部曲仿编本，《小学》的注释本始于贝原益轩的《小学句读备考》。《小学句读备考》共六卷，从内容上来看包括"小学纲领""小学句读序""小学序""小学题辞""小学句读备考""书小学备考之后"。

在《小学句读备考》之后，还出版有由竹田定直编、贝原益轩鉴定的《小学句读集疏》。关于《小学句读集疏》的编撰经过，其序中写道："益轩先生尝出其平生所笔记，命门人辑录名曰《备考》。其书久行于世，然先生犹以为采择不精，挂漏惟多，未满于心。于是重加点，窜改名《集疏》，命高弟竹田君补订以终其功。"② 因此，《小学句读集疏》与《小学句读备考》相比，内容上更加丰富。《小学句读集疏》共10卷，包括"小学集疏序（松冈玄达）""凡例（贝原益轩）""附小学集疏凡例后（竹田定直）""小学句读序""小学书题""小学题辞""小学书纲领""小学句读集疏"。其中"小学书纲领"由"益轩先生作录，盖采辑古人论《小学》之要言，揭出编首，欲使学者知其大意也"。③

关于《小学句读集疏》的读者群体，竹田定直在《附小学集疏凡例后》中写道：

> 凡看《小学》者，宜贵简易平实。《集疏》搜集诸说，倍加《备考》旧本，恐涉博雅，非所以教小儿辈也。然学者读书讲求义理，以

① 原念斎（善）・東条琴台（耕）『先哲叢談』巻1—8、東学堂、1892年、77頁。

② 「小学集疏序」貝原益軒鑑定、竹田定直編次『小学句読集疏』山中出版社、1883年、1—2頁。

③ 「小学書綱領」貝原益軒鑑定、竹田定直編次『小学句読集疏』山中出版社、1883年、1頁。

《小学》为初，苟解之不详，则难于通晓，不便初学。如训诂名物，尤不可不详。惟不可及高深精微之语耳。①

通过该文可知，贝原益轩编撰《小学句读集疏》的目的“非所以教小儿辈”，且为了更好地理解《小学》，益轩认为“苟解之不详，则难于通晓，不便初学”。由此《小学句读集疏》在《小学句读备考》基础上，增加了“集疏”的部分，内容更加翔实。该部分包含了竹内定直、贝原益轩以及三宅观澜三人的注释。竹内定直在编撰《小学句读集疏》时基本保留了贝原益轩的原意。而对于一些有争议之处，则将贝原益轩、三宅观澜以及竹内定直的意见均记录下来，以供读者参考斟酌。如《礼记·内则》中“十年出就外傅，居宿于外，学书计，衣不帛襦裤，礼帅初，朝夕学幼仪，请肄简谅”的“集疏”中，关于“请肄简谅”的解释，“定直按三宅氏说，尤为的确，然盖益轩先生依章句，作不烦而实者，亦似稳妥。姑存二说”。②

此外，《小学句读集疏》的解释中，还保留了诸多具有贝原益轩特色的解读。例如，关于《小学题辞》“元亨利贞，天道之常。仁义礼智，人性之纲”一句的“集疏”中写道：“益轩先生曰，素问所谓生长收藏，亦与生物之始通，遂成同。但彼以气言此，以理言。”③ 益轩的“集疏”中引用《黄帝内经·素问》的内容，其解释具有自身特色。而对于“古”与“今”的处理，“益轩先生曰，古法有宜于今者，有不宜于今者，其宜于今者，不可不行也”。④

2. 中村惕斋《小学示蒙句解》

贝原益轩于宽文九年（1669）所著《小学句读备考》，可以说是日本第一部关于《小学》的完整注释。之后又出现过一些注释本，如元禄三年（1690）六月中村惕斋所作的《小学示蒙句解》。

① 「附小学集疏凡例後」貝原益軒鑑定、竹田定直編次『小学句読集疏』山中出版社、1883年、4頁。

② 貝原益軒鑑定、竹田定直編次『小学句読集疏』巻之一、5頁。

③ 「小学題辞」貝原益軒鑑定、竹田定直編次『小学句読集疏』、1頁。

④ 「小学書題」貝原益軒鑑定、竹田定直編次『小学句読集疏』、1頁。

中村惕斋一生独尊朱子学，专于著述和教育弟子，著有大量关于儒学的注释书。且其注释书多用和语撰写，通俗易懂，可以说是面向一般大众读者的朱子学解说书。与崎门学派的《小学》仿编本以及贝原益轩的《小学》注释本不同的是，惕斋所作《小学示蒙句解》是混有假名的日本国字解说书。[①] 关于其编撰目的，中村惕斋于元禄三年在《小学示蒙句解》序中写道：

> 予往岁注片字于句间，课诸子弟使领略其文义。有客曰：朱子于此书，教人以旬日之功读之，故不为注解。特采司马公书仪之说，可与本文相发者附之耳。如元亨利贞，仁义礼智者，止识其名目斯可也。集解句读之作，恐非朱子之意。子何为亦屑屑然，字释句训徒劳心力。予曰：朱子此言，见后世人。未尝肄小学艺业，而欲直从事于大学者，使其先虚心退步费旬日之功以读此书耳。纂辑所由，盖非专为此一流人也。不为注解，亦岂惟由是哉。凡篇中所出，经文名数，大概学者平时所口诵，义训各具本书，故此书在华人则不必解。吾邦语音之异，蒙士小生，虽尝受训读，尚须字字问辩于师友而后方了，今试以此解授之，才通章句者，词义随登口，故窃谓可以少助教，乃存之于家庭也。客虽未服，然自信其不至误人。于是录答客之语，于篇端为之序矣。[②]

中村惕斋指出，因语言差异，即使是接受过汉文训读教育的儒生，在读解《小学》时亦需要逐字逐句与师友讨论后方可领会其中之意。由此中村惕斋基于自身的儒学修养，为《小学》作了相应的日本国字化解释。

---

① 贝原益轩在《小学句读集疏》凡例中写道："此书岂惟为修身之大法而已耶？抑亦可以为读诸经之阶梯矣。尝欲以国字解释之，使幼学辈易晓，然桑榆暮龄，有志而不成，姑徯后进之继作云尔。"（貝原益軒鑑定、竹田定直編次『小学句読集疏』、2頁）贝原益轩欲编《小学》国字解的愿望因桑榆之龄而搁置，最终由中村惕斋完成。

② 『漢籍国字解全書：先哲遺著』第7巻、早稲田大学出版部、1927年、1—2頁。

# 小　结

儒学在中国产生及发展以后，在地域上向包括日本、朝鲜等在内的周边国家和地区扩展，从而形成了广泛的“东亚儒教文化圈”，并在传播过程中与各国固有的传统思想相融合而完成本土化进程，形成具有特色的新思想。《小学》在日本近世的传播情况，便是朱子学思想在日本受容与变容很好的例证。

1. 日本朱子学派对《小学》本注及其注释书的选择

日本近世初期，京师朱子学派所提倡的四书学已较为成熟，注释本亦固定下来。而《小学》版本尚未确定，《南学遗训》第一条中记载：

> 尝闻海南先儒，读四书尊集注，确乎固定。到小学解，便所赖屡换。创遵程愈集说，中叶据章句，或校详解集成，或料大全合璧拂镜尘之类。三省先生为评定，用陈克庵句读（加训点附版镂）。兼山先生只用本注，为句读间有不是处也。先儒曰：读小学，须知古人处得伦理，能尽人情，持身以敬，本根斯立也。①

山崎暗斋的《小学蒙养集》编撰原则贯彻了“述而不作”以及海南朱子学派《小学》以朱子本注为主的惯例：

> 夏五月《小学蒙养集》《大学启发集》成，当时读小学书者，大率皆依陈选句读，先生独不取之，以为其说已失朱子编辑之旨，且删本注而乱成书，无忌惮之甚，因就集成中，取正文及本注，校正以授学者，曰：此书只以朱子旧本读之足矣，诸家注解勿用也。又编此二书，以资学者之讲习。②

① 『南学遺訓』関儀一郎『近世儒家史料』中冊、2—3 頁。

② 日本古典学会『新編山崎闇斎全集』第四巻、403—404 頁。

此外，山崎暗斋在《〈文会笔录〉一之〈小学〉》中，重申了这一立场：

《小学》只以朱氏旧本读之足焉，诸家注解勿用也。诸家彼善于此，则有之句读是也。然其除本注莫忌惮之甚矣。嘉言曰：如俗说便晓此道理，教《小学》者如此而可也。诸家不得此意，故于题辞之初，收文言之本义，于立教之初，入《中庸》之章句，小子岂晓之哉。吴氏于子夏条取《论语》圈外之说，熊氏蹈袭吴才老议公明宣，不知搜辑之意也远矣。①

竹田定直编、贝原益轩鉴定的《小学句读集疏》则指出：

看《小学》者，须以本注为主，而后参考句读及诸家矣。《集疏》依循俗尚而载句读全文，则如本注亦只摘其要载于疏中而已，其与句读同者不载之。学者要观其全书而可也。然《小学》本注多是于白文难解处，略取古注文以录之耳，非如《易》、《诗》、“四书”等注例，观者宜斟酌而去取之也。②

与上述山崎暗斋“《小学》只以朱氏旧本读之足焉，诸家注解勿用也”的《小学》读书法不同，《小学句读集疏》中建议“看《小学》者，须以本注为主，而后参考句读及诸家矣”。正如朱谦之先生所指出的那样，山崎暗斋对朱子学表现出极端的教条主义和宗教主义式逻辑，因此其《小学》仿编本以及《小学》读书法均体现出“述而不作”以及对朱子本注的推崇。而以贝原益轩与中村惕斋等为代表的海西朱子学派则具有较为自由的学风，因此其《小学》注释本强调结合朱熹本注以及陈选的《小学句读》等诸多版本，同时结合日本实际，以自身的独到见解倡导朱子学在日本的自由发展。

---

① 日本古典学会『新編山崎闇斎全集』第一巻、91頁。

② 「附小学集疏凡例後」貝原益軒鑑定、竹田定直編次『小学句読集疏』、2—3頁。

2. 以《小学》为阶梯的读书法及其思想史意义

崎门学派的读书笔记多为内部传阅，因此成书于正德元年（1711）九月三日的《尚斋先生为学要说》直到安永丁酉年（1777）十月才公开印刷。该文中汇集了三宅尚斋对崎门学派讲学精髓的总结。书肆合田诚美有言："本邦之朱学者，非自山崎子来，则皆不合云谷之法则。法则何为？学次第也。此有尚斋先生提示为学之要，书以国字，其言如近而中正之道，训导之法约在于其中，实正学之模范也。"① 合田诚美将崎门学问视为日本近世朱子学正学，其原因在于山崎暗斋提倡的为学次第。由此亦从一个侧面看出崎门学派所遵循的朱子读书法受到了日本近世学者的推崇。

此外，山崎暗斋将《小学》与《大学》两者的关系概括为："小大之教，皆所以明人伦也。小学立教，教明伦也。敬身，明伦之要也。大学格致，则因小学已知者，而穷极之也。诚正修，则因小学已行者，而惇笃之也。齐治平，则举此而措之耳，一以贯之者敬也。敬之道，其大矣哉。"② 暗斋认为《小学》与《大学》都旨在"明人伦"。且《大学》"格致诚正，修齐治平"的目标在《小学》阶段已经有所知悉，《小学》阶段的修养已为《大学》打下良好的基础。到三宅尚斋时，则将崎门学派的"小学""大学"教育思想付诸实践，分别按照农、工、商与士的阶层划分来讲授《小学》《大学》。

日本近世初期，除山崎暗斋的《大和小学》受众相对较广，在武士阶层和普通民众中有一定的传阅度外，无论是《小学蒙养集》《〈文会笔录〉一之〈小学〉》仿编本，还是贝原益轩《小学句读备考》《小学句读集疏》及中村惕斋《小学示蒙句解》等注释本，其读者群体无疑大多数是儒学知识储备较高的儒生。因此，在日本近世哲学思想史及教育史的实像中，《小学》所发挥的实际作用或多限于作为官学的儒学体系，以及作为儒者儒学修养的重要组成部分。

---

① 三宅尚斎『為学要説』（刊本）、昌平坂学問所、1777年、国立公文書館デジタルアーカイブ、https://www.digital.archives.go.jp/DAS/meta/listPhoto?LANG=default&BID=F1000000000000043505&ID=&TYPE=。

② 日本古典学会『新編山崎闇斎全集』第四巻、415—416頁。

《小学》是中华文化传播并在海外生根且产生重要影响的一个很好例证。从上述江户思想家对《小学》的仿编、注释及传播，可以看出朱子学在江户时代被容纳与接受的一个侧面。

（万丽莉，四川师范大学全球治理与区域国别研究院助理研究员）

# 昭和初期日本官僚的形象变动*

## ——以“牧民官”形象为中心

石　璞

**内容摘要**　近代日本的“牧民官”形象经历了一个动态的发展过程。明治初年“牧民官”受到藩阀政府的广泛推崇。大正政变以后受政党政治的冲击，官僚政治影响力下降，“牧民官”形象也随之淡薄。昭和初年由于政党政治的衰败，期待“牧民官”的意识在社会再次抬头。以昭和四年、昭和六年减俸问题为契机，官僚群体展现出强大的国民动员能力。随后在政党政治崩溃后，以“新官僚”为代表的新一代“牧民官”成为新的政治核心，试图构建官僚主导的国民动员体制。而这一体制最终为军部法西斯的战争全民动员打下了基础。

**关键词**　牧民官　新官僚　日本法西斯　国民动员

“牧民官”是日本近世以后一种受到官方推崇的官僚形象。在明治维新之后，这种根植于封建“民本主义”官治思想的形象并没有中断，而是随着经济、政治的发展继续演化。“牧民”二字本来出自中国古代文献《管子·牧民》：“凡有地牧民者，务在四时，守在仓廪。国多财，则远者来，地辟举，则民留处；仓廪实，则知礼节，衣食足，则知荣辱……”①

*　本文系教育部人文社会科学重点研究基地重大项目“多维视角下的日本现代化专题研究”（项目号:22JJD770040）阶段性成果。

①　《管子·牧民》，中华书局，2003，第2页。

按照《管子》的原文理解，所谓“牧民”就意味着执政者应使治下的人民生活富足，知晓礼节荣辱。而“牧民官”一词在日本又延伸出一些特别含义，起初它特指一国之君，之后也指代镇守一方的地方长官；而更多时候“牧民”被当作一种行政理念，这时它不仅存在于地方长官之间，而且受到官僚群体的普遍推崇。这种观念在德川时代便已经受到日本官方的推崇和宣传。[①] 明治维新之后，这种意识依然在广泛的官僚群体之中占据重要地位，对近代日本的行政和政治产生了不小的影响。

以“牧民官”意识较为浓厚的内务省官僚为例，对他们来说身为“牧民官”就意味着：“官吏固然是陛下的官吏，唯有侍奉陛下才是根本。但既然天皇及政府执政的目的是增进国民的福祉，那么为了国民而开展行政便是对天皇或政府的恪职尽忠。”[②] 显然在早期这种以侍奉天皇为出发点的“牧民官”意识更接近封建民本思想，但随着近代日本政治体制的变革以及官僚群体政治地位的改变，“牧民官”意识也经历了由盛转衰随后重塑的过程。本文试图探究战前日本“牧民官”形象的变化以及“牧民官”对近代日本政治的影响。

关于“牧民官”以往研究对象多集中于近代日本内务官僚，但实际上在各官厅均不乏以“牧民官”自居或追求“牧民官”理想的官僚，这是一种较为普遍的官僚形象。[③] 学界对“牧民官”的评价也不尽一致。首先，在战后得到共识的一点是这种“牧民官”意识并非现代政治观念下的“公务员”或“公仆”意识，而更接近“君主”的“驭民”心态。[④] 由于战后通常将战前日本行政体制视为保守、反动的，因此战前“牧民官”形象也

① 1649年桑名藩藩主松平定冈用汉文撰写《牧民后判》，此书在天明年间（1781—1789）又被注解为和文版本《牧民后判国字解》出版并得到普及，随后在松平定信主持宽政改革期间（1789—1793）曾大量参考了《牧民后判国字解》的理念。

② 大霞会編『内務省史　第一巻』原書房、1980年、681頁。

③ 升味准之辅在『日本政党史論』中指出牧民派官僚特点是拥有“适当地处理各种事务的能力”和“统辖诸多不同实务部门的能力”（『日本政党史論（第四巻）』東京大学出版社、2011年、209頁）。若月刚史在『戦前日本の政党内閣と官僚制』中也指出牧民派官僚到桂园时代几乎担任了所有省厅的次官、局长级别的职位（『戦前日本の政党内閣と官僚制』東京大学出版社、2015年、25頁）。

④ 植松忠博「内務省の思想と政策:牧民官意識と社会事業行政を中心に」『国民経済雑誌』第174巻第3号、1996年9月、8頁。

经常被批评为“保守的”“权力的”。[1] 中国学者武寅也曾批评所谓“牧民官”是“以‘公’的权威为背景，包揽了国家事务的决策和执行”，实际却不尊重普通民众，透露着一种“唯上意识”。[2] 当然也不乏观点认为在战前非民主的政治体制下，这种重视国民意志的行政风气具有一定进步意义。比如日本学者植松忠博在文章中认为战前“牧民”官僚虽然不是真正意义上的“民主主义者”，但某种程度上类似于孟子所谓的“民本主义者”，他们接近人民，教导人民，为改善人民的生活而努力，因此他们也具有进步、民主的意义。[3] 而近年有研究者在考察昭和时期政治思想后提出，恰恰是“牧民思想”中“重视民意”“教化国民”的特征帮助日本政府在战争期间进行了国民精神动员。[4] 本文对“牧民官”的评价基本继承了上述观点。在此基础上本文还想指出，以往研究均倾向将“牧民官”视为近代历史上稳定延续的群体，实际上“牧民官”作为一种官僚形象在近代日本经历了一个变动的过程，应当依据不同的阶段，动态地把握这一形象定位。尤其是大正政变以后，“牧民官”意识在官僚当中一度变得薄弱，直到昭和初年伴随政党政治的衰落、官僚势力的抬头，“牧民官”意识才再次受到鼓吹并得以重塑。这当中的演变是本文探讨的重点。

## 一 政党政治的兴起与“牧民官”形象的弱化

明治初年，由于藩阀官僚把持政权，官僚的政治权力极大，政府之中的“牧民官”意识甚为浓厚。1873 年 5 月 24 日，明治天皇在京府县知事・参事的集会上就下诏激励地方官员称：

> 朕深思熟虑，方今国之尚未开明之际，任命汝等为地方之官，应

---

① 大霞会編『内務省史　第一巻』、685 頁。

② 武寅：《论明治初期日本政治改革》，《日本学刊》1994 年第 3 期。

③ 植松忠博「内務省の思想と政策：牧民官意識と社会事業行政を中心に」『国民経済雑誌』第 174 巻第 3 号、1996 年 9 月、8 頁。

④ ロジャー・H. ブラウン（Roger H. Brown）「安岡正篤の『東洋的な牧民思想』と内務官僚」『埼玉大学紀要（教養学部）』第 55 巻第 1 号、2019 年 10 月。

使人民信奉朕之所思，念及朕之劳苦，使其各安其所，是本为牧民者之职，可谓其任堪重，汝等当努力体察此旨。[①]

这种观念在明治之初受到官方的推崇有其背景存在。首先，藩阀政府针对自由民权运动和政党势力，打出“超然主义”的方针，排斥民间政治势力。在明治宪法颁布的第二天，时任首相黑田清隆便发表了著名的“超然主义”演讲：“所谓政党者，立足于社会，难免受情势影响，然而政府须常守一定的方向，以超然之姿立于政党之外，居于至公至正之道，诸员宜尽力存留此意，持不偏不党之心，面对人民善加抚御，以助国家隆盛之治。”[②] 这段话是将政党视为逐利营私的团体，将藩阀官僚视为公正无私的国家代表，它拒绝民间政治势力参与政治，而主张由藩阀政府“安抚人民”并继续垄断政权。这无疑是一种“牧民官”意识的自我维护和延伸。

其次，1887年内阁官制确立后首次颁布《官吏服务纪律》，第一条便是：“凡官僚者应对天皇陛下及天皇陛下之政府忠实勤勉，依法律命令各尽职务。”[③] 同时规定官吏负有：（1）办公的义务；（2）顺从的义务；（3）忠实的义务；（4）保守秘密的义务；（5）保持品格等诸多义务。此外还有禁止其家族从事商业、禁止官僚浪费、禁止官僚过多负债等规定。这种规定等同于宣告“官吏作为天皇的官吏要忠实地服从于无限的职务”。[④] “牧民官”需要作为天皇的代理人直接与国民打交道，他们只有承担起无限的道德义务，才能代表无限权威的天皇开展安民治国的工作。

由此可见，近代日本“牧民官”可以大致认为是代表天皇统御百姓之官僚。而要保证这一身份，“牧民官”需要具备两大特性：第一，深度参与政治；第二，担负起无限的政治道德和责任。但是随着明治政治体制、行政制度的变革以及社会思潮的变化，日本官僚“牧民官”意识的存续基础受到动摇。

① 大霞会編『内務省史　第一巻』、684頁。

② 「黒田内閣総理大臣の演説」『憲法雑誌:講壇改進（第二号）』憲法雑誌社、1889年、32頁。

③ 『官報』1887年7月30日。

④ 秦郁彦『戦前期日本官僚制の制度・組織・人事』東京大学出版社、1981年、666頁。

首先，随着明治宪法的颁布和政党政治的兴起，局长、次官以上官僚日益“政党化”,[①] 而中下级官僚则愈加专业化、事务化，大部分官僚不再参与政治决策。1898 年，日本历史上第一届政党内阁——第一次大隈重信内阁上台，随后由大隈重信率领的宪政会展开了大规模的猎官运动。大隈重信的构想是将官僚分为政务官和事务官，次官以及部分重要的局长职位被他纳入政务官范畴，其他官职则作为事务官专司行政事务，不随政局变化而更迭。由于上述政务官属于敕任官级别，其任用不受资格限制，宪政党政府得以在这些职务上安排大量宪政党成员，此举引起各界强烈的不满。大隈内阁倒台后山县有朋内阁为了防止政党继续侵入官僚体制，对《文官任用令》进行了大幅修改，废除了敕任官的自由任用原则，除亲任官以外的敕任官，原则上都需要有一定的敕任官或奏任官任职经验才可以被任命。同时颁布了《文官分限令》和《文官惩戒令》，保障文官的身份、对文官的免职等处分作出限制。如此修改，官方给出的理由是：“无奏任官资格者直接任用为敕任官会导致官纪荒废，法令修订之下行政是专门的技术领域，有必要任用专门知识人员，同时如果不对免官进行保障，就不可能期待官吏能忠实公正。”[②] 于是藩阀官僚与政党在争夺官僚任免权力的过程中，逐渐将事务官僚与政治家进行了区分，客观上也使官僚愈加专业化和职业化。

经过以上一系列官僚制度改革，以帝国大学毕业生为主的知识分子或专业技术人员开始陆续通过文官考试进入官僚体系，到 1916 年第二次大隈内阁时，官僚群体基本完成新旧交替。以藩阀官僚为主的传统官僚陆续退出历史舞台，通过高等文官考试的职业官僚（简称“高文官僚”）逐渐进入高级文官序列。[③] 这就意味着政治决策的主体逐渐转为政党，而官僚群体更倾向于从事行政事务工作。官僚失去了对政治的控制，“牧民官”存在的首个条件消解。

① 在政党政治上升期，由于政党内阁可以掌握重要职位的人事任命，原先的官僚纷纷加入政党或依附政党，这种现象被称为“官僚政党化”。

② 秦郁彦『戦前期日本官僚制の制度・組織・人事』、664 頁。

③ 広瀬順皓「牧民官から行政官へ」『本』講談社、2007 年、36 頁。

其次，伴随政治体制、行政体制的改革，官僚在社会舆论中逐渐失去了道德楷模的形象。明治初年的官吏完全由华族垄断，而文官考试制度确立后旧华族出身者在政府内任职人数开始急剧减少，与之相对的是平民出身者在官吏队伍中的比例不断提高，① 传统身份地位上的“官尊民卑”现象已然开始弱化。随着自由民权运动的兴起，传统的“牧民官”身份及官僚的“道德模范”地位进一步受到质疑。民权运动家沼间守一就在演讲中提及：“平庸政事家……擅用己之权威，以牧民官自居，自称有统御人民之责，甚至试图随意支配人民，此举岂非甚误？现下只有其本人自以为作为执政者贤明而忠良，难免有自夸独尊之嫌……”② 1913 年大正政变期间，政党发起护宪运动终结了长期以来的官僚政治。官僚政治遭到全社会的反感。尾崎行雄对“牧民官”这一用词严厉批驳道：“专制政治之下必然将人民视为禽兽，不仅如此，其在用语方式上也像对待禽兽一样对待人民……诸如地方官被称为牧民官之类的就是一项例证。”随后政党政治兴起，高等官僚“政党化”与普通官僚“职业化”趋势加剧，一些皇权思想者不无遗憾地指责道：“（曾经的）地方官即牧民官，会担心自己治下居民的生业如何。对于先帝的心意也多加留意。而现在的地方官是一群不知羞耻的家伙，真正的牧民官极其稀有。他们的通行惯例是首先考虑自己一人的利害。”③ 政党政治背景下官僚在政治领域表现弱势，承担的政治责任也在收缩，开始丧失“道德模范”的社会形象。

在明治初期藩阀官僚把持政权的背景下，“牧民官”一度受到政府官僚的普遍推崇。但随着议会政治的兴起，尤其是大正政变之后官僚政治宣告终结，政党占据政治主导地位，官僚群体更新换代，新一代官僚开始倾向依附政党或专门从事行政工作，几乎不再负责政治决策，相应的他们也较少承担政治责任，于是官僚以往的“道德楷模”形象受到质疑。官僚群体开始褪去“牧民官”的外衣，悄然转变为一种新的社会形象。

① 李文：《明治时期日本官僚集团的自我更新》，《日本学刊》1998 年第 2 期。

② 沼間守一「政治思想ヲシテ腐敗セシムル勿レ」『日本大家演説規範』、1882 年、19 頁。

③ 北原種忠『明治天皇御製謹解』皇道会出版部、1924 年、71 頁。

## 二 从“牧民官”到“俸给生活者”

进入大正时代后，社会风潮发生变化，江户时代以后的“奉公”观念在家族、职场中淡化，取而代之的是“公共”的概念在社会上盛行。具体体现在官僚群体身上就是“灭私奉公”的“牧民官”概念被“公务员”概念取代。[①] 官僚选拔的“法科万能主义”倾向使大正以后的官僚群体愈加看重明确的法律规定，相对模糊的道德准则对他们的约束力减弱了。

此时的官僚一方面不愿承担过多的道德责任，另一方面基于以往的“牧民官”形象，又不可避免地要承担一定道德期望，这一矛盾在昭和初年的经济危机下开始暴露。《官吏服务纪律》规定了近代日本官僚作为天皇的官僚要甘心奉献，其中不乏一些难以界定的道德要求，诸如“忠顺勤勉”“重视廉耻”等。这些纪律在战前基本未曾改动，但政府、社会也很少严格以这套纪律要求官僚。比如在官吏的俸给问题上，当时官方对俸给的解释是“由于官吏专心从事国家事务无法经营其他事业，为了使其过上与地位相适应的生活而支给的生活资料”，且“支给俸给的主要目的是帮助其维持生计”。[②] 这种解释强调官吏的本职是奉献国家，同时使“俸给”有了一点恩赐的意味。实际上大正以后，专事行政的官僚群体更倾向于将俸给理解为劳动报酬。但在昭和初年经济不景气的背景下，政党政府出于政治目的要求官僚承担更多道义责任时，二者之间的矛盾便被激化。本节以昭和初年的官僚减俸问题为切入点，探讨政党政治末期官僚形象的新变化。

1929 年 7 月，由滨口雄幸率领的立宪民政党作为执政党组建内阁。滨口内阁面对连年的经济不景气，决定采取“金解禁”政策和紧缩财政政策。作为行政和财政整理的准备工作，首先要削减官吏群体的俸给。滨口内阁为此措施给出三条理由：一是政府财政困难；二是近年来物价回落；

① 水谷三公『官僚の風貌』中央公論新社、1999 年、354 頁。

② 太田嘉太郎『行政法　第 1 巻』明治大学出版部、1918 年、166—167 頁。

三是政府以减俸作为示范，在紧缩财政上寻求国民的理解。[①] 其中第三条正是鼓励官僚群体牺牲自我，充当国民表率。然而令滨口政府始料未及的是，减俸计划一经公布，便遭到官僚乃至社会各界的强烈反对，是为昭和四年官吏减俸反对运动。

政府的官吏减俸政策遭到全社会反对一个重要原因就是国民“俸给生活者”意识的兴起。[②] 在紧缩财政下生活艰难的工薪阶层对被减俸的官僚产生了同情心。官僚非但没有被视为特权阶级，反而被接纳为以劳动报酬维持生计的“俸给生活者”。最大的在野党政友会以及部分左翼政党都批评民政党此举是在迎合资本家压迫劳动者。《东京朝日新闻》评论说：“大多数官吏都有作为工薪阶层被政府雇佣的劳动无产阶级的一面。他们不认为自己与大臣或少数大官同属一个阵营。所以减俸政策不仅仅是大臣对部下官吏的横暴专断，更是对官吏所属的俸给生活者阶级发动的挑战。这一愚蠢之举的社会意义就在于，由于不必要的刺激，至今为止仍处于朦胧状态的工薪阶层意识，突然之间在官属公吏中觉醒了起来。”[③] 面对各方的舆论压力，滨口政府在发出减俸声明后仅一周左右就撤回了减俸案，这一次的官吏反对运动在国民舆论的支持下取得了成功。

1930年11月滨口首相遭到右翼分子枪击受伤，于1931年4月辞职。若槻礼次郎遂接替滨口任首相延续民政党政权。由于先前的“金解禁”政策遇到世界经济危机的冲击，日本经济进一步恶化，政府财政愈加困难，若槻内阁再一次将官僚作为表率推到台前，重提官吏减俸案。若槻首相对官吏训示道：“减俸是针对今日普通国民生活之苦恼，为了努力突破难局，不得不让官吏们分担国民之牺牲的无奈之举。”[④] 消息一出，官吏群体再次爆发反对运动，是为昭和六年官吏减俸反对运动。

由于此次政府态度坚决，官僚群体的反对运动也较昭和四年更为激

① 「俸給減額の弁　政府、声明書を発す」『東京朝日新聞』1929年10月16日。

② 佐藤美弥「『我等のニュース』にみる雇員・傭人の文化」『歴史評論』第737号、2011年9月、36頁。

③ 「俸給生活者の階級意識」『東京朝日新聞』1929年10月18日。

④ 近江哲蔵『満天下を震撼せしめたる鉄道省減俸大騒動の真相』共同印刷株式会社、1931年、130頁。

烈。5月12日、13日，铁道省部分现业员[①]召开现业委员会，提出反对意见；19日，铁道省的高等官、判任官代表也召开秘密会议，组成统制本部，统一指挥铁道省的反对行动；24—25日铁道省内有21万人递交了辞呈，这是铁道省前所未有的大事件。随后递信省响应铁道省，省内事务官、技师、判任官与现业员共同开展反对运动，一时间递信大臣和次官收到来自全国的数百封反对电报。铁道省和递信省的业务直接关系到市民的生产生活，这一系列类似罢工怠工的举动令政府感到格外棘手。此外，司法省、农林省、内务省、外务省、文部省、大藏省都不同程度地发生了反对运动。

《东京朝日新闻》对这次减俸反对运动评价道：

> 官吏减俸实施之际，若槻首相发表了对官吏的训示，这与当下时代颇有抵牾。但是这更让我觉得，这种旧时代的官僚观正是引起减俸及减俸反对运动的原因。在官尊民卑的明治时代，官员的形象在民众和御用商人眼中是多金而自信的，而昭和时代的官吏——不管他们自己乐不乐意承认，事实上他们都只不过是“与一般民众休戚与共”的，受到不景气风潮影响的劳动阶级罢了。他们不是民众的模范，却被当作民众的模范，这才让他们真正认识到自己的地位——只有团结起来拿起罢工怠工的武器，才能保障自己的官吏身份。他们已经不是高居御用商人之上的特权阶级，而是金融资本家的御用政党之下的劳务者而已。[②]

有人将昭和初年的减俸反对运动视为继“米骚动”[③]之后近代日本影响最大的社会运动，[④]但与“米骚动”不同的是官吏的减俸反对运动全程没有发生暴力冲突，始终保持了运动的合法性。

利用法律法规展开反对运动的代表是司法省判事官[⑤]群体。昭和四年

① “现业员”指在官厅从事实务工作的人员。

② 「官吏は衆民の儀範か」『東京朝日新聞』1931年6月2日。

③ “米骚动”，1918年因日本的“粮荒”问题而出现的群众暴动。

④ 深見貴成「近現代日本官僚制の一側面——官吏減俸と恩給の問題を中心に」『神戸市立工業高等専門学校研究紀要』第52号、2014年3月、85頁。

⑤ “判事官”即战前日本对“裁判官”“法官”的官方称谓。

减俸案被撤回后，著名法学家美浓部达吉就指出政府依靠敕令对大部分官吏进行减俸从法理上看并无不可，但唯独对判事官减俸是违法的。[①] 基于宪法对裁判官独立地位的保护，《裁判所构成法》第73条规定："若判事没有受到刑法宣告或惩戒，不得违背其意愿将其转官、转所、停职、免职或减俸……"[②] 受到美浓部达吉的启发，在昭和六年的反对运动中，判事官们便以《裁判所构成法》为依据，反对判事官减俸。政府由此陷入窘境：若对判事官减俸，必然涉嫌违法违宪，但若对判事官特殊对待，又可能引发其他官僚的不满，最终不得不宣布对判事官的减俸延期。

另一方面，昭和六年减俸反对运动得以平息，很大程度上又是官僚群体响应外界道德期待的结果。官僚们轰轰烈烈的反对运动虽然保持在合法范围内，但也确实造成不小的社会骚动，社会上也不乏批评。即使是同情官僚的媒体也不免指责官僚们"多有紊乱官纪之议""滋生国家生活上之重大恶例"。[③] 在这样的舆论背景下，铁道省官吏、递信省官吏等运动主力内部也出现了分化。当政府修改减俸门槛与额度后，越来越多的官僚倾向于放弃此前彻底反对减俸的口号，与政府妥协。他们认为官吏和现业员集体辞职或怠工的行为只会扰乱民众生活从而损害政府与省厅的颜面。如铁道省高等官及判任官代表最后宣布停止运动时就声明："时至今日虽然我等依然反对减俸，但减俸案较此前新闻报道已缓和许多……现在如果仍坚持贯彻此前的目的，国有铁道的运输恐要失去保障，因此国有铁道的职员们顾及自身的重大使命，做到自制自重，停止今后的一切行动。"[④] 而更有代表性的是上文提及的判事官，他们的反对运动有着充分的法律依据，政府若坚持对其实施减俸，只能提请议会修改《裁判所构成法》。可最后的结果是大部分判事在政府的劝说下变相接受了减俸——他们承诺参照减俸政策规定的额度，将等额的俸给自愿奉纳给国库。这是因为其他省厅的反对运动基本平息，大部分官僚都接受了新的减俸案，在这种情况下，判事

① 「官僚減俸案の撤回」『東京朝日新聞』1929年10月25日。

② 『裁判所構成法・御署名原本・明治二十三年・法律第六号』国立公文書館デジタルアーカイ、御00479100、35頁。

③ 社会局労働部『官吏減俸問題に關する調査』、1931年、180頁。

④ 社会局労働部『官吏減俸問題に關する調査』、36頁。

官即便成功抵制减俸也只能“独善其身”。尤其是检事官[①]与判事官同属司法官僚，长久以来待遇大致相同，而检事官一旦被减俸，二者待遇上的平等地位或被打破，判事官们于情理上自觉不妥。尽管判事官代表发表声明说“检事、判事大致保持同等待遇应该是政府——特别是司法省的责任”，[②] 但结果是至少有九成判事在减俸案实施后还是陆续选择了“献纳差额”。[③] 昭和六年减俸反对运动也就此平息。

昭和初年的减俸反对运动是近代日本行政史上的大事件，从这场冲突中可以看出昭和初年官僚群体形象的巨大变化。他们不同于明治初年身份尊贵的“牧民官”，大部分官僚相较于大臣、代议士远离政治，相较于普通市民在经济地位上也没有显著优越性。以两次反对运动为契机，官僚群体“俸给生活者”的形象得到社会公认。政党政治时代普通官僚较少承担政治责任，于是当政府要求官僚作为国民表率分担政策风险时，官僚群体表现出抗拒。而这种抗拒起初也受到国民舆论的认可，但随着反对运动的激化，官僚群体又开始承受一定的道德压力，最终选择了与政府妥协。昭和初年的官吏反对运动是政党内阁对官僚统制力削弱的表现，政党未能以合法合规的手段推行自己的政策，纠纷的最终解决很大程度上源于官僚的道德责任感。

在政党政治时代，官僚基本褪去了“牧民官”式的道德模范形象。但昭和初年的重重危机使政党内阁逐渐丧失权威，更多的政治责任和道德要求被转嫁到官僚头上。这一点随着政党政治的崩溃，在官僚身上表现得更加突出。

## 三 “牧民官”形象的重塑

在政党内阁引来国民反感的同时，官僚的反对运动让人们看到官僚在

① 检事官即检察官。

② 社会局労働部『官吏減俸問題に關する調査』、36 頁。

③ 新井勉「昭和初年の官吏減俸令と裁判官」『日本法学』第 77 巻第 22 号、2011 年 10 月、197 頁。

大众政治中具有强大的政治影响力。1930年4月，民政党内阁签订《伦敦海军条约》，承诺对海军缩减军备，此举引发军部和右翼势力的极度不满。加之经济凋敝，国民生活困难，民政党内阁的权威严重受损。正当国民对政党政治的合理性产生怀疑时，官僚掀起的风波让一部分人看到了新的政治可能性。

明治初年藩阀官僚虽然也具有强大的政治影响力，但在明治宪法颁布、议会政治兴起后，官僚垄断政府的体制难以为继。因为传统“牧民官”只是自诩体察民意，本质实行的是自上而下的“官治”。大正政变后“官僚政治”就成为专制的代名词，代表大众的议会成为政治体制中不可忽略的力量。而昭和初年官僚们表现出的政治影响力则与传统藩阀官僚不同，他们不是直接作出政治决策，而是作为一个群体在大众政治中寻求舆论支持。由于其兼具政府职员与“俸给生活者”的双重属性，很多人相信如果以官僚作为大众政治代理人，有可能实现真正的“上意下达”。《东京朝日新闻》发表评论称：“与其将信赖寄托于一两位不靠谱的政治家的人格，不如信任官吏的团结更为可靠。官吏的义务是将职业生涯的成败寄托于长期的事业，不能随意乱来，作为国家的官吏，当一两位政治家以国家之名作恶时，要制止他们。本次运动反映出当官吏群体站在正义的立场，得到舆论的支持时，将发挥非常了不起的效果。”① 基于对官僚群体的政治期待，不少人也开始要求官僚承担更多的政治责任。有媒体批评昭和六年的官吏运动不应该拘泥于官僚自身的权益，希望官僚能够在更多的公共事务上发挥政治影响力：“如果能有一部分官吏是因为行政处理问题、因政党弊害而奋起反抗的话，想来可以获得更多人的支持。”② 这些都是政党政治时代少有的舆论，它们的共同点是呼吁官僚参与政治，要求官僚提高道德责任意识，即一种新的期待“牧民官”的心态在社会上开始出现。

政党政治崩溃后，一些有着强烈“牧民官”意识的官僚很快便在政治上崭露头角。正当若槻内阁疲于应付国内经济问题时，关东军在中国东北阴谋制造了九一八事变。若槻内阁既无法安抚民心也无法统合军部，面对

① 「減俸案撤回と官吏の団結」『東京朝日新聞』1929年10月22日。

② 「政党の弊と官紀」『東京朝日新聞』1931年5月30日。

内外交困只能选择全体辞职。随后犬养毅率领政友会组建内阁，虽然彻底改变了此前的紧缩财政政策，试图推动“产业立国”，但仍遭到不少军部右翼的敌视。不久之后的1932年5月15日，犬养毅遭到海军少壮派军人刺杀，是为“五一五事件”。在很多人看来，“五一五事件”意味着军部对政党内阁的容忍已经到了极限，元老、宫中大臣和政党都对军部颇有忌惮，若继续推举政党组阁，难保不会再次爆发恐怖事件。于是宫中大臣与元老西园寺公望协商后，决定向天皇推荐斋藤实出任首相。斋藤实是海军大将，但远没有平沼骐一郎等右翼激进，推荐斋藤实的目的主要是统合军部，保持政治统一。斋藤实内阁的上台，意味着长达八年的政党政治就此终结。斋藤内阁当中政党的话语权大大削弱，以后藤文夫为代表的一批官僚开始抬头。斋藤内阁修改了文官分限令，强化了官僚的独立地位，使官吏真正脱离了对政党的依附。1934年斋藤内阁因“帝人事件”[①] 倒台后，同为海军大将的冈田启介继任组阁。冈田内阁几乎延续了斋藤内阁的施政方针，且更为大胆地起用了诸多官僚担任要职，诸如后藤文夫（内务大臣）、藤井真信（大藏大臣）、河田烈（内阁书记官长）、唐泽俊树（警保局长）、吉田茂（内务省社会局长官）等。这些官僚由于同属一个叫“国维会”的政治团体，彼此关系紧密，故被媒体称为“新官僚派”。

斋藤内阁与冈田内阁进行了一系列改革，初衷是削弱政党势力，同时抑制军部法西斯的抬头，但最终的结果是“不仅没有有效地阻止日本法西斯化的进程，其内政外交上所实行的一系列政策，却为日本走向法西斯主义铺平了道路”。[②] 冈田内阁的一项重要改制就是设立“内阁调查局”，作为国策调研机构，它取代了内阁法制局，成为实际上新的政府立案中心。新官僚吉田茂担任首届内阁调查局长，人事上也全由各省厅中坚官僚组成，官僚取代政党成为政治决策的新核心。与此同时，新官僚还重视对国民的引导。1935年5月，冈田内阁在内相后藤文夫的主持下发起全国选举肃正运动，高举国家道义精神的大旗，号召国民将选票投给真正公正无私的候选人，实际目标就是动员国民排斥政党，削弱政党在议会中的力量。

---

① “帝人事件”指1934年政界、商界的多名大人物因涉嫌贿赂而被捕的事件。

② 郭冬梅：《试论中间内阁与法西斯主义》，《日本学论坛》2001年第3期。

起初新官僚的这一系列举动既为了排斥政党，也为了遏止军部，实现政治上的统一。但随着侵略战争的扩大化，军部逐渐掌握了最大的话语权，斋藤内阁、冈田内阁时期排斥政党的改革反而帮助了军部进行战争动员。内阁调查局几经改组，在侵华战争期间成为国家总动员机关兼综合国策企划部门——企划院。选举肃正运动被近卫文麿内阁继承，用于构建大政翼赞体制，1941 年东条英机内阁最终组建了“大政翼赞会”，真正实现了军部对帝国议会的控制。内阁调查局也好，选举肃正运动也好，无一不透露着“天皇的官僚”指导国民参与政治的意识，而这些政治构想最终与军部法西斯的全国总动员体制融合在一起。

通过探究新官僚群体的思想，也不难发现他们秉持的正是一种新型的“牧民官”意识。冈田内阁时期的新官僚基本都来自“国维会”，他们奉安冈正笃为精神领袖，可以说安冈正笃的思想很大程度上为新官僚们的政治改革提供了理论指导。他在《天子论及官吏论》中阐述天皇、官吏和国民的关系时称：“‘官’即是国民政治意识的具体表现。体系化的‘官’即被称为‘政府’。而政府的最高官、国民政治意识的最高层次的中心即‘天子’。”[①] 在他的理论中官吏应是国民政治意志的代表，天皇则是最高代表，因此官吏的作用就是辅弼天皇代表国民。他非常强调万世一系的天皇统治的重要性，唯有如此才能保证国家形成君民统一的有机体。而实现“君民统一”仅建立统一的决策机构是不够的，更需要建立新的国民组织统合议会，如此才能避免走向独裁。这一任务无疑要交给那些“公平无私”的官僚，这就意味着要拥护“天皇的牧民官”，特别是他所推崇的“新官僚”群体。[②] 有学者评价道：“安冈的牧民思想与其说是行政意识形态的新起点，不如说是官僚式‘超然主义’的革新形式。据此，天皇可以执政，而他的官员们也可以执政，众议院的成员负责反映民意却不过度影响政策的制定或政府对天皇的‘辅弼’。”[③] 如果说明治初年的“牧民官”

① 安岡正篤『天子論と官吏論』社会教育研究所、1923 年、16—17 頁。

② ロジャー・H. ブラウン（Roger H. Brown）「安岡正篤の『東洋的な牧民思想』と内務官僚」『埼玉大学紀要（教養学部）』第 55 巻第 1 号、2019 年、113 頁。

③ Roger H. Brown, “Shepherds of the People: Yasuoka Masahiro and the New Bureaucrats in Early Showa Japan,” *The Journal of Japanese Studies*, Vol. 35, No. 2, 2009, pp. 289-290.

是名义上体察民意实际上无视议会专制独断，昭和初年的“牧民官”则更强调对国民的指导和对帝国议会的统合。例如新官僚田泽义铺就明确意识到在立宪政治下不可忽略议会的作用，他剖析道，所谓“立宪政治”的三个特征是“宪法”“分权”“代议制”，[①] 因此他将政治改革的重心放在青年团运动和青年政治教育上，试图从精神层面影响青年群体的政治活动，进而统合全体国民。再如后藤文夫在斋藤内阁中担任农林大臣，开展农村改良运动，这一运动的目的不仅是援助地方农村经济，更重要的是切断现有政党与地方名望家之间的关系，从而实现政府官僚对地方的直接统制。[②] 冈田内阁时期，后藤文夫担任内务大臣主持选举肃正运动也是为了在选举上排挤政党，实现官僚对国民的动员。

在政党政治备受质疑的昭和初年，新官僚作为新的“牧民官”形象走到台前，试图构建一种没有政党的立宪政治。他们同明治初年的官僚一样自诩作为“天皇的官僚”施政于民。但不同于明治初年的是，此时的日本政治处于国民普选时代，国民舆论以及帝国议会在政治中发挥着举足轻重的作用，因此新官僚们的“牧民官”意识更强调如何引导国民参与政治，从而实现官僚对大众政治的统合，进而实现官僚精英对政治的主导。他们基于这种“牧民官”意识进行了一系列政治改革，最终为军部法西斯的国民动员铺平了道路。

## 四　结语

自德川时代起直到战前，日本政府官僚当中始终存在“牧民官”形象。明治维新刚刚结束时明治政府被藩阀官僚把持，政府内弥漫着浓厚的“牧民官”意识。但在大正政变之后官僚群体逐渐远离政治核心，也不再承担过多的道德责任，作为一个整体事实上逐渐脱离了“牧民官”形象而转向了“公务员”形象。但社会长久以来对“牧民官”的期待并没有消

① 田沢義鋪『政治教育講話』新政社、1927 年、181—182 頁。

② ロジャー・H.ブラウン（Roger H. Brown)「安岡正篤の『東洋的な牧民思想』と内務官僚」『埼玉大学紀要（教養学部）』第 55 巻第 1 号、2019 年、113 頁。

失。在昭和初年的经济危机下，民政党政府试图率领官僚以减俸的形式充当国民表率安抚民情，结果遭到官僚与民众的斥责，最后虽然勉强推行，但在减俸反对运动中作为“俸给生活者”的官僚群体展现了动员民众对抗政党的非凡政治影响力。随着民众对政党政治的不满，一种新的对“牧民官”的期待开始在社会上出现。政党政治崩溃后官僚群体很快得以在大众政治中崭露头角，成为新的政治决策核心。以“新官僚”为代表的官僚群体在政党政治结束后，秉承新型“牧民官”意识实施改革，他们注重对国民的动员和对议会的统合，最终构建了无政党的立宪体制，而这一体制又在对华战争期间帮助了军部进行国民动员。

（石璞，南开大学日本研究院博士研究生）

# 近代日本“有色人种解放论”辨析*

许赛锋

**内容摘要** 西方宣扬各色人种“智愚有别”“进化斗争”的种族主义论调，对近代以来日本人的对外认识与行动影响甚大。自日俄战争战胜“白种”俄国后，日本开始被视为有色人种的“领导者”和“拯救者”，但事实上，随着日本帝国主义对外侵略扩张的一步步升级，所谓“有色人种解放论”逐渐沦为其掩饰侵略行径的宣传工具。时至今日，部分日本人依然以“人种解放”为借口，试图美化侵略历史、否认战争责任。与此同时，东南亚一些国家及民众因立场、角度而产生的片面历史认识，更让日方的这一论调充满迷惑性和欺骗性。

**关键词** 日本 对外侵略 有色人种解放论 历史认识

众所周知，近代西方宣扬的“各色人种因肤色不同而智愚有别”的人种分类学，以及“人种优胜劣败进化斗争”的社会进化论等学说，是欧美列强将殖民侵略正当化的重要理论依据。日本明治维新以后，综合国力日渐增强，特别是在日俄战争中的获胜，是有色人种几百年来第一次击败白色人种，日本一时间被视为有色人种打破白色人种奴役压迫的“领导者”和“拯救者”。但事实上，随着日本对外侵略扩张的一步步升级，无论是

---

* 本文系国家社科基金项目“人种意识与近代日本对华侵略研究”（项目号：16CSS017）、陕西师范大学中央高校基本科研业务费专项资金项目“侵华时期日本对中共的研究与行动”（项目号：17SZY24）阶段性成果。

对中国的侵略还是对东南亚的占领，所谓的“有色人种解放论”都沦为其掩盖自身行径的绝好宣传工具。时至今日，部分日本人依然以“人种解放”为借口，试图美化侵略历史、否认战争责任，而部分东南亚国家及民众因立场、角度而产生的片面历史认识，更让日方的这一论调充满了迷惑性和欺骗性。本文拟通过梳理近代日本“有色人种解放论”的形成与发展过程，剖析该论调所包含的侵略性实质，进而对相关错误认识进行驳斥和批判。①

## 一　“有色人种解放论”在日本的发端及走向

从江户中后期开始，“外形异样”的西方殖民者所带来的侵略压力，令日本人产生了严重的人种生存危机感。1839年，对人种分类知识有了初步了解的儒学家渡边华山，在讨论海防形势时就指出，“印度大半被英国所占，果阿、印度西海岸被葡萄牙所占，东南海岸及中央等处被法国所占……其他非洲、美洲、澳洲无不为洋人巢穴”。② 进入明治时期后，随着对外部局势了解的增多，亚非拉等地民众遭受欧美白种人压迫的各种惨状，越来越使日本人担心自身的命运。著名自由民权运动理论家植木枝盛针对“强权即公理”的世界现状，指出各大洲的有色人种几乎都在被白色人种剥削奴役，整个世界俨然已是一个“大野蛮世界”。③ 国粹主义者志贺重昂

① 前期研究中，王希亮的《战后日本政界战争观研究》（社会科学文献出版社，2005），步平、王希亮的《日本右翼问题研究》（社会科学文献出版社，2005），王云骏、张连红等编著的《解放还是侵略？——评〈大东亚战争的总结〉》（社会科学文献出版社，2011），孙立祥的《日本右翼势力的“解放战争史观”辨正》［《东北师大学报》（哲学社会科学版）2005年第4期］等论著，从不同角度对日本否定侵略历史的“右翼史观”作出了批判。此外，赵晓红的《抗战时期中日两国在东南亚的宣传战》（《党史研究与教学》2018年第5期）也提到了日本在向东南亚侵略扩张的同时，利用舆论宣传来推动当地民众反对西方殖民统治的问题。但上述研究都未对日本“有色人种解放论”的发展、演变及相关错误认识进行专门和系统的分析。

② 渡辺崋山「再稿西洋事情」佐藤昌介等校『日本思想大系　55』岩波書店、1971年、51頁。

③ 植木枝盛「世界大野蛮論」芝原拓自等校注『日本近代思想大系　12』岩波書店、1988年、56頁。

曾游历南洋诸岛，看到西方殖民统治下当地居民的生存惨状后，感叹道：“最劣等人种与白色人种有交通以来，其人口以非常速度而减少，甚至濒临灭绝。若最劣等人种愈发减少而子孙全绝，则未开化之人种亦将步其后尘，其种亦至消亡。今黄、黑、铜色、马来诸人种如不自重图强，漫然度日，则他日其种必将悉数灭亡。”[①]

在这一背景下，作为“有色人种”一员的日本，自然而然地产生了避免被“白色人种”吞噬的反抗情绪。中国人熟知的宫崎滔天曾回忆幼时其二哥的话语称：“目前的世界，是一个弱肉强食的战场。强者逞暴，日甚一日，弱者的权利自由，一天天地丧失殆尽。……现在如不设法防止，则黄种人将永远遭受白种人的压迫。”[②] 从更广的范围来看，日本明治中期陆续成立的“兴亚会”（后改名“亚细亚协会”）、“玄洋社”、“东邦协会”等一些带有“兴亚”性质的团体，都表现出强烈的有色人种对抗西方白色人种的政治特征。如“东邦协会”就在成立主旨中表示：“此兴东邦协会讲究东南洋事物，或违时流被嘲迂阔。然吾人目的岂在买世论称赞，求一时之快耶。……若终得为东洋人种全体将来之启发，吾人兴此协会之微衷，亦无遗憾。”[③]

随着甲午战争打败“天朝大国”中国、日俄战争战胜“欧洲宪兵”俄国，日本的国力日渐强盛。尤其日俄战争一役，是有色人种几百年来第一次打败白色人种，日本的胜利宛如黑夜中的“一盏明灯”，给世界其他弱小国家带来了民族解放和独立的希望。在中国，尽管日俄战争的胜利并未带来任何实际利益，但中国人的“黄种自信”被充分地激发出来。大批人开始认为，所谓智愚有别的“黄白之例不可尽信”，将来必定“黄种之兴其可量哉”。[④] 在越南，日本人被推尊为“黄色老大哥”，像爱国志士潘佩

① 志賀重昂「南洋時事」志賀冨士男編『志賀重昂全集』第3巻、志賀重昂全集刊行会、1927年、3—7頁。

② 〔日〕宫崎滔天：《三十三年之梦》，佚名初译，林启彦改译、注释，花城出版社，1981，第30—31页。

③ 〔日〕狭间直树：《日本早期的亚洲主义》，张雯译，北京大学出版社，2017，第80—81页。

④ 《祝黄种之将兴》，《济南报》第12号，1904年，第7页。

珠就写诗夸赞日本打败沙俄的战功："东三省全在掌中，吓得白鬼心惊胆跳……全球万国称赞。沙场几度交锋，鸭绿旗飘扬，辽阳号角响。旅顺口白雾迷蒙，奉天城惊愕江山。海军一战瓦解，东方巨声劈开泰华山。"[①] 印度开国总理尼赫鲁也回忆，日俄战争成为影响他人生的一件大事："日本的胜利激发了我的热情。我每天等着看报上的新消息。……民族主义思想充满了我的心怀。我念念不忘印度和亚洲摆脱欧洲的束缚，取得自由。我梦想着勋绩，我拿着剑，为印度而战，为印度的自由而效力。"[②]

在其他地区，日本的胜利同样带来了无限想象，"土耳其的对外强硬，埃及国民精神的勃兴，回教徒的觉醒运动，以至伊朗、泰国等国，都多少受到了刺激"。[③] 埃及等地的阿拉伯人认为虽然自己属于"褐色人种"，但是胜利了的"黄色人种"日本人，依旧可以成为包括他们在内的各有色人种苦难生活的"救世主"。[④] 当时，孙中山由欧洲坐船路过苏伊士运河，许多当地土人告诉他："我们新得了一个极好的消息……以前我们东方有色的民族，总是被西方民族压迫，总是受痛苦，以为没有出头的日子。这次日本打败俄国，我们当作是东方民族打败西方民族。日本人打胜仗，我们当作是自己打胜仗一样。这是一种应该欢天喜地的事。"[⑤] 甚至处在大洋彼岸美国的黑人，也在得知日本获胜的消息后"甚为欣喜。彼等所喜者，与仅为对于某强国之虐待臣民，有谋国民的生存，出于奋斗，遂表其同情者不同，乃对于有色人种战败白色人种，因而喜跃欲狂也"。[⑥] 不少黑人运动领导者更是对日本持以敬意，形成了一股强烈的亲日、联日

---

① 〔越〕陈辉燎：《越南人民抗法八十年史》第1卷，范宏科、吕谷译，三联书店，1973，第183—184页。

② 《尼赫鲁自传》，张宝芳译，世界知识出版社，1956，第18页。

③ 德富蘇峰『七十八日遊記』民友社、1906年、343頁。

④ 杉田英明「近代アラブ文学に現れた日本像と日本人像」平川祐弘・鶴田欣也編著『内なる壁——外国人の日本人像・日本人の外国人像』TBSブリタニカ、1990年、60—62頁。

⑤ 《对神户商业会议所等团体的演说》，广东省社会科学院历史研究室等编《孙中山全集》第11卷，中华书局，1981，第403页。

⑥ 〔日〕浮田和民：《论日本对于东洋之主张》，《外交报》第10卷第34期，1910年，第10页。

热潮。[①]

然而，日本人深知，这一场“鼓舞了有色人种的胜利”，在统治有色人种的西方列强眼中未必是好事。“因日本人能应用西洋文明技术，已收实效，倘支那、印度及非洲人等，同一有为，则将来有黄祸或黑祸之杞忧。”[②] 正如元老山县有朋所说，日俄战争“绝非证明有色人种强于白人，倒不如是证明学习伟大欧洲文明后的有色人种打败了落后于文明潮流的白种人”，但“无识无虑之多数有色人种对此未能明白”，反而以“人种的胜利”而自我陶醉。他明确指出，由此引来的西方对日本的“猜疑”与“忌惮”，更令人担心。[③] 换句话说，对于日本统治者而言，“有色人种解放”实属日俄争利下的一个“副产品”，在当时不仅“无益”，反而“有害”。日本接下来要做的事情，是尽快消除这一可能与西方白种全面为敌的言论影响，继续稳步扩张自己在东亚地区的势力。[④]

事实上，在战胜朝鲜和中国东北南部的俄国势力后，新“征服者”日本人的横行霸道是有增无减。日军不但强迫中国人在宅前悬挂太阳旗、强迫路人向守城日军行鞠躬礼，还在经济上无孔不入地强征捐税，“凡日用所需之物，无一不捐”，动辄以“战胜余威相凌”，把中国人视为“被征服者”“亡国之人”“劣等民族”，极尽欺压侮辱之能事。[⑤] 曾长期在中国东北传教行医的传教士杜格尔德·克里斯蒂称，那些来到东北的日本士兵和民众认为，打败了俄国的日本，是“崇高”和“无与伦比的”，日本人“不是作为可信赖者，而是作为胜利者，把中国人当做被征服者加以蔑视”。[⑥]

---

① ジェラルド・ホーン著、藤田裕行訳『人種戦争——レイス・ウォー 太平洋戦争 もう一つの真実』祥伝社、2015年、74—88頁。

② 〔日〕浮田和民：《论日本对于东洋之主张》，《外交报》第10卷第34期，1910年，第7页。

③ 大山梓『山縣有朋意見書』原書房、1966年、304—307頁。

④ 参见许赛锋《人种论与一战后日本的对外政策》，《世界历史》2016年第3期。

⑤ 潘俊峰、杨民军主编《是总结，还是翻案——兼评〈大东亚战争的总结〉》，军事科学出版社，1998，第55—56页。

⑥ 〔英〕伊泽·英格利斯编《奉天三十年（1883—1913）——杜格尔德·克里斯蒂的经历与回忆》，张士尊、信丹娜译，湖北人民出版社，2007，第164页。

此外，在日俄战后，越南先后有 200 多名学生来到日本，开展了旨在反抗法国侵略、追求民族独立的“东游运动”。[①] 为了不破坏与法国的关系，1907 年日本政府同法国签订《日法协约》，互相承认殖民特权，并强行将上百名具有民族独立思想的越南留学生驱逐出境。[②] 而且，为了吸收和参考西方殖民者的统治经验，更好地为日本今后的“大陆统治”服务，日本国内还出现了大量有关中东地区的论文和图书，如《保护国经营之典范埃及》[③]《埃及中的英国：韩国经营资料》[④] 等。可以说，正如权臣大隈重信所表示的那样，“埃及之经营对于我之韩国保护政治而言甚有参考价值”，[⑤] 比起所谓“解放有色人种”的“高尚使命”，日本更为关注的无疑是现实的具体利益。尽管部分日本人提出“有色人种解放论”的初衷不可谓不真实，但该论调随后的发展主流，配合着日本对外扩张政策的实施而极具功利性，有色人种借助日本帮助而实现自由独立的期望，注定只能是一厢情愿的幻想。

## 二　日本对“有色人种解放论”的宣扬与利用

日俄战后，随着日本在东亚势力的进一步扩大，“有色人种解放论”作为可以美化和掩盖其侵略行径的借口，开始在政治上被越来越多地利用。1905 年，政治学者高田早苗在天津发表演说称：“以余之浅见，日本国民先觉，知我国中国之利害皆系相同，然后使中国国民亦觉，知此道理是也，世人皆称中日两国同文同种，又同宗教，是以万无相反之理。”[⑥] 因此，涉及日俄战后中国东北地区的归属问题时，“倘或中国一时未能防御，则我日本唇齿相关，亦不得不代中国暂行护卫之”。[⑦] 1908 年 2 月，澳门商

① 〔越〕陈辉燎：《越南人民抗法八十年史》第 1 卷，第 189 页。

② 「安南王族本邦亡命関係第一巻」アジア歴史資料センター、レファレンスコード B02032273300。

③ 加藤房藏『保護国経営之模範埃及』京華日報社、1905 年。

④ 井上雅二『埃及に於ける英国:韓国経営資料』清水書店、1906 年。

⑤ クローマー『最近埃及』上巻、大日本文明協会、1911 年、序言、12 頁。

⑥ 《大公报》1905 年 6 月 5 日。

⑦ 《大公报》1905 年 6 月 6 日。

人通过日籍货轮“二辰丸”走私军火，被清军在澳门附近查获，但日方利用外交手段强词抗议，最终迫使清廷赔偿损失并鸣炮谢罪，此事迅速激起了中国各地的抵制日货运动。为缓和中国人的反日情绪，日本控制下的《盛京时报》就开脱道：“中日两国，同处于亚东，隔一衣带水，唇齿之依，辅车之形，休戚相关，决匪浅鲜。况当此种族之界日剧，宗教之畛域益分，中日同文同种之语，岂外交家之口头禅哉？”①

1915 年日本向袁世凯政府强行提出“二十一条”，彻底暴露了其妄图全面控制中国的野心。次年 10 月寺内正毅内阁成立后，另一元老松方正义向政府建言称，此前的对华政策是“一时之权谋诡策”，不仅使“本应为帝国之外廓的支那成为敌人，而且使帝国之信用失坠于世界”，认为“当今黄白人种之问题，已非学理之空论，乃经世之实际问题。考量我日本帝国之前途，如何使我黄色人种先导者日本尽其天职，乃当下紧要之问题”。明确指出日本在与西方列强协商的同时，要通过建立日中之间的“利益纽带”来实现“日华之亲善”。② 五四运动期间，面对中国民众再次高昂的反日浪潮，日方主办的《济南日报》发表社论称，中国人要注意欧洲国家对亚洲侵略所带来的痛苦，美国人正试图挑拨中日之间的感情，而中日两国是同属黄色人种的兄弟，双方携手解决彼此之间的误会，不仅有利于两国的利益，也有利于整个亚洲的利益。③ 日报甚至称，“西国教士乃其政府之走狗，借端唆事，离间我同种同文之中日”，指责“白种的西方人”才是中国真正的敌人。④

20 世纪 20 年代以后，随着“凡尔赛-华盛顿”体系的建立，以美国为首的西方加大了对日本扩张的抑制。巴黎和会否决日本提出的“人种差别废除议案”、美国正式通过“排日移民法”等一系列“人种问题”，都成为日本与西方对抗时表达自身政治诉求的绝好素材。后来三次出任首相的近卫文麿，于 1933 年发表《改造世界现状！——清除伪善之和平论》一

---

① 《中日交涉感言》，《盛京时报》1908 年 4 月 16 日。

② 德富猪一郎『公爵松方正義伝』坤卷、公爵松方正義伝記発行所、1935 年、925—930 頁。

③ 《济南日报》1919 年 5 月 10 日。

④ 《五月七日以来之齐鲁大学》，《申报》1919 年 6 月 8 日。

文称，“领土分配的极为不公”，“存在破坏人种、语言统一的政治限制”，“重要原材料的不均衡”等“国际上存在的不合理状态”，是世界战争出现的根本原因。他认为，“翻开历史来看世界各国领土的消长及民族兴亡的轨迹，就能明白今日地球上国家民族的分布状态既不合理，也非确定不变。实际上，地球三分之二以上的人口和两大大陆落入少数白人支配之下，只不过是百年以来的事情”。那些反对战争的“伪善的和平论”，“对于满足此世界现状的国家来说是绝好的托词，但对不满于现状的国家来说却是难以忍受的”。①

可以说，近卫文麿这种包含人种问题意识的思想理论，代表了当时日本对外认识的主流，成为日本人为自身侵略扩张行为辩解的常见表述。例如侵华日军声称：“东洋近代之外交史，其全篇之构成骨干，乃是白色人种之东洋侵略史。彼等口中所唱之正义、人道、和平，实以保存自国利益为目的，彼等针对未开化地区之行动，充满威吓、欺瞒和掠夺。彼等为打破当前白种文明之困境，将来必然再向东亚伸出侵略之魔手。黄色人种对于白祸之东渐不可不防。”② 1938年1月，海军大将、内务大臣末次信正在谈话中表示：“远东白色人种的利益在日本代表团面前应自行让位。中国、满洲国和日本应当建立政治上、经济上和思想上的联盟……我坚信，黄色人种将获得上帝预先准备授予它的一切，白色人种的霸权即将结束。”③

日军在占领中国大片土地后，为稳定社会秩序、更好地控制基层，专门组织了一批人员到各处进行“宣抚”活动。而其“宣抚”的主要内容之一，就是煽动和诱骗中国民众要为“有色人种解放”而奋斗。在北平，日军曾挨家挨户发放《谨告中华民国学生书》，其中称：“至于此二次东邻日本以正义而出师于中国内地，诸君更当清楚，日本出兵为扫除万恶党化军阀，拯救无辜同胞于衽席之上，得与我们共享东亚民众应享之幸福，决不

① 『昭和大雑誌・戦前篇——復録版』流動出版、1978年、28—34頁。

② 陸軍省調査班『白禍に備へよ』陸軍省調査班、1932年、1—2頁。

③ 安徽大学苏联问题研究所、四川省中共党史研究会编译《苏联〈真理报〉有关中国革命的文献资料选编》第3辑，四川省社会科学院出版社，1988，第401页。

是为仇恨我大亚细亚一部分民众而出师……更希望诸君拿着理智的头脑，作最清楚的判断，再拿世界有色人种及五色人种之大势来审视，那么我们黄色人种应该怎样去联合东亚民族，应该怎样去携手，大亚细亚主义应该怎样去早日实现……我们日满华早日携手，作共存共荣的急策，当然是更刻不容缓的事了。”① 河北完县的“宣抚”班，以一个日本青年给中国青年写信的方式称：“我虽然是一个日本青年，永久是站在中日一种兄弟般的立场上，希望两大民族的命运，是一致的……所以说我们亚洲人！黄种人，打算永远保持我们的亚洲，必须黄种人大家联络起来，才能发挥伟大的力量，奠定大亚洲民族共存共荣永安的乐土。”②

进而，太平洋战争爆发后，“有色人种解放论”等论调同样成为日本在东南亚地区进攻和占领时的绝佳口号。日军攻占新加坡后，首相东条英机乘机鼓动称：“拥有数千年历史及光辉文化传统的印度，如今也处在挣脱英国暴虐压制而参加大东亚共荣圈建设的绝好时机。帝国期望印度作为印度人的印度，恢复其本来地位，对其爱国之努力将不惜给予援助。”“印度民众到了是作为印度人的印度担负建设共荣圈的光荣任务，还是永远在英美桎梏下呻吟的最后抉择关头。”③ 日军在进攻爪哇的初期，反复通过电台播放被荷兰当局禁止的印尼民族歌曲《伟大的印度尼西亚》（后来成为印尼国歌），空投有利于日方的宣传册，甚至制作了大量《伟大的印度尼西亚》唱片以及当地民族旗帜“红与白”（后来成为印尼国旗）用于发放，极力将自己包装成解放印度尼西亚人民的英雄。占领爪哇后，日军又立即组织当地民众开展颂扬和维护其统治的“三亚运动”，宣称自己是所谓的“亚洲之光”“亚洲之母体”“亚洲之指导者”。④

1943 年 11 月，日本组织各傀儡政权召开了“大东亚会议”，会后的《大东亚共同宣言》提出，“英美以自国之繁荣而压制其他国家和民族，尤

① 《谨告中华民国学生书》，《全民报》1937 年 12 月 30 日，转引自黄东《塑造顺民：华北日伪的“国家认同”建构》，社会科学文献出版社，2013，第 170 页。

② 《完县宣抚班敬告青年》，《河北日报》（保定）1939 年 8 月 11 日。

③ 服部卓四郎『大東亜戦争全史』原書房、1982 年、389—390 頁。

④ 倉沢愛子「東南アジアの民衆動員」大江志乃夫等編『近代日本と植民地 2　帝国統治の構造』岩波書店、2005 年、248—249 頁。

其对大东亚进行了贪得无厌之侵略榨取”，因此发动“大东亚战争”的目的之一就是使“大东亚各国与万邦敦睦交谊，消除人种差别，广泛进行文化交流，进而开放资源，以贡献于世界之发展”。[①] 为“大东亚战争”出力颇多的日本基督教团，在对东南亚地区基督教会进行宣传时，抨击西方称：“敌人以白种人优越这一违背圣书之借口，垄断诸君之国家、土地及收益，虽口称人道与和平，实际却对吾等施以人种差别歧视，欲如帝王一般君临东亚诸民族，以肤色之差别来妄断人类差异，为自己之安逸享乐而驱使吾东洋人为奴隶，最终甚至妄想将东亚占为自己附属之领土。”[②] 日军在太平洋战场上的初期胜利，粉碎了白人至高无上的神话，而作为道德制高点的“有色人种解放论”等论调，也在一定程度上成为其攻占迅速进行的重要软性因素。

## 三　关于“有色人种解放论”的认识局限与错误

首先要明确的是，即便在第二次世界大战中，英美等白人国家最终加入对日作战行列，但对于众多亚洲弱国来说，其作为殖民者与压迫者的身份却未根本改变。像在中国抗日战争期间，英美的远东政策一直存在“对日妥协”和“援华制日”两种倾向，太平洋战争爆发后，“援华制日”才逐渐成为其主流政策。但所谓的“援华制日”，根本原因也“并不是什么国际正义感，或某一领袖人物的对华亲善感，而是美英本身国家利益的要求”。[③] 而且，期望日本成为远东反共力量的美国，在从九一八事变到太平洋战争爆发的这十年里，一直是日本最为重要的外部经济来源，日本发动战争不可缺少的石油、钢铁、飞机、汽车等重要战略物资，绝大部分进口自美国。[④] 1941 年宣称尊重各民族国家主权自由的《大西洋宪章》出台

① 外務省『日本外交年表竝主要文書　下巻』原書房、1966 年、594 頁。

② 日本基督教団『日本基督教団より大東亜共栄圏に在る基督教徒に送る書翰』日本基督教団、1944 年、1—2 頁。

③ 王建朗：《试评太平洋战争爆发前的英美对日妥协倾向——关于“远东慕尼黑”的考察之二》，《抗日战争研究》1998 年第 1 期。

④ 孟庆龙：《珍珠港事件的余声与美日关系》，《理论月刊》2015 年第 9 期。

后，英国首相丘吉尔还试图把"印度、缅甸以及英帝国的其他部分"排斥在宪章的实施范围之外，[①] 其无视殖民地国家权益、竭力维护英帝国海外统治的本意中，也并无任何高尚之处。

另一方面，日方宣扬的"有色人种解放论"，也的确获得了一部分人的共鸣与支持。在中国，日本操纵下成立的伪政权中，"有色人种解放论"成为投降主义者粉饰自身行径的一种理论。投日后的汪精卫，就经常在人种话题上大做文章，像日本对美开战后不久，他就煽动称："此次战争若不幸而为英美所败，则整个东亚民族，将随印度民族及非洲的黑色人种，美洲的红色人种，澳洲的棕色人种，同受奴隶的待遇，整个东亚将永久为英美的次殖民地，没有翻身的希望。反之，如果战胜了英美，则百年以来的侵略势力，一扫而空，东亚得到解放，中国得到自由平等。"[②] 担任汪伪司法院院长的温宗尧也认为，国民党所持的亲英美立场，代表了一种奴役中国的殖民主义心态，反映的是一种种族主义式的关系，而日本对中国的行为，不能被解释为侵略殖民活动，因为日本人和中国人是同一人种，"不管谁援助谁，中华民族的尊严和身份之恢复，都将不可避免地基于黄种人的文化，而不是白种人的文化"。[③] 1943 年，日本迫于形势决定向汪伪政权"归还"租界，部分投降者据此认为，自己真正实现了孙中山民族主义所强调的废除不平等条约。华北地方伪政权还举行了热烈的庆祝大会，称日本之所以"归还"租界，就是因为日本主张黄种人应该互相提携，"黄种人用真诚协助黄种人"，只要中日团结奋斗，那么"中国复兴有望了"。[④]

对于东南亚各国来说，日本的此类宣传，无疑更是切中和迎合了其对白人殖民统治者的反抗情绪。早在 20 世纪 30 年代，一些东南亚国家的政

---

① 〔英〕帕姆·杜德：《英国和英帝国危机》，苏仲彦等译，世界知识出版社，1954，第 79 页。

② 汪精卫：《大东亚解放战》，《政治月刊》第 3 卷第 1 期，1942 年 1 月，第 5 页。

③ 详见〔加〕卜正民《中国日占区的事仇民族主义》，〔加〕卜正民、〔加〕施恩德编《民族的构建：亚洲精英及其民族身份认同》，陈城等译，吉林出版集团有限责任公司，2008，第 196、213—216 页。

④ 《庆祝友邦交还租界》，《新民报》1943 年 8 月 2 日。

治领导者就对日本的成功给予了欢呼声，像缅甸的独立运动领导者昂山、印度的鲍斯、印度尼西亚的苏加诺等，这些人的政治生涯与日本有着紧密联系。太平洋战争开始后，印度民族独立领导人鲍斯，对日本鼓吹的“大东亚共荣圈”论调加以肯定，对日本“支持”印度独立斗争的许诺兴高采烈，称日本有“亚洲意识”，“希望帮助亚洲各国人民获得解放”。日本攻占新加坡后俘虏了大批印度军人，鲍斯将其组建为“印度国民军”，同日军一起进攻印度的英军。① 在印度尼西亚，一些民族主义者认为，日本人击败荷兰人，使他们懂得“白种主人和一般白种人并不是天生就高人一等的，亚洲人能够很容易地把他们撵走”。在缅甸，部分人对日本驱逐西方殖民者、帮助当地民族独立的军事努力表示感激和赞赏，称“谁也抹杀不了日本在给无数殖民地人民带来解放方面所起的作用。日本人在太平洋和东南亚的惊人胜利，实际上标志着一切帝国主义和殖民主义完蛋的开始”。②

毫无疑问，对于日本的“有色人种解放论”，上述认识中的局限性和片面性显而易见。首先，对于中国这样的“次殖民地”国家来说，由于20世纪20年代以后欧美列强逐渐部分放弃了由先前不平等条约所获得的权益，中国民众对其的反抗情绪有所缓解。在一战以后的世界局势中，英美主导下的国际秩序法则，如华盛顿会议签署的《九国公约》，虽然仍损害了中国的利益，但至少会在正式行文中表示“尊重中国的主权与独立”，对日本等列强在中国的权益进行了一定程度的限制。而自九一八事变后不断变本加厉进行侵略的日本，其妄图全面控制、灭亡中国的野心越来越明显，事实上成为比西方帝国主义国家更为凶恶和危险的敌人。在这种情况下，日本方面宣传的“有色人种解放论”，与其制造的侵略现实大相径庭，自然很早就被大多数中国人看破和唾弃。

再看东南亚地区。诸多史实证明，声称“有色人种解放”的日本，根本不会允许各个地区原住民族的自由独立。1941年11月日本陆军制定的《南方作战及占领地统治要纲》中，明确指出要“避免过早诱发原住居民

① 林承节：《苏巴斯·钱德拉·鲍斯与日本》，《南亚研究》1996年第1期。

② 〔美〕约翰·亨特·博伊尔：《中日战争时期的通敌内幕（1937—1945）》上册，陈体芳等译，郑文华校，商务印书馆，1978，第12—16页。

的独立运动，根据各地的差异形势，逐渐在我一贯之方针下进行统治指导"，针对占领地的民众，要"首先努力增强其对皇军之信赖观念，进而贯彻东亚解放之真意，使之协助我作战计划，在确保资源、驱逐白人势力等方面加以利用"。[①] 1943 年 10 月，日本宣布对菲律宾的军事管制结束，菲律宾共和国成立。但当时的菲律宾外交部长直言，这件事情以及条约的签订，在双方都是欺骗，因为日本人从来不想给予菲律宾真正的独立，而菲律宾政府也在想尽一切可能办法使条约无效。"所有这些事，对日本人、菲律宾人或美国人自己来说，都不是秘密。"[②] 参加了 1943 年"大东亚会议"的缅甸傀儡政权领导人巴莫，也在二战后揭露说，当时在每个参加会议的"同盟国"代表团背后，都有一个日本官员指导他们该怎么说和怎么做，整个议程都是由日本人事先安排好的，不容许有任何改动。[③]

新加坡前总理李光耀回忆，虽然日本人粉碎了英国人天生优越的神话，但是"没想到日本人以征服者的姿态对英国人称王称霸之后，却对同属的亚洲人显示他们比英国人更加残暴、蛮横、不义和凶狠。在日本占领的三年半里，每当我自己或是我的朋友当中有人被日本兵折磨、殴打或虐待时，我们都不禁深深叹息，恨不得英国人早日回来。新马人民对同是亚洲人的日本人感到失望，幻想破灭了。另一方面，日本人却耻于跟亚洲人认同。他们认为其他亚洲人都是劣等民族，只有较低层次的文化。相反地，日本人却是天照大神的子孙，也是天择的子民，跟蒙昧无知的华人、印度人和马来人完全不同"。[④] 同样，在高压统治下，缅甸人盼望"矮子先生"日本人离开的那天能早日到来，一名对日本感到失望的德钦党成员说："我们以前时常对你们说，英国人在吸你们的血。……现在，日本人在这里吸你们的骨髓。"[⑤]

① 防衛庁防衛研究所戦史部編著『史料集　南方の軍政』朝雲新聞社、1985 年、94—95 頁。

② 〔英〕F. C. 琼斯等：《1942—1946 年的远东》上卷，复旦大学外文系英语教研组译，上海译文出版社，1978，第 72 页。

③ 〔英〕F. C. 琼斯等：《1942—1946 年的远东》上卷，第 143 页。

④ 《风雨独立路——李光耀回忆录》，外文出版社，1998，第 55 页。

⑤ 〔英〕F. C. 琼斯等：《1942—1946 年的远东》上卷，第 93 页。

东南亚国家的一些民族主义者，把借日本之力推翻殖民统治的过程，看作争取本国民族独立的必要条件，其错误根源就在于此。像印度鲍斯之类的民族独立向往者，我们在对其爱国热忱和精神给予肯定的同时，也必须批判其“对与日本合作的有害影响以及布满阴霾的前景缺乏清醒认识，以为只要他坚持独立立场，对日本抱有警觉，就能得到所追求的一切，这是盲目的理想主义的自信”。① 正如著名史学家家永三郎所指出的那样，二战期间日本的军事行动暂时切断、削弱了欧美殖民者的统治虽然是事实，但那只不过是“欧美帝国主义与日本帝国主义交替后的偶然结果”，日本并非解放了亚洲诸民族，而是“诸民族在抗日斗争这一实践过程中，开始了完成独立的努力。并非日本的力量促使了亚洲诸民族的独立，而是亚洲诸民族通过抵抗日本的行动完成了独立”。②

## 四　结语

一百多年前，正值日俄战后“有色人种解放论”一时高涨之际，著名政治学者浮田和民针对国力强大后日本的发展方向表示：“日本之主义，最初即非驱逐西洋人于东洋，又非中途反复，代西洋人而侵略东洋，惟以自国之独立及发展，为终局目的，与其他文明诸国，勠力同心谋平和进步也。”③ 但遗憾的是，就像福泽谕吉早年看到英国人欺压中国人的景象后所言：“虽说厌恶压制乃人之本性，然而人仅厌恶压制自己者，若自己压制他人则为世间最高之快乐也。”④ 铁一样的事实证明，近代日本在“反抗压迫”之后，其实又走上了“实施压迫”的道路，所谓的“有色人种解放论”，不折不扣地沦为其对外侵略扩张的手段和工具。

二战结束以来，随着经济上的重新崛起，日本开展的对外援助等行

① 林承节：《苏巴斯·钱德拉·鲍斯与日本》，《南亚研究》1996年第Z1期。

② 家永三郎『太平洋戦争』岩波書店、1968年、208頁。

③ 〔日〕浮田和民：《论日本对于东洋之主张》，《外交报》第10卷第34期，1910年，第12页。

④ 福沢諭吉「壓制も亦愉快なる哉」『福沢全集』第八巻、国民図書株式会社、1926年、418頁。

动，淡化和转移了东南亚民众对其的敌意与不满。近几十年来，整体上东南亚民众对日本的信赖感和友好感一直维持在较高水平。[①] 再加上由于时代的发展以及国家层面各种利益关系的变化，东南亚国家一些政府主导的历史叙述，更将真实的历史刻意隐匿或扭曲，从而进一步造成部分普通民众所能感知的历史痛感日益微弱。像现在竟还有马来西亚人声称二战时期“日军没有杀害一个马来人”，并对日本当年的战争行为表示认可和赞赏。[②] 日本方面则更不用说，在右翼等势力不断膨胀的背景下，像“解放亚洲、解放有色人种的大东亚战争战斗到最后，不仅是亚洲，就连非洲也接二连三地诞生出独立国家”这种试图否定侵略责任、美化侵略历史的言论时有出现。[③] 面对这一情况，厘清日本“有色人种解放论”的发端及变化本质，驳斥和批判相关言论的局限及谬误，在今天仍具有十分重要的现实意义。

（许赛锋，陕西师范大学日语系副教授）

① Japan Viewed Most Favorably by Publics in the Asia-Pacific Region，http://www.pewglobal.org/2015/09/02/how-asia-pacific-publics-see-each-other-and-their-national-leaders/asian-views-report-05/，2022年3月27日。

② 井上和彦『日本が戦ってくれて感謝しています——アジアが賞賛する日本とあの戦争』産経新聞出版、2013年、284—287頁。

③ http://www.jcp.or.jp/akahata/aik13/2014-03-14/2014031402_05_0.html，2022年3月27日。

# 二战后日本的久野收研究综述*

王振涛

**内容摘要** 随着日本社会的整体保守化，革新思想已不再是社会主流形态，逐渐被日本学界忽视和遗忘。二战后日本进步知识分子久野收是这种现象的典型代表。日本的久野收研究分为两个阶段：20世纪90年代以前，主要从久野收的个别论著中解读其思想，所以整体表现为片面性和零碎性；20世纪90年代以后，重点关注久野收的和平主义、民主主义、市民主义思想，因此体现出专门性和多样性。但是，日本学界重视思想理论而忽视实践运动的研究特色，导致日本的久野收研究缺乏系统性和全面性。中国学界没有这种研究特色的限制，今后可从思想传承性、思想与行动的关联性、政治思想等方向，继续开展久野收研究。

**关键词** 久野收 久野收研究 和平主义 民主主义 市民主义

2023年，日本左翼作家代表人物大江健三郎逝世。相比中国学界开展各种学术会议讨论大江健三郎的反战和平思想，日本学界更加关注大江健三郎的文学成就。这种研究差异表明：在革新衰退和保守盛行的现代日本，革新思想不再是社会主流形态，逐渐被日本学界忽视和遗忘。如何反思日本学界的右倾化和唤起日本学者的理性良知，成为摆在中国学者面前的思想课题。

---

* 本文系国家社科基金重大项目“战后日本历史进程与国际影响力研究”（项目号：22VLS014）的阶段性成果，并得到国家留学基金委资助。

对战后日本进步知识分子久野收的研究，无疑具有重要的现实意义。

久野收（1910—1999）是二战后日本著名的思想家和评论家，被誉为“战后日本市民运动的领袖”[①]“努力建构战后民主主义的第一人”[②]“在国家衰落时发挥力量的人”[③]。20 世纪 50 年代，他与丸山真男、清水几太郎等学者共同领导战后和平民主运动，成为进步知识分子的代表人物。1960 年安保斗争后，面对丸山回归学术研究[④]和清水转向保守主义，久野收坚持“思想一贯性”原则，继续在思想言论和实践行动中贯彻民主主义，被评价为“在 20 世纪 70 年代的现在，面对大多数进步文化人停止评论活动和专心于学术的改变，人们必然惊叹在论坛和实践行动中独自贯彻初心的久野收”;[⑤]“从践行思想的意义上来说，这是一个完全正确和必然的说法，但考虑到在现实中这是极其困难的事情时，我们就会重新意识到：缺少久野收这种榜样，将是我们目前面临的一大缺陷”。[⑥] 针对现代日本朝着民主主义的反方向越走越远，对久野收思想的研究，有助于加深对日本社会保守化的现代性批判，亦可更好地充实和完善我国学术体系。

## 一　久野收的生平与思想

久野收是二战后日本民主主义的代表人物。1931 年，他进入京都帝国大学文学部哲学科，师从日本著名哲学家田边元，在学期间经历 1933 年的京都大学“泷川事件”，因组织反对运动而小有名气。1935 年和 1936 年，

① 金子宗徳「戦後市民運動と“国体”——久野収を巡って」『国体文化』第 1099 号、2015 年、7 頁。

② 矢崎泰久「久野収——市民哲学者が残した足跡」『残されたもの、伝えられたこと——60 年代に蜂起した文革者列伝』街から舎、2014 年、103 頁。

③ 这是鹤见俊辅转述桑原武夫对久野收的评价。鶴見俊輔「雑談の徳——久野収」『鶴見俊輔集・続』第 4 巻、筑摩書房、2001 年、430 頁。

④ 丸山真男 1964 年在《现代政治的思想与行动》（增补版）后记中提到对战后民主主义的失望，即“比起大日本帝国的‘实际存在’，我更愿意下赌相信战后民主主义的‘虚妄’”。参见丸山真男『現代政治の思想と行動』（増補版）、未来社、1964 年、585 頁。

⑤ 高畠通敏「久野収——初心を貫く関西人としての庶民性」『高畠通敏集』第 5 巻、岩波書店、2009 年、160 頁。

⑥ 山口協「思想的課題としての久野収氏」『季報唯物論研究』第 68 号、1999 年、5 頁。

与中井正一、新村猛、武谷三男等人共同创办《世界文化》杂志与《土曜日》报纸，通过翻译和介绍西方反法西斯思想，暗中抵抗日本法西斯化进程。1937年底，在“京都人民战线的文化活动”事件中，因违反《治安维持法》，被捕入狱两年。1939年出狱后，任大阪昭和高等商业学校讲师，在特高警察的长期监视下，最终迎来1945年日本的战败。二战后，任学习院大学教师，作为“和平问题谈话会”“宪法问题研究会”“思想的科学研究会”等思想团体的中坚力量，积极参加砂川斗争、反对《警察职务执行法》斗争、1960年安保斗争、越平联运动等反战和平运动。正如寺岛俊穗所言，“久野收是从现实的市民运动中发表言论，始终思考市民理念的‘行动的市民哲学家’”。[①]

久野收一生著述颇丰。代表作有《宪法的逻辑》《和平的逻辑与战争的逻辑》《政治市民的复权》《在权威主义国家中》《历史的理性批判序说》《战后民主主义》《从市民主义的立场出发》《市民主义的形成》等，对日本宪法、天皇制、法西斯主义、和平与战争、民主主义、市民主义等政治问题或思想主题进行深刻阐述。1956年，久野收与鹤见俊辅合著的《现代日本的思想》一书大卖，销量累计达到35万册左右，[②] 这是当时极其畅销的专业书。他在战后还参与编纂一系列思想丛书[③]、人物著作集[④]，与战后各领域的学者、评论家、政治家、文学家等展开对谈。有学者统

---

① 寺岛俊穗「戦後日本の民主主義思想：市民政治理論の形成」『関西大学法学論集』第54卷第5号、2005年、44頁。

② 黒川創『鶴見俊輔伝』新潮社、2018年、282頁。

③ 主要有合编『岩波講座教育　第2巻』（岩波書店、1952年）、『体系文学講座　第1巻』（青木書店、1956年）、『近代日本思想史講座　第4巻』（筑摩書房、1959年）、『世界思想教養全集　第14巻』（河出書房新社、1963年）、『20世紀を動かした人々　第1巻』（講談社、1964年）、『世界の思想　第14巻』（河出書房新社、1966年）、『岩波講座哲学　第4巻』（岩波書店、1969年）、『思想的科学事典』（勁草書房、1974年）等。主编『大学セミナー双書：哲学論集』（河出書房新社、1962年）、『哲学の名著』（毎日新聞社、1964年）、『現代思想大系　第33巻』（筑摩書房、1966年）、『世界の大思想　第27巻』（河出書房新社、1966年）、『現代人の思想　第19巻』（平凡社、1967年）、『戦後日本思想大系　第15巻』（筑摩書房、1974年）等。

④ 主要有合编『久保栄全集』（全12巻、三一書房、1961—1963年），主编『中井正一全集』（全4巻、美術出版社、1964—1965年）、『三木清全集』（全20巻、岩波書店、1966—1968年）、『林達夫著作集』（全7巻、平凡社、1971年）。

计，“1947—1987 年间，久野收约有 300 篇对谈和座谈会记录，而对谈者共计 198 人”。[①] 北河贤三经过汇总久野收去世前的对谈记录，推测“久野收在杂志等刊物上发表的对谈总数超过 350 篇”。[②] 对谈者有丸山真男、鹤见俊辅、竹内好、吉本隆明、大塚久雄、辻清明、腊山政道、上原专禄、加藤周一、羽仁五郎等学者，也有中曾根康弘、宫本显治、江田三郎、宇都宫德马、高野实、阿部行藏、佐桥滋、石田博英等政治家和运动家。这种庞杂的多领域对谈，体现出久野收纷繁复杂的思想体系，也凸显其在战后日本知识界中的重要地位。

和平主义、民主主义、市民主义共同构成久野收思想的主要脉络。从战后初期关注主体性和近代人类型等民主主义课题，到 20 世纪 50 年代聚焦和平与民族独立等和平主义问题，再到 1960 年安保斗争后建构市民主义理论体系，久野收的思想在不同时期具有明显的阶段性特征。同样，这种思想也有一种内在逻辑。面对天皇与国民关系的民主主义问题，他立足于和平与战争关系的和平主义起点，将增强国民力量的市民主义作为手段，最终实现了国民主权的民主主义目标。具体而言，久野收主张分离和平与革命的关系、天皇显密论、区分职业与生活的市民论等理论。这种不同于马克思主义解释体系的思想体系，极大地补充和完善了当时占据主流地位的日本马克思主义。

第一，在和平主义中，主张分离和平与革命的关系。1948 年，久野收参加“和平问题谈话会”的组建工作，次年担任东京和京都两地和平问题谈话会的协调者职务，寻求在美苏对立的国际格局下，开辟出一条避免战争与维护和平的现实道路，被誉为“和平问题谈话会中最致力于将绝对和平主义思想化的学者”。[③] 但当时日本左翼势力普遍认为“苏联为好，美国则为恶”，完全陷入对苏联的追随。他们信奉“通过革命实现和平”的理论，

① 天野祐吉「しなやかな対話者」久野収『久野収対話史』第 1 巻、マドラ出版、1988 年、676 頁。

② 北河賢三「市民の哲学者久野収の成り立ち——戦時下の経験を中心に」北河賢三・黒川みどり 編著『戦中・戦後の経験と戦後思想：一九三〇—九六〇年代』現代史料出版、2020 年、76 頁。

③ 鈴木直子「平塚らいてうの反戦平和：女性は平和主義者か?」『青山学院女子短期大学総合文化研究所年報』第 15 巻、2007 年、131 頁。

主张只有利用社会主义革命，才能实现永久和平。针对左翼势力的这种共识，久野收在 1949 年发表《和平的逻辑与战争的逻辑》一文，强调区分和平问题与革命问题的关系，认为“若将革命视为和平的前提条件，那么根据不同革命观，和平理论与和平运动将陷入分裂或对立状态；只有将和平作为和平来看待，才能实现和平”，[①] 明确主张“和平运动不是革命运动”。[②]

第二，在民主主义中，提出天皇显密论。1956 年，久野收与鹤见俊辅合著《现代日本的思想》，通过分析白桦派、日本共产党、生活缀方运动、北一辉、战后一代的思想，描绘现代日本思想的轨迹。久野收在第四章“日本的超国家主义”中，重点讨论明治以来的天皇观，将天皇的权威和权力解释为“显教”和“密教”、通俗的和高等的两种模式。他认为，“显教是将天皇视为具有无限权威和权力的绝对君主的解释体系；密教是利用宪法等方式限制天皇的权威和权力，将天皇作为限制君主的解释体系。一方面，使全体国民将天皇作为绝对君主进行信仰；另一方面，在动员国民参与国家政治的基础上，立宪君主制和天皇国家最高机关说成为活用国政的秘诀”。[③] 也就是说，为避免国民直接出现反政府和反天皇的情况，伊藤博文构想出国民“协助”和“辅弼”天皇亲政的形式，不直接将失败和错误的责任归咎于天皇，而是归咎于协助者和辅弼者。对国民来说，天皇是绝对君主；从统治阶层间的“公议”来看，天皇是立宪君主和国政的最高机关。这种天皇显密论是久野收对近代日本国体的深刻反思，也是战后日本亟待解决的现实问题，即如何从“天皇的国民、天皇的日本”转变为“国民的天皇、国民的日本”。

第三，在市民主义中，强调区分职业与生活的市民论。马克思将“市民”[④] 视为追求私人利益的“资产阶级分子”，这深刻地影响到日本马克思

---

① 久野収『市民として哲学者として』每日新聞社、1995 年、159 頁。

② 久野収「平和主義者の武器」（『中央公論』第 790 号、1954 年）、原水爆禁止日本協議会編『人類の危機と原水爆禁止運動：第 3 回原水爆禁止世界大会討議資料』第 2 分冊、原水爆禁止日本協議会、1957 年、338 頁。

③ 久野収・鶴見俊輔『現代日本の思想』岩波書店、1956 年、132 頁。

④ “市民”一词最早出现在古希腊，是指在参加公共政治时履行政治义务的主体。在近代欧洲，“市民”被定义为“阶级层面上的市民革命主体”。在近代日本，“市民”作为“citizen”的翻译语被使用，在都市居民层面指代行政单位“市”的居民，在经济层面普遍指代“资产阶级分子”。

主义者的有关认知。鉴于马克思主义占据 20 世纪 50 年代日本思想界的主流地位，所以其解释体系下的“市民”往往作为贬义词使用，直至 20 世纪 60 年代应对政治变动时才获得积极含义。久野收是最早赋予“市民”积极含义的思想家之一，在 1960 年安保斗争时期发表名文《市民主义的形成》，指出“市民是通过‘职业’来维持生活的‘人’”。[①] 传统的身份制社会经常混淆职业与生活的关系。久野收的“市民”定义的一大特征，就是通过区分职场和生活的关系，创造一种不同于生活圈的职业者关系，从中产生个人的自律与自由。这必然形成两种市民运动：一是立足于职业者自觉的运动，一是立足于生活者自觉的地域住民运动。此后，久野收相继出版《政治市民的复权》《从市民主义的立场出发》《市民主义的形成》等专著，使市民理论作为其核心思想固定下来。

久野收在理论贡献和社会影响等方面取得显著成就，是研究日本近现代思想史不可忽视的重要人物。日本学界认识到久野收在战后日本思想史中的重要性，较早地开展久野收研究，并取得了一些重要的研究成果。

## 二　20 世纪 90 年代以前的久野收研究：片面性和零碎性

日本学界有关久野收的研究文献极其有限。以往的日本学会杂志和综合性杂志中，虽有对久野收思想的一些先行研究，但大多属于简短性评论，并未深入研究久野收的思想内涵。1999 年久野收逝世后，日本学界出现短暂的久野收研究热潮。除了新闻报道和相关悼文外，也出现诸多值得重视的研究成果。本文以久野收逝世的 20 世纪 90 年代为分界线，分别介绍前后两个时期的久野收研究状况，以期能够清晰梳理久野收研究的基本脉络。

20 世纪 90 年代以前，日本学界对久野收的专门研究尚不充分。对久野收的个人研究尚属少数，大多数论著是在战后史或战后思想史中提及久

① 久野収「市民主義の立場から」『思想の科学』第 19 号、1960 年、10 頁。

野收，强调其在战后思想史中的重要地位。例如，山田宗睦指出，“久野收的《市民主义的形成》是具有‘市民派’代表宣言性质的论稿，该发言产生于‘市民立场与劳动者立场的联合就是民主战线’的明确构想上”，进而认为“书写久野收的知识分子论，对日本近代思想史是未发掘的一面”。[①] 山田洸在论述久野收的《和平的逻辑与战争的逻辑》时，虽然对其逻辑展开是否具有充分的说服力表示怀疑，但承认“从市民主义立场的和平论来看，这是一部大作”，称其为“市民的和平逻辑”。[②] 新井直之在《第三文明》杂志1977年1月号至1978年1月号连载题为“战后思想的进程”的采访，并于1997年出版专著《战败体验与战后思想——12人的轨迹》。面对当时完全否定“战后”和“战后民主主义”的现状，新井通过与各领域的代表性知识分子对谈，有意向年青一代传达战后初期的思想与价值观是何物，又因何种挫折而崩溃。在与久野收的对谈中，新井从思想谱系和人物体验出发，详述久野收的思想形成过程和“市民哲学者”形象，将其思想归纳为“超越政治的人的逻辑”。[③]

这一时期的久野收研究有以下几种观点。其一，较早地关注到久野收的市民主义。1960年安保斗争后，市民主义逐渐成为日本社会的主流思潮。1961年，山田宗睦发表《久野收——关于正统与异端》[④]，在反省日本马克思主义传统思维方式的过程中，提及久野收论，即论述从日本马克思主义“异端”和由此开始的转向出发，来把握“正统”派异端和“正统”派转向中产生的思维方式，但也承认这不是专门的久野收论。在同年发表的《市民主义的构想——丸山・日高・久野・鹤见》[⑤] 中，山田认为市民主义继承“主体性论”“近代主义”等批判日本共产党的思想脉络，通过介绍丸山真男、日高六郎、久野收、鹤见俊辅的市民主义发言和柴田高好的批判，主张久野收的市民论更强调市民的职业者方面，将其思

① 山田宗睦『戦後への出生証』勁草書房、1965年、430頁。

② 山田洸『戦後思想史』青木書店、1989年、73頁。

③ 新井直之『敗戦体験と戦後思想——12人の軌跡』論創社、1997年、327頁。

④ 山田宗睦「久野収——正統と異端について」『春秋』1961年5月号。

⑤ 山田宗睦「市民主義の発想——丸山・日高・久野・鶴見」『歴史学研究』第259号、1961年。

想要点归纳为“统一战线思想”。1973年，高畠通敏在《东京新闻》发表简短的久野收评论，认为“人民战线思想与哲学是贯穿久野收生涯的主题……他的人民战线就是草根大众在扎根于个人生活或感性的同时，如何推进联合的根本逻辑问题”,[①] 还将“从政治中守护文化”视为久野收社会活动的目标。在此基础上，丸山照雄承认“久野收的市民主义及其运动，就是拒绝各种社会层面的‘全部承包’体制，依据自立的‘市民’主体，填补民主主义的空洞化”,[②] 同时认识到在这种无党派市民主义中，隐藏着大众传媒创造的言论体制。丸山照雄反对媒体言论体制下的市民主义，主张重返久野收的人民战线思想，通过重新把握现在的时代状况来建构全新的市民主义。

其二，猛烈批判久野收的市民思想。久野收在《市民权思想的现代意义——超越国家、民族、党派之物》中，将市民权和社会权置于对立状态，矮化社会权和推崇市民权，从广泛拥护自由与民主主义的现实课题中排除社会权，将此课题限定在确立市民权问题上。中村泰行对此表示反对，通过详细分析久野收市民权思想的内涵，认为“久野收的‘市民权思想’未能现实性地把握近代欧洲的资本主义和现代日本的资本主义现状，只是立足于观念性资本主义的思想”。[③] 这种美化近代欧洲的观念性资本主义观，促使久野收轻视社会权，重视市民权。中村进而强调，在垄断资本占据经济和政治支配的日本社会，依据这种否定社会权的市民权思想，甚至难以完全保障市民权。最后他主张，久野收只有真实地看待在日本自由与民主主义遭受压抑和侵害的现状，才有可能保障现代文学中的市民权，克服民主主义危机，发展自由和民主主义。

其三，批判久野收的战争责任论。20世纪90年代，在东欧剧变和苏联解体的国际局势下，日本学界重新谈论日本共产党的战争责任问题。久野收在《市民权思想的现代意义——超越国家、民族、党派之物》中直接

① 高畠通敏「久野収——初心を貫く関西人としての庶民性」、162頁。

② 丸山照雄「市民主義の首魁『久野収』の思想と良識の中味を問う」『創』第63号、1977年、206頁。

③ 中村泰行「『市民権思想』とは何か——久野収批判」『民主文学』第331号、1993年、143—144頁。

引用丸山真男的《战争责任论的盲点》，指出："在当时，像'暗画'的学生等马克思主义者或日本共产党的非转向领导者，坚守革命旗帜战斗到最后，在思想上无疑是杰出的，但在政治上如何呢？他们是带着军旗成为俘虏的部队。虽然在没有降下军旗上是杰出的，但并未成为丸山真男所说的'木口小平至死未曾放开喇叭'。"[①] 他进而认为，"理论信仰、大众信仰、前卫党信仰"的"三位一体"思考方式，正是日本共产党政治失败的原因，所以必须将"市民权思想"作为克服这种思想态度的最佳途径。这种责备日本共产党战争责任的论调，引起日本共产党的13次集中批判。"思想建设局次长"长久理嗣、"知识人局长"若林义春通过阐述战时转向和非转向问题，反驳久野收对"三位一体"论、科学社会主义、日本共产党的历史与路线的攻击。长久理嗣对久野收的市民权思想展开理论反驳，认为"久野收的'市民权'不同于近代民主主义的市民自由和政治自由，具有独特内容。这种'市民权'是中世纪欧洲自治都市的'市民资格'、'中世纪末期的自由都市在法律条文上保障市民'的权利"，[②] 但也在政治上批判久野收的战时"转向"和道义颓废。若林义春在长久理嗣文章的基础上，进一步深化对久野收的政治批判。[③] 同样，在《民主文学》1994年6月号的"《苇牙》的思潮批判"特辑中，佐藤静夫主要批判丸山真男的无产阶级文学运动论，也明确提到久野收的战争责任论，认为"虽然久野收对共产党的批判散见于全文，但其发言与丸山《战争责任论的盲点》中的共产党批判相同，甚至有时引用丸山的观点展开议论"。[④]

还有以书评和座谈会的形式高度概括久野收思想。例如，明确指出其

① 久野収「市民権思想の現代的意義——国家・民族・党派を超えるもの」『葦牙』第18号、1993年、9頁。

② 長久理嗣「社会進歩への不同意と不確信——『葦牙』誌での久野収氏の議論について」『赤旗』評論特集版、1993年5月31日、14頁。

③ 若林義春「久野収氏への批判論文は何を明らかにしたか」『赤旗』1993年6月2日、13頁。

④ 佐藤静夫「それは事実によって正当化されるか——丸山真男のプロレタリア文学運動論批判」『民主文学』第343号、1994年、100頁。

对“主体性争论”等战后日本思想史的重要影响;[①] 在论述久野收民主主义[②]与市民主义[③]时，认为其依据直接行动对抗权威主义体制，力图建立以人为中心的市民主义；同样关注到久野收的思想对谈特色,[④] 强调其在战后日本知识界的重要地位。

总之，大部分学者从久野收的个别论著中解读其思想，使这一时期的久野收研究具有片面性和零碎性的特征。片面性是指单方面地论述久野收的市民主义等个别思想，尚未关注到其思想内部的逻辑关联；零碎性是指只有数篇简短的久野收论，并未系统地开展久野收研究。这些研究尚不足

① 代表性文章有藤田省三「『現代日本の思想』の思想とその書評——久野収・鶴見俊輔両氏の著書の問題性」『思想』第 393 号、1957 年;中島健蔵・小田切秀雄・竹内好・遠山茂樹「日本イデオロギーの新しい展開のために——久野収・鶴見俊輔著『現代日本の思想』をめぐって」『新日本文学』第 12 巻第 4 号、1957 年;小田切秀雄・中島健蔵・遠山茂樹・竹内好「思想の有効性の検討——久野収、鶴見俊輔著『現代日本の思想』をめぐって（続）」『新日本文学』第 12 巻第 5 号、1957 年;吉本隆明「久野収・鶴見俊輔・藤田省三『戦後日本の思想』」『日本読書新聞』1959 年 5 月 25 日;藤間生大「科学運動史の見方——久野収・鶴見俊輔・藤田省三著『戦後日本の思想』の見解について」『歴史評論』第 108 号、1959 年;中島誠「書評　久野収・鶴見俊輔・藤田省三『戦後日本の思想』」『流動』1976 年 3 月号;等等。

② 代表性文章有関根弘「権威主義を笑う自由なる思考——『権威主義国家の中で』」『週刊ポスト』第 360 号、1976 年;久保田きぬ子「革命的直接行動と民主主義——久野収『憲法の論理』」『朝日ジャーナル』第 539 号、1969 年;戒能通孝「体験が生んだ思想として——久野収著『憲法の論理』」『思想』第 542 号、1969 年;永井憲一「久野収著『憲法の論理』」『教育』第 245 号、1970 年;方「共感こめて描かれた『生きざま』——久野収『三〇年代の思想家たち』」『週刊朝日』第 80 巻第 43 号、1975 年;鶴見俊輔「戦時下の論壇と現代——久野収著『三〇年代の思想家たち』を読んで」『いくつもの鏡:論壇時評　1974—1975』朝日新聞社、1976 年;日高六郎「久野収著『神は細部に宿りたまう』」『エコノミスト』第 55 巻第 28 号、1977 年;等等。

③ 代表性文章有高畠通敏「市民運動の血肉の思想——久野収著『政治的市民の復権』」『潮』第 191 号、1975 年;内山秀夫「国家を“人間化”する方途探る——久野収著『政治的市民の復権』」『公明』第 164 号、1975 年;等等。

④ 代表性文章有山口瞳「問題の本『林達夫・久野収対談集　思想のドラマトゥルギー』」『諸君』第 7 巻第 3 号、1975 年;鷲田小彌太「旧刊再読『思想のドラマトゥルギー』」『潮』第 304 号、1984 年;佐高信「しなやかな“知の戦後史”——久野収『対話史』」『サンデー毎日』第 67 巻第 14 号、1988 年;佐高信「しなやかな精神を20 年持続する哲学者の発言集——久野収著『久野収対話史』Ⅰ・Ⅱ」『週刊現代』第 30 巻第 30 号、1988 年;長久理嗣「『思想の折り返し点』から、どう前進するのか——久野収、鶴見俊輔の対談を読んで」『科学と思想』第 85 号、1992 年;等等。

以构成体系化的先行研究，但可以作为研究久野收思想的重要史料，为后期开展久野收研究奠定了坚实的思想基础。

## 三　20世纪90年代以后的久野收研究：专门性和多样性

20世纪90年代以后，有关久野收思想的专门性研究有所增加。佐高信作为久野收的“弟子”，通过整理久野收的相关著作和对谈，在1998年编纂出版5卷本的《久野收集》[①]（岩波书店）。1999年久野收逝世后，《每日新闻》《朝日新闻》《东京新闻》《读卖新闻》《日本经济新闻》《赤旗》《文艺春秋》等报纸杂志都刊载相关报道；[②] 鹤见俊辅、小田实、佐高信、高畠通敏、铃木正、本多胜一、吉川勇一、中山千夏等学者陆续发表有关谈话和悼文；[③]《周刊金曜日》出版《久野收的思想与生存方

① 各卷题目如下：第一卷『ジャーナリストとして』、第二卷『市民主義者として』、第三卷『哲学者として』、第四卷『対話者として』、第五卷『時流に抗して』。这可谓对久野收思想特征的一种总结。

② 毎日新聞社「平和運動､行動する哲学者久野収さん死去」『毎日新聞』夕刊、1999年2月9日；朝日新聞社「『ベ平連』率いた哲学者久野収氏が死去」『朝日新聞』夕刊、1999年2月9日；東京新聞社「平和追求の哲学者久野収氏死去」『東京新聞』夕刊、1999年2月9日；読売新聞社「戦後平和運動の理論家久野収氏が死去」『読売新聞』夕刊、1999年2月9日；日本経済新聞社「哲学者、『ベ平連』設立に影響久野収氏死去」『日本経済新聞』夕刊、1999年2月9日；日本共産党中央委員会「久野収さん」『しんぶん赤旗』1999年2月10日；文藝春秋社「蓋棺録　久野収」『文藝春秋』第77卷第4号、1999年；等等。

③ 小田実・鶴見俊輔『朝日新聞』夕刊、1999年2月9日；小田実「偉大な思想家､同志」『毎日新聞』夕刊、1999年2月9日；佐高信「私淑しきった師匠」『毎日新聞』夕刊、1999年2月9日；佐高信「幅広い平和運動」『東京新聞』夕刊、1999年2月9日；鶴見俊輔「窮地の人救う精神」､小田実「現在につながる思想」､吉川勇一「ベ平連拠り所の一人」『東京新聞』夕刊、1999年2月9日；佐高信「徹底していた市民の精神——久野収氏を悼む」､石田祐樹「人をつなぐ編集者」『朝日新聞』夕刊、1999年2月10日；中山千夏「中山千夏さんとの談話などについて」『毎日新聞』朝刊、1999年2月10日；小田実「本源的に考え､生きた思想家——久野収氏を悼む」『毎日新聞』夕刊、1999年2月10日；本多勝一「久野収——目線が市民の側にあった哲学者」『週刊金曜日』第260号、1999年2月19日；等等。

式》特辑，[①] 这引起了21世纪初的久野收研究高潮。2013年，面对修宪的现实化和“九条护宪论”的口号化，《周刊金曜日》设置创刊20周年特别企划《“俗流哲学者”久野收说过什么》特辑[②]，通过具体回顾久野收的战后民主主义言论，希望能够在重新思考国家与国民关系的基础上，认识到“宪法第九条不可变”的重要性。2023年，东京女子大学“丸山真男纪念比较思想研究中心”编纂《近现代日本思想史——100位“知识”巨人的200册》一书，主要介绍100位近现代思想家的生平和两本主要著作，在“1961年经济高速增长时期以后”章节中介绍久野收及其著作《久野收的选择》和《历史的理性批判序说》。可见久野收在战后日本思想史中占据重要地位。在这一时期，除了佐高信搜集久野收的相关文章和著作，编纂出版《授予每个人——市民久野收的生存方式》（岩波书店，2003）、《城山三郎与久野收的“和平论”》（七森书店，2009）、《久野收的选择》（岩波书店，2010）等，日本学者开始从各个视角研究久野收思想。这种久野收研究呈现的基本架构如下。

1. 久野收和平主义研究

和平主义是久野收战后思想的起点，也是其思想的重要支柱。久野收积极参加战后日本和平运动与市民运动，所以日本学者通常将其置于战后日本和平运动脉络中讨论其和平主义，更侧重其实践行动的一面。

第一，对久野收和平运动的研究。从战后思潮出发，关注到久野收的人民战线思想或革命观，强调久野收政治行动的现实影响。评论家粕谷一希在《战后思潮：知识人的肖像》第五章“和平与革命”部分，以“人民战线的演出者——久野收”为题，认为久野收深受战前社会主义思想的影响，将人民战线理论作为战后反政府运动和反体制运动的指导思想，到1960年安保斗争后继续坚持其政治志向，这在一定程度上阻止了保守政权的反动化，通过

① 相关文章有鹤见俊辅「負けることの意味を考えた哲学者」、小林トミ・佐高信・筑紫哲也「ジャーナリストとして市民運動家として」、高畠通敏・中山千夏・天野祐吉・青柳知義等「久野さんから学んだこと」『週刊金曜日』第261号、1999年2月26日。

② 相关文章有村上義雄「市民哲学者、『ボーダレス』の時代に呼びかけるきみ、もっと驚きたまえよ」、久野芳子「オッサンと私」、中山千夏・佐高信「『か!』が付かない知識人」『週刊金曜日』第963号、2013年6月14日。

市民运动增强了进步革新派的力量，作为一种思想事业熠熠生辉。[①] 此外，原《话的特集》杂志主编矢崎泰久立足于社会运动，较为具体地讲述了久野收参加反对《警职法》运动、1960年安保斗争、越平联运动、“革新自由联合”以及编纂高校教科书等战后政治活动轨迹，描绘出一位身体力行地建构战后民主主义的社会运动家形象。[②] 同样，葛西丰从社会运动的视角出发，直接讨论久野收与鹤见俊辅的革命观，思考久野收思想的现代意义。根据《“现代日本”朝日人物事典》(1990) 中的“桦美智子”词条，引出战后日本市民运动先驱久野收与鹤见俊辅的革命观，主张只有维持接近政治的方法和与革命道路间的联系，才有可能在今后的日本实现革命，为思考现代革命问题提供了一种理论参考。[③]

第二，对久野收和平理论的研究。在战后初期的反战和平思潮中集中讨论久野收的绝对和平主义思想。《和平的逻辑与战争的逻辑》是最能体现这一思想特征的代表性文章。道场亲信在其和平主义思想巨著中，将久野收视为战后日本最具实践性地思考绝对和平主义问题的思想家之一，通过对久野收文章的分析，认为久野收的绝对和平主义与非暴力主义及市民不服从密切相关，这构成战后日本反战和平思潮的一个理论来源。[④] 同样，海老坂武在其专著中，以“久野收与鹤见俊辅”为一节，主要讨论非战原理如何演变为不服从思想。海老坂虽然对上述文章的逻辑结构表示不满，但认同“我们每个人在态度上直接和无条件地不协助、不服从战争的信念，正是这篇文章的价值……久野收提出的另一个重要建议是确立抵抗权”。[⑤] 最后指出，这种市民的和平逻辑实则是在倡导“市民的不服从”理念。他们都认识到久野收绝对和平主义与市民不服从的关联性。

第三，对久野收和平主义思想与行动的研究。相较于大多数学者立足于单方面的和平运动或和平理论，也有学者从和平思想与行动出发，综合讨论

① 粕谷一希『戦後思潮:知識人たちの肖像』藤原書店、2008年、154—155頁。
② 矢崎泰久「久野収——市民哲学者が残した足跡」。
③ 葛西豊「社会運動の片隅から——樺美智子と久野収」『先駆』第989号、2020年、46—49頁。
④ 道場親信『占領と平和:〈戦後〉という経験』青木社、2005年、247頁。
⑤ 海老坂武『戦争文化と愛国心——非戦を考える』みすず書房、2018年、261—262頁。

久野收的和平主义。政治学者寺岛俊穗力图通过对比“思想的科学研究会”的久野收与“无声之声会”的小林富美的言行，探讨市民生活和政治的关系、知识和实践的关系等战后日本市民运动论遗产。久野收强调市民的抵抗性实践，小林富美则主张参加型而非动员型的市民精神，但都依据“反战和平”的普遍理念，将“作为实现目标的和平”与“作为实践形态的民主主义”视为主轴，据此开展市民抵抗活动与市民运动。寺岛认为，为实现非武装和平与市民自我治理的目标，他们始终坚持每日的实践。① 也有学者不赞同日本学界主要研究思想理论而非实践运动的知识分子论，所以在和平运动中论述久野收的和平思想与行动。社会学者猿谷弘江根据知识社会学的相关理论，梳理知识分子与知识分子运动在知识社会学中的位置，然后概述战后日本进步知识分子运动的发展历程，最后重点介绍1960年以前久野收的和平理论与运动。正如猿谷弘江在前言和结语中反复强调，日本学界经常忽视知识分子的运动或政治研究，所以希冀通过对战后日本公共知识分子代表久野收的研究，推动这方面研究的进展。② 在此问题意识下，猿谷虽对久野收的和平理论有所提及，但重点在于讨论久野收的战后和平行动。

日本学者认识到久野收在战后和平思潮中的重要性，同时对其思想作出赞誉和批判。一方面，赞誉久野收的人民战线思想与绝对和平主义思想，肯定其对战后日本和平运动的理论贡献和现实影响，③ 将其评价为“虽然作为

---

① 寺島俊穂「民主的政治主体——久野収と小林トミの思想と行動」岡本仁宏編『新しい政治主体像を求めて——市民社会・ナショナリズム・グローバリズム』法政大学出版局、2014年、188頁。

② 猿谷弘江「久野収の平和の理論と運動——戦後のパブリック・インテレクチュアルの一事例」『上智大学社会学論集』第40巻、2016年。

③ 丸山真男提到：“久野收最先主张，只有在明确分离革命问题与和平问题后，才能推动讨论和运动的发展。”（丸山真男「戦後平和論の源流——平和問題談話会を中心に」『世界』第477号、1985年、19頁）鹤见俊辅认为：“和平理论从属于革命思想，在知识分子将此视为一种正经道路的时期，该文章开辟了一条从追求和平出发的思想体系道路……在承认和平理论与革命理论的区别及其相对的独立性上，现在与20年前相似，依然需要考虑和平理论与革命理论是否有关的问题。”（鶴見俊輔「解説——平和の思想」『戦後日本思想大系』第4巻、筑摩書房、1968年、11頁）坂本义和受到久野收的影响，明确区分革命运动与和平运动，将“反权力”的“民众运动”分为两种类型：“一是革命运动或独立运动（反对既有权力，但不否定一般权力）；二是和平运动（本质上否定一般权力）。”（坂本義和「権力政治と平和運動」『坂本義和集』第3巻、岩波書店、2004年、217頁）

学者并未留下体系性著作，但作为知识分子发挥了巨大作用”。[①] 他们在战后和平运动中论述久野收思想，能够拓宽日本学界的知识分子研究。另一方面，也有学者批评《和平的逻辑与战争的逻辑》没有涉及宪法问题以及和平问题谈话会声明，并对“劳动阶级的总罢工是对战争的最有效抵抗”表示怀疑。这实则与久野收的人民战线思想密切相关。他终生坚持人民战线思想，将社会主义视为政治目标，更重视劳动阶级联合抵抗的重要作用。

2. 久野收民主主义研究

民主主义是久野收战后思想的问题或目标，是其思想体系的另一重要支柱。面对战后民主主义的形式化，日本学者回顾了久野收的天皇显密论、自治哲学、市民抵抗论、宪法论、法西斯论等民主主义思想，以期为21世纪日本民主主义的发展提供重要启示。

第一，对久野收天皇显密论的研究。早在1995年，面对战后五十年的“国会决议”以闹剧收尾，高泽秀次认为日本国民与政治家共同拥有一种“暧昧的历史观”，两者存在共犯关系，但战后思想并未明确构筑起割裂两者关系的“历史哲学”，所以有必要从战后思想家中探寻民主主义本质。他在讨论久野收的“密教”与“显教”学说时，强调战后民主主义存在肉体与精神不符的两义性，即便在战后宪法上跨越这种矛盾，也难以真正地在现实中跨越，这是战后民主主义的致命弱点。[②] 在20年后的2015年，国体学者金子宗德从维护国体论的立场出发，通过重新讨论久野收的“国体显密论”，反对久野混同“承诏必谨精神和同调压力”“民族中心的天皇和产业体系的经济机构”，[③] 认为其深受马克思主义社会科学的影响。相对而言，政治学者大薮龙介在战后日本法西斯主义研究流派中讨论久野收的“超国家主义论”。他承认天皇显密论的独特性，认为久野更为强调“极端国家主义”与传统国家主义的差别，将其限定在“二二六事件”之前以北一辉为首的“昭和维新思想”。大薮进而主张久野的“极端国家主义”不

① 橘川俊忠「戦後知識人の肖像（2）久野収」『神奈川大学評論』第42号、2002年、135頁。

② 高澤秀次「「戦後民主主義」の精神と肉体」『発言者』第16・17号、1995年。

③ 金子宗徳「戦後市民運動と“国体”——久野収を巡って」『国体文化』第1099号、2015年。

是国家主义的极端化，而是国家主义的民主化；对外的极端民族主义也被囊括于“极端国家主义”。[①]

第二，对久野收宪法论、自治哲学、市民抵抗论、教育论等的研究，以期为现代民主主义的发展提供启示。面对现代日本不同代际间的隔阂，即知识或共同体验的断裂，社会学者北川隆吉试图通过介绍久野收、远山茂树、中村哲、隅谷三喜男等16位战后知识分子的民主主义思想，为解决现代日本的社会问题提供一种启示。北川隆吉在与久野收的对谈中得到的启示是战后民主主义始终缺少自治哲学，今后有必要巩固自治哲学。[②] 同样，针对战后反民主化逆流引起的战后民主主义大幅度后退，以及不关心政治的年轻人增加，思想史学者铃木正在《季刊唯物论研究》上连载《作为思想的宪法第九条》，于2006年发表对久野收宪法观的思考。铃木正通过论述“市民生活中的民主主义”“市民主义的形成”“作为公众的民众”“宪法第十条”等行动知识分子久野收的宪法讨论，强调今后日本不能再转向战争。[③] 相对来说，政治学者寺岛俊穗在战后日本民主主义理论体系中，通过讨论丸山真男、久野收、松下圭一的战后民主主义思想，强调市民自下而上地形成和掌握政治权力，展现出战后日本市民概念和市民政治理论的形成过程。寺岛俊穗主张，久野收以“思想一贯性”对抗日本集团主义或权威主义等政治文化，从20世纪30年代非转向者的生存方式中建构出独自的市民抵抗论，为日本战后民主主义的独特性作出重要的理论贡献。[④] 不同于上述研究成果，针对近年来在教育哲学研究中重新思考教育与政治关系的问题，川上英明从久野收的教育论出发，通过考察久野收的道德教育论及其特质，从思想史角度重新把握两者关系，同时也在思考如

---

① 大藪龍介『日本のファシズム——昭和戦争期の国家体制をめぐって』社会評論社、2020年、68頁。

② 北川隆吉・東京自治問題研究所編『戦後民主主義「知」の自画像——21世紀へのダイアローグ』三省堂、2000年。

③ 鈴木正「公共としての民衆——久野収の憲法論議」『季刊唯物論研究』第97号、2006年。

④ 寺岛俊穂「戦後日本の民主主義思想:市民政治理論の形成」『関西大学法学論集』第54巻第5号、2005年。

何将生活、文化、民众等因素与民主主义联系起来。[①]

日本学者对久野收民主主义思想的评价不一。一方面，通过研究久野收的天皇显密论、市民抵抗论等民主主义思想，赞扬其对战后民主主义两义性的认知、北一辉论的新颖性、自治哲学和市民抵抗的必要性，肯定其民主主义的独特性和重要性。另一方面，相较于金子宗德批判久野收的马克思主义固有思维，大薮龙介强调“这是突破日本法西斯主义是‘反革命’与‘反动’的普遍共识”,[②] 但也留有这种论调是否属于极端国家主义范畴的问题。总体而言，日本学者借助久野收民主主义深究日本社会的现实问题，这是久野收研究的当代意义。针对部分学者指出久野收对近代日本国体、北一辉思想、极端国家主义的误读，有必要依据久野收的生平经历和思想体系，不是单一地解读其个别思想，而是整体地论述这些问题，才能加深对其思想的理解。

3. 久野收市民主义研究

市民主义是久野收思想的核心内涵，是实现民主主义的途径或手段。日本学者通过研究久野收的市民主义思想起点、市民概念、市民主义内涵、市民主义与和平主义或民主主义的关系等，构筑久野收市民主义思想的基本框架，试为现代日本市民运动的发展提供有益的理论指导和现实借鉴。

第一，对久野收市民主义思想起点的研究。有研究从市民主义与和平主义的关系出发，立足于和平问题谈话会内部的思想差异和代际差异，主张久野收是兼持“和平论”与“市民论”的知识分子，而以“泷川事件”为主的战时抵抗运动思想，最终成为其战后思想的核心。[③] 与此相反，历史学者北河贤三从战争体验的视角出发，在战时与战后的思想史脉络中讨论久野收思想。比起将“泷川事件”视为久野收战后市民主义思想原点的普遍共识，北河贤三通过论述二战时日本政府严密的转向政策和思想统治

---

① 川上英明「久野収における〈教育と政治〉をめぐる問題構成——彼の道徳教育論とその特質に着目して」『山梨学院短期大学研究紀要』第43号、2023年。

② 大藪龍介『日本のファシズム——昭和戦争期の国家体制をめぐって』、64頁。

③ 谷野直庸「平和問題談話会と戦後知識人——敗戦直後における知識人の思想的分岐」慶応義塾大学総合政策学部総合政策学科、2004年度卒業論文。

手段，主张久野收出狱后的被监视生活，才是其战后市民主义思想的起点。[①] 也有学者从思想连续性上探究久野收市民主义的思想起点。太田裕信在论述后期西田哲学时，通过解读西田的《私与汝》论文和“创造”的单子论思想，认为西田利用抵抗国家主义的时局言论来启发世界，由此否定西田轻视实践的说法。三木清继承和发展西田的“私与汝”或“行为的直观”思想，通过提倡与他者的言论思想，最终确立起修辞学的逻辑。市民运动先驱者久野收深受前辈三木清的思想影响，将三木的“修辞学的逻辑”发展为“说服力的逻辑”，进而在市民运动中实践和应用这种理论。针对三者的思想连续性，太田最后明确指出：“在后期西田中看到的多数人相互形成愿景，被三木清的修辞学逻辑和久野收的市民主义思想继承。”[②]

第二，对久野收市民概念的研究。在1960年安保斗争时期形成的各种市民像中，久野收、鹤见俊辅、丸山真男等学者积极欢迎和赞同“市民”概念，但清水几太郎和吉本隆明等学者对此表示反感和冷淡。赵星银在市民和大众的战后思想脉络中归纳久野收的市民概念，即有别于鹤见俊辅向“私”的本源回归、丸山真男徘徊在“私”与“灭私奉公”之间的市民像，久野收从职业意识而非阶级意识出发，赋予“市民”一词新的身份认同。久野收主张的“市民大众”虽然重新接近马克思主义，但不是将其视为资本家含义，而是在与无产阶级的关联中实现再生，这被视为构思“市民大众”的一种过渡性尝试。[③]

第三，对久野收市民主义内涵的研究。这种市民主义主要表现为市民的主动抵抗或自主联合。寺岛俊穂从政治学出发，以市民哲学家久野收为例，通过探究久野收的抵抗行动轨迹、思想基础与市民主义思想内涵，阐明在集团主义根深蒂固的日本社会，为何能够诞生出市民的抵抗哲学。这是因为久野收坚持“思想一贯性”、实用主义、市民自下而上的联合等。寺岛俊穂最后总结道，平等的主体通过联合形成的市民抵抗，将对未来日

① 北河賢三「市民の哲学者久野収の成り立ち——戦時下の経験を中心に」北河賢三・黒川みどり編著『戦中・戦後の経験と戦後思想:一九三〇—九六〇年代』。

② 太田裕信『西田幾太郎の行為の哲学』ナカニシヤ出版、2023年、208頁。

③ 趙星銀『「大衆」と「市民」の戦後思想:藤田省三と松下圭一』岩波書店、2017年、181頁。

本产生新的可能性。[①] 相反，木村伦幸从久野收的战时抵抗经历出发，探究其人民战线思想对现代日本社会运动的教训和启示。通过讨论久野收在《世界文化》杂志和《土曜日》报纸时期的人民战线思想，主张这种利用出版物进行抵抗的文化运动，有别于传统的左翼抵抗运动，在战后各种民众运动中得以继承。他进而指出，久野收提倡重视自立的个人和自主联合的团体，这对思考现代日本社会运动也多有教益。[②]

日本学者对久野收市民主义思想作出不同评价。一方面，围绕久野收市民主义思想起点和内涵、市民概念等问题，已经开展多视角分析和研究，并赞誉久野收的人民战线思想和市民抵抗哲学。可见久野收的市民主义依然具有重要的理论和现实意义。另一方面，针对久野收市民主义的现实影响，鹤见俊辅、寺岛俊穗、木村伦幸等学者给予高度赞扬，但安丸良夫持否定态度。[③] 针对安丸的批判，虽然久野收主张的职业者运动走向衰落，但这与战后日本革新势力的没落密切相关。如何评价久野收思想与现实之间的关联性，是今后久野收研究的重要课题。

相较于20世纪90年代以前，21世纪的久野收研究更具专门性和多样性。专门性表现为关于久野收个人研究的论著增多，多样性则体现为对久野收和平主义、民主主义、市民主义的多视角研究。日本学界对久野收思想有所探讨，但整体缺乏系统性和全面性认识。首先，大多数研究关注到久野收的部分思想，认识到久野收兼持“和平论”和“市民论”（谷野直庸），或兼持“民主主义”与“市民理论”（寺岛俊穗），但并未从民主主义、和平主义、市民主义三条脉络出发，综合梳理久野收思想。其次，至

① 寺岛俊穗「市民的抵抗の哲学:久野収の思想から」『関西大学法学論集』第63巻第5号、2014年。

② 木村倫幸「『世界文化』、『土曜日』と久野収」『季刊唯物論研究』第167号、2024年。

③ 鹤见俊辅主张：“在这个困难时代，我作为后辈，对在反复失败中继续摸索新道路的他表示敬意。即便将市民主义称为思想界的体育道德箴言，对他来说也是准确的。”（鶴見俊輔「久野収の気風」久野収『市民主義の成立』春秋社、1996年、3頁）安丸良夫认为：“从其后事态的发展来看，1960年安保斗争前后的大部分发言，只是期待感过于先行，如今近乎空话。久野收所说的立足于职业者自觉的运动最不显眼，只有立足于反对公害运动等地域住民利害的运动，虽遭遇孤立和分裂，但顽强地持续下来。”（安丸良夫『現代日本思想論』岩波書店、2012年、90—91頁）

今只有一些研究论文，尚未有一部全面和系统的学术专著。村上义雄重点关注久野收生平,[①] 佐高信的著作是对久野收思想的回忆录,[②] 这些都难以称为学术专著。可见日本学界尚未对久野收思想得出定论。[③] 如何填补先行研究的不足，是今后久野收研究亟待解决的思想课题，更是如何定性久野收的关键。

## 四　久野收研究的意义及今后方向

比起丸山真男、竹内好、鹤见俊辅等国际知名学者，久野收是一位被遗忘的思想家。这与清水几太郎极为相似。20 世纪 50 年代，清水几太郎是日本思想界代表进步思想的双璧之一,[④] 但他在 20 世纪 60 年代转向保守主义，因缺乏思想一贯性和原创性被日本学界遗忘。相反，久野收提出分离和平与革命的关系、天皇显密论、区分职业与生活的市民论等独特理论，在 20 世纪 70 年代市民运动的蓬勃发展中获得极大的社会关注，被誉为“大规模市民运动的中流砥柱”。[⑤] 然而，久野收长期被日本学界忽视，大致可归纳出如下三点原因。

第一，久野收的思想缺乏现实有效性和普遍性。他的思想过于理想主义而缺乏现实有效性，经常出现政治“失败”。久野曾自述道：“回顾过去的发言，在面向日美安保变质为日美支配亚洲的安保和自卫队的四次防计划时，我的和平论走向政治失败的印象就难以抹除了。”[⑥] 他还立足于日本社会的特殊性来思考现实问题，这造成其思想缺乏普遍性。实际上，不只是久野收，日本知识分子过于重视日本特殊性，往往忽视思想的普遍性问题，很少能有与丸山真男、竹内好等国际知名学者比肩的思想巨人。

---

① 村上義雄『人間:久野収』平凡社新書、2002 年。

② 佐高信『面々授受——久野収先生と私』岩波書店、2006 年。

③ 早稻田大学文学学术院教授鹤见太郎、迹见学园女子大学文学部教授松井慎一郎等历史学者都认为，日本学界有关久野收的专门性研究尚不充足，至今并未对其作出一个正确的评价。

④ 高增杰主编《日本的社会思潮与国民情绪》，北京大学出版社，2001，第 91 页。

⑤ 高畠通敏「久野さんの流儀」『高畠通敏集』第 5 巻、170 頁。

⑥ 久野収『平和の論理と戦争の論理』岩波書店、1972 年、390 頁。

第二，日本学界重视思想理论而非实践运动的研究特征。佐高信和小森阳一批评小熊英二，认为小熊重视资料主义，漠视久野收在现实运动层面的重要地位。[①] 同样，猿谷弘江也认识到日本学界轻视知识分子实践运动研究。这种学术研究特点，是日本学界忽视久野收思想的重要原因。中国学界没有这种研究特色的局限，能够立足于现实问题意识，综合探讨久野收的思想与行动。这不仅能弥补日本学界的研究不足，也可以充实我国的日本研究体系。

第三，战后日本社会主流思潮的变化。20世纪60年代以后，随着日本保守化的加剧，清水几太郎和江藤淳等革新派知识分子顺势转向保守主义，成为时代的“弄潮儿”。日本共产党和社会党相继改变各自的政治方针，谋求顺应保守主义的时代思潮。这都凸显和平与民主主义理念已不再是日本社会的主流思想。久野收坚持和平与民主主义，终究与日本的国家发展道路背道而驰，这是其被遗忘的主要原因。

久野收在学术思想和现实社会中的显著成就，与被日本学界遗忘的现状，形成一种巨大反差。这种反差恰恰反映久野收研究的重要意义。有必要系统地梳理久野收的思想内涵，重新挖掘其思想的闪光点和当代价值。对久野收思想的研究，主要有下述几点意义。

从思想史来看，为日本思想史研究提供一种全新视角。在维系知识分子间的交流关系上，久野收是连接不同代际知识分子交流的纽带。鹤见俊辅回忆道：“在与久野交往的40余年间，我受惠于这种无尽的杂谈，知晓未曾见过的从大正末期到二战时期日本知识分子矗立舞台的动向。久野的讲话是富有戏剧性的。若没有遇到这种杂谈的宝库，我们年青一代就不会撰写《共同研究　转向》。在容易出现代际断裂的日本学问史上，久野连接着上一代和下一代知识分子，发挥着绝无仅有的作用。”[②] 历史学者北河贤三也认为：“久野收是连接上一代和下一代知识分子，起到极其珍贵作用

① 小森陽一・佐高信『誰が憲法を壊したのか』五月書房、2006年、232-233頁。

② 鶴見俊輔「雑談の徳——久野収」『鶴見俊輔集・続』第4巻、429頁。

的历史见证者，更是思考战时和战后思想史的一个关键人物。”[①] 久野收继承田边元、和辻哲郎、安倍能成、天野贞祐、岩波茂雄、出隆等老师一代，三木清、户坂润、中井正一、林达夫、羽仁五郎、久保荣等前辈一代，进而影响鹤见俊辅、藤田省三、高畠通敏、五木宽之、中山千夏、佐高信、天野祐吉、村上义雄、矢崎泰久等年青一代。开展久野收研究，可以认识到近现代日本思想史的连续性，整体把握从文化教养派到马克思主义哲学派再到战后自由主义派的思想脉络。

从现实意义来看，为现代日本社会运动的发展提供参考。战后初期，久野收参加日本社会党左派和日本劳动工会总评议会、全递信劳动工会和国铁劳动工会、日本教职员工会等组织的运动及演讲活动，在砂川斗争、反对《改造》停刊运动、反对《警察职务执行法》运动、1960 年安保斗争中发挥重要作用，被誉为“战后初期知识分子运动不可欠缺的人物”。[②] 同时，他也重视“知识分子的独立性”，经常与政党或党派划清界限，主张利用独立于左翼革命政治的市民逻辑，构筑起全新的和平运动，被誉为“正因为有久野收，日本市民运动才开始自觉地具有一种区别于社会主义运动或革新政党的独立逻辑”。[③] 对久野收思想的研究，能够总结出战后日本和平运动的经验和教训，为思索新时代的社会运动形式提供一种思路。

从更深层次来看，有助于准确把握战后日本的政治变迁与国家走向。久野收亲历战后日本政治的重要转型期，虽然未能参与和影响到日本政治决策过程，但以思想理论和实践行动制约着日本的保守化进程，同时增加革新势力的活力和影响力，被评价为“这种知识分子（指久野收——引者注）的政治志向和实践，能够在宪法问题和安保体制上适度遏制保守政权的日益反动化，将社会党、共产党、劳动工会的僵化思想和行动引入更灵活的市民脉络”。[④] 20 世纪 60 年代以后，久野收坚守和平与民主理念，抵

---

① 北河賢三「市民の哲学者久野収の成り立ち——戦時下の経験を中心に」北河賢三・黒川みどり編著『戦中・戦後の経験と戦後思想：一九三〇—一九六〇年代』、72 頁。

② 猿谷弘江『六〇年安保闘争と知識人・学生・労働者：社会運動の歴史社会学』新曜社、2021 年、120 頁。

③ 久野収『市民として哲学者として』、4 頁。

④ 粕谷一希『戦後思潮：知識人たちの肖像』、155 頁。

抗“战后民主主义虚妄论”，同时建构理想中的战后日本民主政治形态。这种民主政治理想与保守政治现状之间的显著差异，从侧面反衬出战后日本国家走向的扭曲性。通过久野收思想研究，可以更好地审视和把握战后日本国家走向。

纵观日本学界有关久野收的先行研究，结合中国学界的久野收研究，[①]可以发现先行研究尚有诸多不足之处，今后可从下述方向继续开展相关研究。

第一，从久野收的思想传承性视角进行研究。久野收是连接上一代和下一代知识分子的关键人物，这就引出对久野收思想传承性的研究。正如太田裕信强调西田几多郎、三木清、久野收的思想连续性，今后可以继续讨论二战时期久野收与京都学派的思想异同；日本学者关注到久野收的人民战线思想，但并未讨论羽仁五郎的人民战线思想如何影响到久野收；久野收如何影响鹤见俊辅等人的转向研究，又与鹤见的转向观有何差异等。这种人物比较研究，能够丰富近现代日本思想史研究。

第二，在久野收思想与行动的关联性中开展研究。久野收的思想源于实践，反过来又指导实践。这种思想理论不是纯粹的学院式哲学，而是面向社会问题的现实对策，被誉为“这是在理论与实践的不断往复中，相互协同和动态地形成开放知识的态度”。[②] 大多数研究侧重久野收与清水几太郎或鹤见俊辅的比较，今后可将其与吉本隆明进行比较研究；比起以往的

---

① 中国学界没有专门的久野收研究。只有少数研究在战后史流脉中零星地提到久野收思想，但对久野收有一个清晰的历史定位，如实用主义者、和平民主主义者等。有学者关注到久野收的实用主义，在论述战后日本实用主义哲学时，认为久野收参与合著的《现代日本的思想》（1956）和《战后日本的思想》（1959），都是从实用主义的立场出发，对现代日本的思想状况进行批判性分析的著作（卞崇道：《战后日本实用主义哲学》，《日本研究》1989年第1期）；也有从社会思潮、和平问题谈话会、知识分子论等视角，讨论久野收的和平民主主义思想（纪廷许：《战后日本社会思潮研究综述》，《日本研究》2000年第2期；韩前伟：《冷战、讲和问题与日本和平思想——以和平问题谈话会为中心》，《史林》2018年第6期；田庆立：《战后日本国家认同建构》，社会科学文献出版社，2021）；还有学者虽然未对久野收思想做出基本定位，但在论述“20世纪30年代日本的转向问题”“北一辉的超国家主义思想”“批判保守思想团体《心》同人会”时，多次引用久野收在《现代日本的思想》与《战后日本的思想》中的相关观点，从侧面肯定久野收思想的重要性（刘岳兵：《日本近现代思想史》，世界知识出版社，2009）。

② 山口協「思想的課題としての久野収氏」、5頁。

思想理论研究，亦可讨论久野收实践活动的社会影响；还需在思想和行动中综合讨论久野收的和平主义、民主主义、市民主义等。

第三，对久野收政治思想的研究。政治思想是研究久野收思想的重要切入点。在天皇观、宪法论、马克思主义、民族主义、美苏共存等战后日本政治问题上，久野收相继提出独特的研究视角和方法，补充与完善了马克思主义解释体系。先行研究对天皇显密论已有诸多分析，但并未系统地梳理久野收的天皇观，需综合参考久野收的其他天皇认知，深入开展这方面的研究；金子宗德指出久野收深受马克思主义影响，但未曾深究其马克思主义论内涵，今后可详述其马克思主义论及独特性。这种久野收的政治思想研究，能够展现一种有别于马克思主义“正统派”的思想体系。

中国学界的久野收研究，虽在缜密程度上不及日本学界，但仍准确地把握了久野收的思想特征。如何立足于中国立场开展体系化的久野收研究，是摆在中国学者面前的现实问题。今后可从思想传承性、思想与行动的关联性、政治思想等方向，继续开展中国学界的久野收研究。这不仅可以深化对日本社会保守化的现代性批判，也能更好地完善和充实我国的学术体系。

（王振涛，南开大学日本研究院博士研究生）

# 日本经济与外交

# 论日本对东南亚安全外交：打造战略支点

张文佳　徐万胜

**内容摘要**　日本对东南亚安全外交的基本特点，就是选取菲律宾和越南作为战略支点国家。日本主要是通过对话机制建设、武器装备出口、联合军事演训、能力建设援助等路径来打造战略支点的。日本打造战略支点的内在逻辑，一方面源于其为推进自身的政治及军事大国化进程寻找更多的政策突破口，联合战略支点国家介入南海争端并牵制中国的地区影响力，配合盟友美国的印太地区战略布局并提升自身国际影响力等战略企图；另一方面也源于战略支点国家的资源条件及其对日本的回应。日本通过打造战略支点来推进其对东南亚安全外交，虽对其国家战略转型及武器出口起到一定效用，但加剧了地区安全局势紧张及大国战略博弈，并冲击了“东盟中心性”原则。

**关键词**　日本外交　日本-东盟　战略支点　东南亚安全

二战后，日本一直致力于不断加强对东南亚外交，其政策领域也由最初的经济拓展至政治、文化、安全等各领域。至21世纪初，日本对东南亚安全外交有了显著进展。

在学界，关于“日本对东南亚安全外交”，近年来的前期成果主要探讨了日本安倍晋三内阁的东南亚安全外交、日本与东盟国家的海上安全合作等议题,[①] 但并未从“战略支点”的视角整体上把握日本对东南亚安全外交的基本特点。为此，本文在对“战略支点”加以理论阐释的基础上，分析日本在东南亚安全外交中选取菲律宾与越南打造战略支点的外在表现与内在逻辑，并探讨这一外交政策的多重影响。

## 一 有关战略支点的理论阐释

所谓“战略支点”，亦称“支点”，其字面是指“杠杆上起支撑作用的、绕着转动的固定点”，引申义为“事物的中心或关键”。[②]

在地缘政治学中，“战略支点”的所指范围存在一个演变过程。早在20世纪初，英国学者哈尔福德·麦金德（Halford Mackinder）在《历史的地理枢纽》中提出“枢纽地带”（Pivot State）概念，并将欧亚大陆的中北部界定为“具有重要战略价值和有限机动能力的区域”。[③] 冷战后，“战略枢纽”或“战略支点”被更多地提及，它往往指向具体的某些国家或某个国家，且是大国用以争夺和控制“枢纽地带”的“支点”。[④] 因此，被视为战略支点的国家，通常位于各国利益重叠且容易发生冲突的地区，它有时不仅能够决定本地区的命运，甚至对全球的安全与稳定起着非常重要的作用。[⑤]

---

① 参见包霞琴、黄贝《浅析安倍内阁的东南亚安全外交》,《国际观察》2014年第6期；王竞超:《日越海洋安全合作的演进：战略考量与挑战》,《东南亚研究》2019年第2期；王传剑、刘洪宇:《安倍第二次执政以来日本加强与东盟国家海洋安全合作的进展、动因及前景》,《南洋问题研究》2021年第3期；郑宇龙、周永生、崔镤戈:《日越防务合作动因分析——以“海上安保能力强化项目”为例》,《日本问题研究》2022年第1期；王森、丁伊:《日本与菲律宾的海上安全合作（2011—2022）》,《南亚东南亚研究》2022年第4期。

② 中国社会科学院语言研究所词典编辑室：《现代汉语词典》（第七版），商务印书馆，2016，第1676页。

③ H. J. Mackinder, “The Geographical Pivot of History ,” *The Geographical Journal*, Vol. 23, No. 4, 1904, pp. 436-437.

④ Robert Chase, Robert Chase, Emily Hill, and Paul Kennedy, “Pivotal States and US Strategy,” *Foreign Affairs*, January/February 1996, pp. 33-51.

⑤ Tim Sweijs, Willem Theo Oosterveld, Emily Knowles, Menno Schellekens, “Why Are Pivot States So Pivota-l? The Role of Pivot States in Regional and Global Security,” *The Hague Centre for Strategic Studies*, July 9, 2014, https://hcss.nl/wp-content/uploads/2014/07/Why_are_Pivot_States_so_Pivotal__The_Role_of_Pivot_States_in_Regional_and_Global_Security_C.pdf.

关于“战略支点”外交，各国政府尽管在其政策文件中难有公开表述，但在其具体外交实践中却有清晰例证。例如，二战后，美国在欧洲的战略支点是英国，在中东地区的战略支点则是以色列和沙特阿拉伯。同时，为打造战略支点，选取国通常会采取以下三种路径推进与战略支点国家的外交关系。一是通过构建高级别对话机制，深化双方的政治互信与战略共识。政治互信和战略共识是双方合作的前提和基础，且对集体身份的塑造和共有观念的形成以及战略目标的实现均具有重要作用。二是加强对战略支点国家的援助。对外援助是国家对外战略目标实现的重要工具，经济和军事援助更是被美国看作争取盟友和大国竞争的主要手段。[①] 例如，美国的马歇尔计划，表面上是通过经济、技术、设备援助等帮助欧洲经济复兴，但实际上是想通过援助达到控制欧洲，进而对抗苏联的目的。三是加强军事合作。通过加强与战略支点国家的防务对话磋商，联合军事行动和演习、军事装备技术合作、人员交流互访，提供维和、护航、人道主义救援救灾等合作，将有助于塑造选取国的良好形象，取得战略支点国家的信任。

对于选取国而言，战略支点通常能够发挥如下作用：其一，对选取国的地区战略布局起到全局或关键的支撑作用；其二，对地区多边合作起到示范、引导和激励的作用；其三，对其他国家的地位提升起到重要的后援作用。选取并打造战略支点，实质上是选取国将对象国纳入自身势力影响范围，为选取国的总体战略目标服务的。因此，选取国往往根据自身的战略需求，依据一定的标准去选取某对象国作为战略支点。关于战略支点的选取标准，有西方学者认为，主要依据一国的军事、经济以及文化战略资产的保有量来判断其能否成为战略支点。[②] 也有中国学者认为：“国家确定战略支点国家，主要考量的是‘利益主导国—利益相关者’之间的关系，

① 参见王钊、黄梅波《援助外交的世纪之变》，《文化纵横》2019 年第 6 期。

② Tim Sweijs, Willem Theo Oosterveld, Emily Knowles, Menno Schellekens, “Why Are Pivot States So Pivota-l? The Role of Pivot States in Regional and Global Security,” *The Hague Centre for Strategic Studies*, July 9, 2014, https://hcss.nl/wp-content/uploads/2014/07/Why_are_Pivot_States_so_Pivotal__The_Role_of_Pivot_States_in_Regional_and_Global_Security_C.pdf.

与国家发展具有重大利益相关的国家，可获得更多的持续性支持。”[①] 由此可见，某国若能成为战略支点国家，必须具备一系列前提条件。

第一，战略支点国家必须具备丰富的战略资源。

大国寻求吸引或强迫某一国家进入自己的势力范围，其目的就是利用这些国家的战略资源。[②] 一国的战略资源，包括地理位置、自然资源、经济发展水平及潜力、人力资源、军事能力、思想等。特别是地区内具有地缘优势的国家更有可能成为战略支点国家。布热津斯基认为：“最常用来界定地缘政治支轴国家的是它们的地理位置。由于这种位置，它们有时在决定某个重要棋手能否进入重要地区，或在阻止它得到某种资源方面能起到特殊作用。”[③] 此外，经济发展潜力大、能源资源储备量多、基础设施建设完备、军事力量强大的国家，也是选取国竞相争夺的对象。这也是战略支点国家会被夹在大国势力重叠范围内的原因所在。

第二，战略支点国家必须向选取国战略上靠拢。

战略支点国家与选取国至少在某些政策领域拥有共同的利益诉求，且双方至少在部分核心议题、意识形态等方面不存在严重分歧与冲突。共同的利益诉求，是选取国打造战略支点的重要前提。此外，成为战略支点的国家通常在某一领域对选取国存在依赖，包括经济上、军事上的依赖。唯有当双方的经济、军事利益捆绑在一起时，才会产生共同的战略目标和利益诉求。因此，某国与选取国在意识形态、战略目标、经济发展等层面的匹配度越高，其成为战略支点国家的概率就越高。

第三，战略支点国家必须具备一定的政治稳定性。

选取国打造并维系战略支点，不仅需要付出时间成本，更需要对方具

① 陈朋亲、张潇：《“21 世纪海上丝绸之路”拉美战略支点国家的选择》，《学术交流》2020 年第 7 期。

② Tim Sweijs, Willem Theo Oosterveld, Emily Knowles, Menno Schellekens, “Why Are Pivot States So Pivota-l? The Role of Pivot States in Regional and Global Security,” *The Hague Centre for Strategic Studies*, July 9, 2014, https://hcss.nl/wp-content/uploads/2014/07/Why_are_Pivot_States_so_Pivotal__The_Role_of_Pivot_States_in_Regional_and_Global_Security_C.pdf.

③ 〔美〕兹比格纽·布热津斯基：《大棋局：美国的首要地位及其地缘战略》，中国国际问题研究所译，上海人民出版社，2007，第 35 页。

备一定政治稳定性，特别是其国内政局要保持相对平稳运行。有学者指出，国内制度缺陷必然会外溢到国际领域，从而导致冲突和危机。[①] 在内政存在严重分歧的国家，“各个政治行为体为了实现各自的政策偏好（利益）而展开激烈复杂的内部谈判和博弈，这将极大地增加合作的机会和时间成本”。[②] 因此，与国内政治不稳定的国家合作，很有可能反噬自身，会导致双方合作的中断甚至被牵连到另一场冲突之中。

另一方面，除了选取国的“主动”作为之外，还存在一个对方是否予以积极响应的问题。部分国家为了塑造本国的安全环境和实现国家利益最大化，会选择迎合选取国并成为其战略支点。[③] 例如，近年来美国在推进印太战略的过程中，是选取日本为战略支点的，并获得了日本的积极响应。

此外，根据战略支点国家对于选取国战略价值的不同，还可对战略支点进行类型划分。例如，有学者基于大国关系、示范效应与传统友谊的视角进行类型划分。[④] 也有学者基于军事安全、意识形态、经济合作、国际制度的视角进行类型划分。[⑤] 还有学者基于价值观与制度文化、多边场合、具体问题领域（如能源、气候、金融等）的视角进行类型划分。[⑥] 显然，类型不同，选取国打造战略支点的路径也不尽相同。

国内学界有关“日本对东南亚安全外交的特点”的分析，虽视角不

① 参见〔澳〕约翰·伯顿《全球冲突：国际危机的国内根源》，谭朝洁、马学印译，上海人民出版社，2007，第44—49页。

② 韦红、尹楠楠：《“21世纪海上丝绸之路”东南亚战略支点国家的选择》，《社会主义研究》2017年第6期。

③ Tim Sweijs, Willem Theo Oosterveld, Emily Knowles, Menno Schellekens, “Why Are Pivot States So Pivota-l? The Role of Pivot States in Regional and Global Security,” *The Hague Centre for Strategic Studies*, July 9, 2014, https://hcss.nl/wp-content/uploads/2014/07/Why_are_Pivot_States_so_Pivotal__The_Role_of_Pivot_States_in_Regional_and_Global_Security_C.pdf.

④ 参见肖阳《“一带一路”背景下构建中国周边战略支点的路径探析》，《边界与海洋研究》2016年第4期。

⑤ 参见徐进、高程、李巍、胡芳欣《打造中国周边安全的“战略支点”国家》，《世界知识》2014年第15期。

⑥ 参见周方银《抵御国际风险，中国应布局自己的战略支点》，澎湃新闻网，2014年8月12日，https://www.thepaper.cn/newsDetail_forward_1261022。

同，但都在不同程度上印证了“战略支点”的属性内涵。例如，李秀石认为，“以双边促多边”是日本对东盟安全合作的特点之一。[①] 王传剑和刘洪宇认为，日本更倾向于选择与“志趣相投”的东盟国家展开双边合作，且国情不同合作程度也有所不同。[②] 包霞琴认为，东南亚各国在日本的安全外交圈中，有“核心国家”、“次核心国家”和“边缘国家”之别。[③] 于海龙认为，安倍政府与美国东南亚盟友间的安保交流与合作特别紧密和频繁。[④]

## 二　日本打造战略支点的外在表现

日本在对东南亚安全外交中选取了菲律宾与越南两个国家打造战略支点，并表现在双边对话机制建设、武器装备出口、联合军事演训与能力建设援助四个方面。

### （一）双边对话机制建设

菲律宾方面，为塑造共同话语体系、深化合作共识，日本与菲律宾的安全对话已呈现高级别和机制化特点。日本外务省和防卫省官网所公布的数据显示，2019 年 4 月至 2023 年 3 月，在日本与东南亚国家的交流中，日菲首脑会谈和防务人员交流的次数总计第一（参见表 1）。[⑤] 此外，2022 年 4 月 9 日，日菲两国在东京正式启动了首次“2+2”会谈（双方外长与防长参加）。通常情况下，“2+2”会谈机制是安全保障事务的核心机制，日菲这一举动也标志着日菲安全关系升至新阶段。会后双方发表“联合声明”强调：“日菲作为共享基本价值观和战略利益的海上邻国，今后将继续就地区及国际社会的各种课题展开讨论合作，为实现‘自由开放的印

---

① 李秀石：《试论日本对东盟的安全合作政策》，《日本学刊》2014 年第 2 期。

② 王传剑、刘洪宇：《安倍第二次执政以来日本加强与东盟国家海洋安全合作的进展、动因及前景》，《南洋问题研究》2021 年第 3 期。

③ 包霞琴、黄贝：《浅析安倍内阁的东南亚安全外交》，《国际观察》2014 年第 6 期。

④ 于海龙：《安倍政府对东南亚外交的层次性分析》，《世界经济与政治论坛》2020 年第 2 期。

⑤ 其中，首脑会谈和防务人员交流发生的形式包括但不限于：领导人或防务人员的实地互访，视频或电话会议，参加会议间隙的短时会谈，等等。

太’进一步深化战略伙伴关系。”① 此外，双方还就港口停靠、军舰互访、军事联合演习达成一致意见。日本还向菲律宾承诺，将加大对菲律宾防卫装备和防卫技术的出口等事项。②

越南方面，在南海问题持续发酵的背景下，日越安全对话的层级与频率也有着显著的提升。根据统计，2019 年 4 月至 2023 年 3 月，日越首脑会谈次数位居第一且远超地区内的其他国家（参见表 1）。在首脑会谈的引导下，日越外交部之间的对话也逐渐常态化和机制化。据统计，2014 年 4 月至 2023 年 3 月，日越的外交部高层级对话合计为 47 次。③ 不仅如此，截至 2023 年 10 月，日越已举行“战略伙伴关系”对话 7 次，“国防政策”对话 9 次，主要内容涉及地区安全局势、安全保障政策，同时就加强在网络安全、人道救援、军事医疗等领域的合作达成诸多共识。此外，2023 年 11 月，日越双方正式将两国关系提升至“全面战略伙伴关系”。

**表 1　日本同东南亚各国首脑会谈及防务人员的交流情况**

**（2019 年 4 月至 2023 年 3 月）**

| 国家 | 首脑会谈次数 | 防务人员交流次数 | 总计 |
|---|---|---|---|
| 菲律宾 | 9 | 40 | 49 |
| 越南 | 16 | 25 | 41 |
| 新加坡 | 8 | 24 | 32 |
| 印度尼西亚 | 12 | 20 | 32 |
| 泰国 | 8 | 17 | 25 |
| 马来西亚 | 4 | 15 | 19 |
| 柬埔寨 | 6 | 13 | 19 |
| 老挝 | 6 | 6 | 12 |

① 外務省「第 1 回日・フィリピン外務・防衛閣僚会合（『2+2』）共同声明」、2022 年 4 月 9 日、https://www.mofa.go.jp/mofaj/files/100330015.pdf。

② 外務省「第 1 回日・フィリピン外務・防衛閣僚会合（『2+2』）共同声明」、2022 年 4 月 9 日、https://www.mofa.go.jp/mofaj/files/100330015.pdf。

③ 根据 2017 年、2019 年和 2023 年日本《防卫白皮书》资料篇的内容整理而成，参见防衛省『平成 29 年版　防衛白書』、2017 年、529 頁；防衛省『令和元年版　防衛白書』、2019 年、518 頁；防衛省『令和 5 年版　防衛白書』、2017 年、191—192 頁。

续表

| 国家 | 首脑会谈次数 | 防务人员交流次数 | 总计 |
|---|---|---|---|
| 文莱 | 2 | 8 | 10 |
| 缅甸 | 0 | 3 | 3 |

数据来源：根据 2023 年日本《防卫白皮书》资料篇和日本外务省网站的新闻整理而成。

### （二）武器装备出口

菲律宾是日本对东南亚出口武器装备的重点国家。2016 年，日本与菲律宾签署了《日菲防卫装备与技术转移协定》，菲律宾成为首个与日本签署该协定的东南亚国家。它规定日本将在未来数年内分批向菲律宾提供 2 艘大型巡逻舰、10 艘巡逻艇、5 架 TC－90 教练机等。至 2018 年，日本完成了 10 艘巡逻艇和 5 架 TC－90 教练机的交付。2022 年 2 月和 6 月，日本分别向菲律宾交付了 2 艘大型巡逻舰（船长 94 米，时速 24 节）。另外，2020 年 8 月，日本与菲律宾签订了一份总价 1 亿美元的警戒管制雷达合同。这是日本首次对外出口成品装备。根据合同，日本三菱电机公司将根据菲律宾空军的要求，为菲律宾开发制造 4 部警戒管制雷达。① 不仅如此，该雷达系统的部署地点距离黄岩岛仅约 300 公里，且具有与日本等国家共享信息的功能。② 此外，2023 年 11 月 1 日，日本外务省宣布，将依据新的“政府安全保障能力强化支援”（OSA）制度（2023 年 4 月建立）向菲律宾提供海岸监视雷达等有助于提高菲“海域态势感知”（MDA）能力的防卫装备。③

在对越南出口武器装备方面，在 2017 年和 2020 年，日本与越南分别签署了两期“海上安保能力强化项目”。两期“海上安保能力强化项目”的资金额度分别为 385.82 亿日元（约合 2.78 亿美元）、366.26 亿日元

① 外務省「フィリピンへの警戒管制レーダーの移転について」、2020 年 8 月 28 日、https://www.mod.go.jp/j/press/news/2020/08/28a.pdf。

② 《日本将首次向美国返销“爱国者”导弹，军事专家：是危险信号!》，《环球时报》2023 年 12 月 22 日，https://mil.huanqiu.com/article/4Fr1ygi0n2Q。

③ 「フィリピンに監視レーダー供与へ　首相訪問で日本のOSAを初適用」『朝日新聞』2023 年 11 月 1 日、https://www.asahi.com/articles/ASRC13FCMRC1UTFK002.html。

（约合2.63亿美元），内容大致相同，均为向越南海洋警察署提供6艘巡逻艇（船长79米，排水量1500吨）。此外，未来日本也将在OSA框架下，继续向越南出口更为先进的武器装备。

## （三）联合军事演训

在日菲联合训练和演习方面，2015年1月，两国签订了关于加强防卫合作与交流的备忘录。此后，日本自卫队与菲律宾军队的共同训练和演习次数逐渐增多，且至少每年举行一次。2023版防卫白皮书公开的资料显示，2019年4月至2023年3月日本自卫队与菲律宾军队共举行联合军演11次，在东南亚国家中位居第一。此外，在美日菲三边框架下，日本自卫队还曾多次参加美菲"肩并肩""海上战士合作"等演习以及美菲海上联合演习。而日越两国也多次以"防灾救援"等名义展开共同海上训练。此外，日越两国还通过参加多国间的联合军事演习来加强在南海地区的合作。例如，2018年7月，越南受邀参加"环太平洋军事演习"。

另外，日本还通过自卫队舰艇"战略性停靠"加强与菲律宾、越南的安全合作。2016年4月，日本海上自卫队"有明"号、"濑户雾"号驱逐舰和"亲潮"号潜艇停靠菲律宾苏比克湾海军基地。在苏比克湾停留3天后，两舰一艇又穿越巴士海峡经南海停靠越南的金兰湾海军基地。这是二战结束以来日本海上自卫队舰艇首次停靠金兰湾，以及15年来首次有潜艇停靠苏比克湾。根据日本防卫省官网信息统计，从2019年至2023年，日本海上自卫队共有12艘舰艇停靠访问东盟国家港口并开展军事交流，停靠访问次数高达16次（越南5次、菲律宾4次、新加坡3次、马来西亚2次、印度尼西亚1次、文莱1次）。[①] 其中，日本自卫队舰艇对菲律宾、越南的"战略性停靠"一直保持较高频率。

## （四）能力建设援助

除了直接提供武器装备，日本还积极通过"能力建设援助"帮助菲律

① 根据日本海上自卫队官网信息统计，参见「海上自衛隊活動——訓練・演習」海上自衛隊ホームページ、https://www.mod.go.jp/msdf/operation/training/。

宾和越南提高南海巡逻和海上执法能力等相关防卫建设。“能力建设援助”的方式包括日本派遣自卫官赴受援国开展教育培训、组织短期研讨会，以及邀请受援国受训人员到日本防卫省及自卫队相关单位进行交流实习等。

其中，2012 年 10 月至 2023 年 5 月，日本对越南开展“能力建设援助”活动 43 次；2015 年 2 月至 2023 年 10 月，日本对菲律宾展开防务支援 18 次。援助领域涉及人道主义和灾害救援、船舶维修、国际航空法、航空医学、网络安全等方面的培训，面向的对象为越南和菲律宾两国的各军种和军方相关人员。[①]

## 三　日本打造战略支点的内在逻辑

### （一）日本打造战略支点的战略意图

1. 日本意在为推进自身的政治及军事大国化进程找寻更多政策突破口

冷战后，日本渴望成为“正常国家”的野心逐渐膨胀。“进入 21 世纪，‘政治大国论’日渐成为日本政治生活中的主导理念，并通过相关法治和机制反映到日本外交、安全政策中。”[②] 基于上述观点，在东南亚地区，日本以与域内实力相对较强的战略支点国家展开合作的方式，表面上看是为了帮助战略支点国家提高安全保障能力和军事实力，实则是在为本国实现政治及军事大国化目标寻得更多的“契机”和“借口”。诸多实践已将日本试图突破和平宪法、推动安全政策松绑的企图暴露无遗。例如，日本通过与战略支点国家举行联合军事演习、军舰港口停靠等，逐渐拓展了日本海上自卫队的海外军事行动范围，无形中推动了自卫队的军事外向化进程；借向战略支点国家提供武器装备之机，松绑本国武器和军工生产技术的出口限制，并大幅提高防卫费，强化日本军事安全能力的对外输出；等等。由此可见，日本与战略支点国家的安全外交，是日本突破和平

① 防衛省・自衛隊「能力構築支援」、https://www.mod.go.jp/j/approach/exchange/cap_build/。

② 吕耀东：《日本对外战略：国家利益视域下的战略机制和政策取向》，《日本学刊》2018 年第 5 期。

宪法、向“政治及军事大国”转型的渐进试探，也是日本获得更多国际舆论支持的手段。

2. 日本意在联合战略支点国家介入南海争端并牵制中国的地区影响力

日本始终将“中国的崛起”视作“威胁”，在日本的《国家安全保障战略》（2022 年 12 月修订）中更是将中国定位为“迄今为止最大的战略挑战”，将中国列为“地区安全挑战”位次第一的国家，将“中国的对外姿态和军事动向”视为“日本和国际社会强烈担忧的事项”。[①] 由此可见，日本已将国际格局变动与国际权势转移视作当今时代的首要特征。在均势理论的支配下，日本将“中国的崛起”作为导致地区权利失衡的最大威胁，而日本认为最有效的制衡方法就是保证地区内部的均势，而构建联盟体系是取得成功的关键。[②] 因此，作为非南海争端方的日本，出于制衡中国的目的，却将打造战略支点的对象锁定至作为南海声索国的菲律宾、越南。通过与战略支点国家塑造共同话语，构建“中国‘破坏’地区秩序及‘法治’的受害者联盟”。例如，2021 年 11 月 24 日，日本首相岸田文雄与访日越南总理范明政举行会谈，双方将中国在南海地区的合法维权视作“单方面改变现状”，并对此表示“严重关切”，就进一步加强合作以应对“中国在东海和南海的海洋活动”达成共识。[③] 日本妄图利用战略支点国家的示范效应，降低域内其他国家对中国的信任，削减它们与中国的合作。另外，日本还妄图以在敏感区域举行联合军演等方式“挑衅”中国，向中国施压，给中国制造“麻烦”。

3. 日本意在配合盟友美国的印太地区战略布局并提升自身国际影响力

自 2017 年特朗普政府提出印太战略以来，美国不断谋求印太地区战略布局。美国除了强化与传统盟友日本、韩国的双边关系，还“重启美日澳印四国机制（QUAD)，并在此基础之上拉拢印尼、越南等印太地区核心伙伴国‘入群’，意图以‘美日印澳+重点核心伙伴关系国’（QUAD+X）为

① 内閣官房「国家安全保障戦略」、2022 年 12 月 16 日、https://www.cas.go.jp/jp/siryou/221216anzenhoshounss-j.pdf。

② 参见陆伟《领导力、均势与日本联盟战略的新选择》，《日本学刊》2020 年第 1 期。

③ 「岸田首相、ベトナム首相と連携確認　中国念頭に『深刻な懸念』表明」『朝日新聞』2021 年 11 月 24 日、https://www.asahi.com/articles/ASPCS72KSPCSUTFK00W.html。

主体，构建未来印太安全秩序”。[①] 在 2021 年以来“拜登政府的‘小多边’外交中，日本更是成为美国构建联盟网络、推进联盟现代化不可或缺的帮手”。[②] 显然，在美国的印太战略中，日本是其实施战略部署的前沿国家和最为重要的军事盟友，并被期待能够发挥重要“引领”作用。而日本作为域内的主要国家、美国的传统盟友，也期待以印太战略为支撑，重塑地区秩序、扩大国际影响力以及提升自身在美国印太战略布局中的地位。因此，日本在美国的诸多地区盟友中，是行动上最为积极、政策上最具同向性的国家。在战略支点国家的选取上，日本必然将已与美国建立战略伙伴关系的国家视为优先选项。例如，菲律宾是美国在印太地区实施军事援助的最大受援国，2015—2022 年间共接受了价值约 11.4 亿美元的军备与军事设施。[③] 而日本也接连向菲律宾以无偿或者有偿的方式出口武器装备：2016 年，日本无偿为菲律宾提供了 10 艘巡逻艇；2018 年，向菲律宾海军捐赠了 TC-90 教练机。2020 年，菲律宾决定斥资 5.5 亿美元采购日本 3 套 J/FPS-3ME 雷达，这也是日本在亚洲的首个武器装备出口大单。[④]

除上述三点考量外，日本作为一个资源匮乏的海洋国家，对东南亚的石油、煤炭、天然气等资源有着强烈的需求。同时，东南亚各国还是日本重要的商品贸易市场和产业转移地。因此，东南亚地区的安全稳定以及保持在东南亚地区的影响力，对日本的经济建设和国家的生存与发展也是极为重要的。

### （二）战略支点国家的资源条件及其对日本的回应

从资源条件来看，菲律宾是东南亚地区的第二大国，在人口和经济发展水平方面仅次于印度尼西亚。同时，菲律宾还是距离日本最近的东南亚

① 王竞超：《印太语境下的日本—印尼海洋安全合作：进展、动因与限度》，《东南亚研究》2021 年第 3 期。

② 李春霞、何诗晗：《拜登政府实施“印太战略”背景下美日菲防务合作剖析》，《和平与发展》2023 年第 3 期。

③ U. S. Embassy in the Philippines, “U. S. -Philippines Defense and Security Partnership,” https://ph. usembassy. gov/fact-sheet-u-s-philippines-defense-and-security partnership/.

④ 参见兰顺正《日本敲定首个亚洲军售大单》，《中国国防报》2020 年 3 月 30 日，第 4 版。

国家。麦克阿瑟曾说过："菲律宾是全世界最好的群岛。它的战略性位置是世界上其他任何地方不能与之相比的。"[①] 菲律宾从总体上来看，除南部地区存在恐怖主义和分裂活动外，国内政局较为稳定。与此同时，菲律宾对于日本的主动"示好"也给予了积极回应，其原因主要如下。首先，菲律宾为构筑更为独立自主的军事力量，推动军事现代化进程，在接受美国先进武器的援助之下，还希望搭日本的便车，获得日本的资金支持以及武器装备和军事技术。其次，随着中菲南海争端的不时加剧，马科斯政府在2023年8月15日发布的《国家安全政策（2023—2028年）》中，又将台海局势视作菲律宾的主要担忧事项。因此，为增加自身在南海博弈中的筹码以及将风险最小化，菲律宾政府积极推动与日本的安全合作。

越南东南部的金兰湾，是可停靠航空母舰的深水良港，是扼守西太平洋南部的海上要冲，并且，面朝中国南海、背靠中南半岛，战略意义极为重要。在经济发展上，越南国家统计局公布的数据显示，2022年越南的GDP增长率是8.02%，为25年来的最快增速，领跑整个亚太地区。此外，同菲律宾一样，越南也对日本的安全合作诉求予以积极回应。其主要原因是为在各大国势力之间寻求平衡，越南已形成独具特色的"竹式外交"，其核心就是与地区大国建立战略伙伴关系，推行多边化和多样化的外交路线。因此，扩大与日本在安保领域的合作，是越南践行"竹式外交"路线的一环。越南也希望借助日本获得更多的资金和技术，用于发展本国的防卫能力。

## 四　日本打造战略支点的多重影响

在东南亚地区，日本与战略支点国家的安全合作在持续强化中。它虽对日本的国家战略转型及武器出口起到一定效用，却加剧了地区安全局势紧张及大国战略博弈，并冲击了"东盟中心性"原则。

总体来看，日本在东南亚地区打造战略支点，已从中获得收益。日本通过与战略支点国家举行联合军事演习、在战略支点国家进行军舰战略性

① 朱新山：《菲律宾海洋战略研究》，时事出版社，2016，第1页。

停靠等，拓展了日本海上自卫队的可行动范围，推动了自卫队的军事外向化进程；通过向战略支点国家加强武器装备和技术出口等，降低了日本武器和生产技术出口的门槛，使同盟国以外的“伙伴国”也能得到武器装备和防卫技术支持。另外，日本希望的战略支点所发挥的示范效应也已在东盟国家中初见成效。通过履约、人道主义救援、ODA、OSA 等，日本已经打造了一个“可信”的安全伙伴形象，一定程度上消解了东南亚社会因战争对日本的厌恶与怀疑。2021 年 1 月，益普索（IPSOS）对东盟九国近 3000 人发起舆论调查，结果显示有 92%的调查对象认为日本是值得信赖的国家，这一数据较 2017 年上升了 8%。[①] 由此可见，对于日本实现“军事大国化”、突破“专守防卫”的战略目标而言，打造战略支点无疑起到了推进作用。

然而，在安全保障领域，日本在强化与战略支点国家双边关系的同时，也造成了地区内地缘政治矛盾的升级。

首先，日本与战略支点国家安全合作的深化将加剧地区的紧张局势。日本以 ODA、OSA 等方式向战略支点国家提供安全保障建设的相关资金支持，以签署谅解备忘录等相关协议的方式，扩大与战略支点国家间的防卫装备和技术的交流与合作。日本对于本国加强与东盟国家安全合作的解释是：“基于积极和平主义、反对以单方面实力改变现状”；“维护日本、亚太地区以及国际社会和平”。然而，日本一系列行为极有可能增加东盟国家内部对彼此军事实力的猜疑，不仅不能够对该地区的安全事务起到正向作用，反而可能成为负面的“试点”，造成地区安全局势进一步的恶化，甚至引发军备竞赛。并且，日本将南海声索国菲律宾和越南打造成战略支点，本质上就是想利用南海声索国与中国在南海地区的领土及海洋权益争端掣肘中国，势必会加大地区安全局势的不确定性。日本在与战略支点国家的安全合作中，还不断渲染中国对南海安全局势的“不良”影响，企图干扰东南亚国家对中国形象的判断，也将导致亚太地区各国间的不信任和

① 相关调查结果参见外務省『令和 3 年度 ASEAN における対日世論調査結果』、https://www.mofa.go.jp/mofaj/files/100348512.pdf;外務省『平成 29 年度 ASEAN（10か国）における 対日世論調査結果』、https://www.mofa.go.jp/mofaj/files/000434060.pdf。

互相猜忌，成为地区安全局势不稳的诱因。

其次，在美国推行印太战略的背景下，美日越、美日菲等“小多边”安全合作将加剧中美大国战略博弈，或将引发国际局势的动荡。“全球力量的快速演变，使美国认为自身正在失去原有的‘不对称性’军事优势。为了维护全球霸权，加强联盟认同，美国不遗余力地将中国塑造成国际社会的‘共同威胁’。”① 在日本的配合之下，在东南亚地区形成了以美国为主导、以“日本+战略支点”为辅助的“小多边”安全合作机制。例如，在日本和菲律宾的回应下，美日菲三边机制已经逐渐形成并取得了一定进展：2022 年 9 月，美日菲举行“三边防务政策对话”；同年 10 月，美日菲三国海岸警卫队举行 SamaSama 演习；2023 年 6 月，三国海岸警卫队为加强“海域感知和海事执法”能力，在马里韦莱斯海域举行联合军演。日本还计划与菲律宾启动《互惠准入协定》（RAA）缔结的谈判，菲律宾或将成为与日本签署该协定的第三个国家、东南亚的第一个国家。“小多边”安全合作大多带有对华遏制色彩，必然会加剧中美两国的地缘政治博弈。

最后，日本在对东南亚安全外交中打造战略支点，冲击了地区合作进程中的“东盟中心性”原则。所谓“东盟中心性”，是指“东盟在处理对内关系、推进地区经济一体化进程、构建地区政治与安全架构、处理域内外大国关系以及在地区议程设置和秩序塑造等方面发挥的引领作用”。② 冷战后，亚太地区逐渐形成了以东盟为中心的安全合作机制，如东盟地区论坛（ARF）、“东盟+3（中日韩）”、“东亚峰会（EAS）”等，涉及政治、经济、安全等诸多领域。尽管日本在众多场合肯定东盟对地区安全局势发挥的引领作用，表示尊重“东盟中心性”原则，但事实上，日本通过战略支点插手地区安全事务并争夺区秩序主导权，再加上美国的介入与诱导，一定程度上干扰或削弱了东盟固有的合作框架和合作进程，加大了东盟国家在中美战略博弈中被迫“选边站队”的压力，破坏了东盟内部的团结

① 李春霞、何诗晗：《拜登政府实施“印太战略”背景下美日菲防务合作剖析》，《和平与发展》2023 年第 3 期。

② 韦宗友：《印太视角下的“东盟中心地位”及美国-东盟关系挑战》，《南洋问题研究》2019 年第 3 期。

一致。

总之，由于当前亚太地区格局正处于深度调整期，日本以打造战略支点的方式展开其对东南亚安全外交，除了谋求“一己私利”外，进一步加剧了地区秩序构建的不确定性，且对地区安全局势与大国战略博弈均造成消极影响，实质上也不利于维护战略支点国家自身的安全。

（张文佳，国防科技大学外国语学院博士研究生；
徐万胜，国防科技大学外国语学院教授）

# 山本条太郎与近代日本对华经济扩张活动

周　游

**内容摘要**　山本条太郎是一个极具创新、冒险和掠夺意识的企业家，同时也是一个具有多重面孔、对中国负有重要历史责任的右派政治家。山本条太郎在三井物产的对华贸易中起到了独特的作用；在华纺织企业上海纺织会社成立和发展过程中发挥了作用，为日本在华纺织企业后来的急剧发展奠定了基础；他还深入参与中日合办汉冶萍公司，以掠夺中国铁矿资源；出任满铁社长后，山本条太郎进行改革，重振满铁，并迫使张作霖秘密与其签订新铺五条铁路协议。

**关键词**　山本条太郎　三井物产上海支店　在华纺织企业　汉冶萍公司　满铁

在中国近代对外经济关系史中，资本主义列强对中国的侵略和掠夺是重要组成部分。从1840年英国通过鸦片战争首先打开中国大门，法国、俄国、美国、德国等西方列强接踵而来，到了19世纪末中国已经成为西方列强角逐世界的主要战场。1868年明治维新后才成为资本主义国家的日本是西方列强瓜分中国的后来者，但到第一次世界大战结束，仅用了30年左右，日本就成为在中国获得利益最多的国家。这是如何实现的，长期以来一直是中外经济关系史研究领域一个引人关注的问题，到今天已经积累了相当可观的学术成果。但以往的有关研究大多属于历史过程方面的综合性、宏观性考察和叙述，而微观性的考察和分析比较薄弱，尤其是对那些在中日经济关系史上起到重要作用的人物的研究还比较有限，然而两国的经济关系说到底是以具体的历史人物和事件为基础的，因此，对于历史人物和事件的这一基本认识是本文的一个出发点。

在近代日本对华展开的经济扩张中值得提及的人物不少，本文之所以把山本条太郎当作考察和研究的对象，除了至今中日两国学界与其有关的研究成果都非常有限外，更主要的是出于以下两方面的考虑。

其一，与涩泽荣一和益田孝那样的近代日本对华经济扩张战略的制定者和组织者不同，山本条太郎身处对华经济扩张的第一线，是把侵略构想付诸行动并变为现实的“冲锋陷阵者”。他前后在中国一共生活了近20年的时间，直到他去世的20世纪30年代初，几乎在中日之间发生的所有重要经济事件中都可以看到他的身影，他所从事的活动对日本对华经济扩张掠夺以及取代欧美在中国实现获取最多利益的目标都产生了重要的影响。

其二，与一般在中国投资经商的企业家不同，山本的活动远远超出了经济活动的范围，他与日本政界和军界的联系十分密切，是个具有多重面貌的人物。他与近代中国政治舞台上的重要人物孙中山、盛宣怀、张作霖等有过多次往来，他作为策划者和参与者在诸多历史事件中起到了极为重要的作用，可以说他是研究近代中日经济关系时一个绕不过去的人物。

本文拟对山本条太郎在华从事的侵略扩张活动作较为具体的考察和论述，搞清他在一些重大历史事件中所扮演的角色及产生的影响，在此基础上作出较为深入的剖析和评价。

## 一　三井物产的对华贸易与山本条太郎的活动

在近代中日两国的贸易史上，1878年三井物产上海支店的设立无疑是一个重大事件。如人所知，在德川幕府实行了长达200年之久的锁国政策统治之下，与日本保持通商关系的只有荷兰和中国这两个国家，当时日本商品的输入输出都是通过这两个国家驻在长崎的商人进行的。1853年日本被迫开国之后，欧美商人纷至沓来，那些设立在开港地的外国商馆控制了日本的对外贸易。因此，明治维新之后，所谓的“夺回商权”即设立商社开展直接贸易成了日本的当务之急。三井物产作为日本最初的贸易商社正是在这样的背景下于1876年成立的，而1887年设立的三井物产上海支店（另称三井洋行）则是日本贸易商社在日本以外开设的第一家支店，它的成立标志着日本的对华贸易进入了一个新的阶段，开始由被动转为主动，同时也为山本条太郎那样热衷于搞对外扩张活动、梦想大有作为的年轻人提供了一个机遇和平台。

### （一）入职三井物产上海支店前的简历

山本条太郎（1867年生）是在1888年也就是他21岁的那一年入职三井物产上海支店的，在此之前他曾在三井物产横滨支店和三井物产总部工作6年。与大多数同龄人相比，山本的家庭状况尚可，他的父亲是越前国（现为福井县）藩主手下的幕僚，后奉藩主之命于1872年举家移居东京，但此后家庭变故很大。1876年在山本9岁时母亲的意外去世使他受到很大打击，1881年他又因突患肋膜炎而不得不放弃了在东京神田共立学校的学业。病好之后，山本已无意继续学业，便求他的舅舅吉田健三给他找工作。吉田是知名的实业家，也是《东京日日新闻》（《每日新闻》前身）的创办人，其交际圈甚广，与时任三井物产横滨支店长马越恭平很熟，这样在舅舅的推荐之下，山本如愿到马越恭平手下做了一名小伙计，从15岁起开始了他在三井物产的职业生涯。

在横滨支店工作期间，山本还是个未成年的毛头小伙子，他做事机灵，且勤奋好学，工作态度积极向上，但另一方面他在工作上有时表现得过于自信和大胆，因此工作还不到一年的时间，就做了一件未请示上司违规操作买卖外汇的错事。按照店规本应将其解雇，但后经店长马越与三井物产社长益田孝商议，认为他年少气盛但不失培养价值，故最终决定从宽处理，将他从支店调到东京总部工作。到了总部之后，山本因处事考虑周到，很快得到了上司的赏识，甚至去外地检查工作时也把他带在身边负责处理杂务，但调到东京总部之后的山本在工作之余对买卖外汇依旧兴趣未减并屡屡得手，故手头很是宽裕，这与其职位工资报酬极不相符。此事说明山本在思想意识上还很缺乏锤炼，故引起了益田、马越等人的注意，决定将他从东京总部下放三井物产属下的远洋货轮“赖朝丸”上工作。应该说，这个决定对山本后来的成长起到了很大的作用。“赖朝丸”的主要航路是从日本出发经上海逆长江而上开往中国内地，船长和主要乘务人员都是英国人，水手中还有几名中国人。与他们在一起工作的时间里，山本表现得十分勤奋好学，不仅学会了英语和汉语，而且开阔了视野，积累了与外国人打交道的经验，同时锤炼了思想意志和吃苦耐劳不惧风险的精神。这样经过一年多的时间，山本重新得到三井物产社长益田孝的认可，于1888年被派往三井物产上海支店工作，由此开始了他在中国的经济扩张活动。

### （二）赴东北营口拉开中日大豆贸易的历史序幕

山本被调入上海支店时刚满21岁，而当时支店的人员，多为拥有欧美学历的高端人才，因此山本这个小字辈的到来并没有引起多少关注。但此时经过历练的山本已经比较成熟，他工作认真负责，为人处事大度，既能做到虚心向前辈请教，又敢于发表自己的见解，表现出很强的工作和交际能力，所以很快就赢得了上司的器重和信任。在同事们看来，他头脑灵活、目光敏锐，且性格刚毅、办事果断，成就一番事业只是时间早晚之事。而山本则不负厚望，他干劲十足，业绩突出，其中三赴东北营口开创大豆贸易的历史就是一例。

1891年夏，山本条太郎奉命赴营口考察，时年24岁。那时的东北地区是边远落后之地，各方面条件都非常艰苦，所以中国南方的商人很少有人到此地做生意，外国人更是足迹鲜至。山本是第一位进入中国东北地区的日本商人。[①] 通过在营口的考察，山本了解到辽河地区是大豆的主产地，营口是其集散地。他认为对人多地少的日本来说，大豆是一种极具价值的农产品，需求量一定很大，前景非常好，三井物产应该尽快到这里来做大豆生意。他回到上海后，将当地的情况和自己的看法向该店与总店进行了汇报。

1893年5月，山本第二次进入营口。这次山本有备而来，做好了克服各种困难的准备。他对当地恶劣的居住条件毫不在意，为了适应当地的交

① 山本条太郎翁伝記編纂会編『山本条太郎伝記』原書房、1982年、86頁。

易习惯和广交朋友，在语言方面他精益求精又下了不少功夫。而为了解决营口没有外汇银行而产生的困难，山本想到了以物易物的贸易方式，也就是用三井物产负责的对华出口的日本煤炭换大豆豆饼来解决，结果山本凭借自己在这里建立的人脉关系如愿获得了成功，由此拉开了中日之间大豆贸易的历史序幕。

由于大豆的用途相当广泛，大豆贸易的开创给日本带来的经济利益非常可观。大豆不仅榨油可用于食用，副产品豆饼可用于饲养牲畜且可取代鱼肥成为肥料，市场需求量将不断扩大，对日本农牧业的发展也会大有好处。同时大豆贸易还可带来三井物产经营效益的提高。因为作为大豆贸易的集散地，营口的海运交通极为便利，而当时三井物产拥有的货船主要用途是把日本出口的煤炭运送到中国沿海地区，返程承载的货物主要是棉花和杂货，但因数量有限，经常出现货船空舱返日的情况，而大豆贸易的开拓将使这种情况得到明显的改变。因此，大豆贸易的开创在日本反响强烈，引起了朝野各界的高度关注。以此为背景，三井物产决定在营口筹建固定营业点，山本领命于 1895 年再次来到营口，利用在当地的各种关系很快就完成了这个任务。该营业点于 1898 年升格为营口支店，成了继上海支店和天津支店（1888 年设立）之后三井物产在中国设立的第三个支店，意味着日本对华经济扩张活动进一步深入。

### （三）力主废除买办制度，创建适应经济扩张需要的人员培养制度

所谓买办，指的是那些受雇于在华外国企业和外国商人，为其贸易活动提供各种服务的中国人。雇佣买办作为外国企业和商人普遍采取的一种制度始于 1842 年中英《南京条约》之后，而对于外国企业和商人来说，之所以雇佣买办从事对华贸易活动，主要是为了排除在语言文化、商贸习惯方面存在的障碍，特别是排除在信用方面存在的风险。但从另一个角度来看，买办的雇佣不仅增加了外国商人的交易成本，也在一定程度上限制了外商对中国市场的深入了解和直接掌控。三井物产上海支店在建立之初，为了尽快打开局面，也效仿欧美商人雇佣买办。然而，甲午战争之后

随着《马关条约》的签订，买办制度对于来华做生意的外国企业和商人的负面作用突出地显露出来，而对于欧美商人来说，要废除买办制度还有一些短时间内难以解决的困难，因此迟迟难下决心。首先打破常规废除买办制度的是三井物产上海支店，这与山本的竭力主张有着直接的关联。山本之所以竭力主张废除买办制度，在于他从只身赴东北营口开辟大豆贸易的实践经验中感受到，日本人与中国人可谓同文同种，与欧美商人相比，日本人在语言的掌握和交际礼节上更容易打入中国社会。因此他认为，三井物产上海支店应该充分利用和发挥这个独特的优势，在雇佣买办的问题上没有必要继续采用欧美商人的做法。而三井物产社长益田孝对于买办制度存在的必要性也一直持有疑问，为此他在1897年到中国作专门调研，并就废除买办问题专门征求了山本的意见。此后不久，三井物产理事会议便正式作出从上海支店开始废除买办制度的决定。

废除买办制度这一举措引起了欧美商人和中国各类买办人员的高度关注，而废除买办这一制度性改革最终能获得成功，则正如益田所说，“完全归功于山本克服了由此而遇到的各种困难”。[①] 山本能够得到如此之高的评价是因为，他承担了买办废除后的制度性再建和实施的具体工作，而他从实际需要出发制定了一套行之有效的人才培养规则和措施，有效地解决了废除买办制度后所必须面对的主要问题。

例如，1899年山本主持制定的《中国修业生规则》规定，凡希望到三井物产在华支店就职的日本青年必须经过三年时间的修习并通过考试合格之后方可被录用；修习生本人必须具有中学以上的学历，真诚热爱从事对华贸易工作；在性格素质方面应适于经商活动；等等。[②] 此外，还另行制定了《中国语学研修规则》，对修习生的中文授课时间以及学习结束时中文应达到的水准都作了明确规定。[③]

从《中国修业生规则》《中国语学研修规则》的这些内容中可以看出，建立中国修业生制度的根本目的就是培养能够全面适应对华扩张要求的所

---

① 山本条太郎翁伝記編纂会編『山本条太郎伝記』、117頁。

② 三井文庫編『三井事業史』資料篇四上、三井文庫、1971年、350—351頁。

③ 三井文庫編『三井事業史』資料篇四上、350—351頁。

谓“中国通”。而且为了达到这一根本目的，山本本人不忘言传身教，他鼓励修习生大胆地说汉语，穿中国服饰，了解中国人的心理、社会习俗、文化与贸易习惯，积极开展社会调查，并鼓励他们学习和掌握方言，到中国人的家庭中去体验生活，甚至积极支持他们与中国人结婚。

从结果上看，修习生培养制度收效巨大。出自山本门下的修习生个个都把他当作榜样，在日后的表现都十分活跃，他们作为“新型中国通”，在不同岗位上担负着重要职责，对三井物产对华贸易的快速增长起到了推动作用。据统计，在1897—1909年这十二年间，由三井物产出口的棉纱、棉布、原煤等产品按金额计算少则增加几倍，多则增加几十倍，而其中对华出口所占比重分别高达98%、88.8%、72%。①

买办制度的废除对于日本在与欧美企业的竞争中占据有利地位起到了重要作用，以致欧美企业也随后相继废除了买办，外国资本对中国经济的控制变得更为直接和深入。

## 二　山本条太郎与日本在华纺织企业的创建

山本条太郎在日本对华经济扩张活动中表现突出，因此得到了三井物产高层的高度认可，1894年一度担任上海支店代理店长，1901年正式升任为上海支店店长，同时出任三井物产总社参事长。而在这之后，山本又干了一件大事，那就是他为日本在华纺织企业的建立和发展开辟了一条道路，为日本纺织企业战胜欧美企业独霸中国纺织业奠定了基础。

### （一）对华投资受挫与山本的经营战略调整

日本棉纺织工业从19世纪80年代开始起飞之时起就有了到中国投资的打算。1888年建成投产的大阪纺织会社出于运输成本的考量，欲在上海设立轧花厂，以便在中国收购棉花去除棉籽后向日本输出。尽管后来在三井上海支店的中介和主持之下，轧花厂由日、英、美、法、德五国商人共

① 据坂本雅子『財閥と帝国主義——三井物産と中国』（ミネルヴァ書房、2003年）第43页的表格计算。

同出资，于1888年建成投产运营，但始终没有得到清政府的正式许可。①

而《马关条约》的签订则给日本纺织业企业名正言顺地进入中国打开了大门，因而在日本很快掀起了到中国投资兴建纺织工厂的热潮。日本的纺织企业之所以对在中国投资建厂表现出极大的兴趣，主要是因为日本纺织业所需原料不能自给，要靠从中国进口，且劳动力的雇佣成本明显高于中国，此外海上运输费用的支出也很大，所以要与那些在中国现地设立纺织厂的欧美企业争夺中国内地的纺织品市场，不在中国投资建厂将是相当困难的。然而，实际情况并不像设想的那样乐观，包括三井物产在内几家抢先到中国投资的企业不久就遭遇了挫折和失败。

例如，1895年7月，钟渊纺织公司和三井物产组成联合调查组，赴上海对纺织业作了详细的考察，考察得出的结论是在华设立纺织工厂是有利可图的，因此两公司决定共同发起，通过招股，筹资100万两资本金，在上海设立纺织工厂。由于募集到的资金大大超过了原定计划，最终将资本金定为150万两，设备规模为3万锤，而后在上海的苏州河沿岸的英租界内以10万两的价格获得了4600坪的工厂用地。纺织厂起名为上海纺织会社，暂不设社长或董事长，在上海的负责人为三井物产上海支店长小室三吉，不久改为山本条太郎。经过近一年的准备，一切就绪，只等破土动工，却不曾想在赋税问题上出了差错。《山本条太郎传记》中是这样记述的："原以为在上海由外国企业生产的棉纱等纺织产品可以无赋税销往中国各地，但实际上按规定在运送到上海以外地区时须缴纳相当于进口税率一半的所谓子口半税，这样一来是难以与外国出口到中国的棉纺织品相竞争的。"②因此只好决定放弃建厂投资计划，将已经运到上海的设备再运回日本，改在神户建厂。除了上海纺织会社外，取消在中国投资的企业还有由大阪多家纺织企业联合成立的华东公司，其原因也与上海纺织会社基本相同。

对于这次失败，山本一直心有不甘，他深知对于日本的长远利益来说，纺织企业在华投资建厂进行资本输出比产品输出更具有战略意义，因

① 孙毓棠编《中国近代工业史资料》第1辑上册，科学出版社，1957，第88—92页。

② 山本条太郎翁伝記編纂会編『山本条太郎伝記』、114頁。

此他一边继续关注形势变化，一边思考日本纺织业的资本输出怎样才能在中国落地生根的问题。在他看来，当时中国的纺织企业普遍处境艰难，并不像中国纺织业界所说的那样其主要原因在于所谓的“棉贵纱贱”，而在于中国企业大多不善经营管理，因此他调整思路，认为变投资建厂为租赁或收购中国纺织企业将是一条打入中国纺织业的便捷之路。为此，山本一直在等待机会一试身手。

1902 年夏的一天，山本从属下那里获悉，华商兴泰纱厂因无力偿还华俄道胜银行的借款而被迫接受其管控，希望将该厂卖给三井物产上海支店。该厂拥有土地 44 亩，设备可谓精良，拥有纺纱机 25480 锤，[①] 生产能力可观，只是因资金流动方面的问题经营才陷入难以解脱的困境。得知此事之后，山本敏锐地意识到这是一个极好的机会，因此立刻请中间人与华俄道胜银行进行意向沟通。最后山本拍板决定，以 5 年内偿还道胜银行 22.5 万两的欠款为附加条件，出资 30 万两收购该厂，并同意在当日之内完成资金款项的交割。[②] 他凭借与英国银行的良好关系得到了所需资金，当天就完成了所有交易事项。[③]

山本果断出手抓住时机，自信这次收购肯定不会失败，而实际结果也正如山本期待的那样。该厂被收购之后，改名为上海纺织会社，管理水平大有提高，生产成本随之下降，很快实现了扭亏为盈，利润率连年大幅提高，1903 年纯利率为 8%，1904 年为 10%，1905 年为 20%。[④]

### （二）重组上海纺织会社，为日本纺织企业在华创建打下基础

兴泰纱厂的收购大获成功，使山本在上海纺织业名声大噪，他乘势进一步扩大企业收购和租赁活动。

1905 年，中国当时横跨官商两界的大人物盛宣怀也找上门来寻求合

---

① 徐新吾、黄汉民主编《上海近代工业史》，上海社会科学院出版社，1998，第 84 页。

② 张忠民：《第一次世界大战前日本棉纺织企业进入中国的路径与特点——以上海纺织株式会社为例》，《上海经济研究》2009 年第 1 期。

③ 山本条太郎翁伝記編纂会編『山本条太郎伝記』、159 頁。

④ 张忠民：《第一次世界大战前日本棉纺织企业进入中国的路径与特点——以上海纺织株式会社为例》，《上海经济研究》2009 年第 1 期。

作，租赁经营归他的大纯纱厂。山本以租金白银 5 万两、租期为一年租赁大纯纱厂经营，当年就获得纯利 12 万两。[①] 而后，山本又经盛宣怀同意，联合苏葆森、印锡章等中国棉布商人共出资 40 万两将该厂收购到手，改名为三泰纺织会社。1907 年，为了加强上海纺织会社的实力，山本又对三泰作了解散处理，将其并入上海纺织会社名下。而合并之后的上海纺织会社拥有纺纱机 4.5 万锤，经营状况良好，利润收入水平一直保持在相当高的水平，资本盈利率 1909 年为 49.8%、1910 年为 45.6%，[②] 大大超出日本国内纺织企业的盈利水平。

由此可见，通过企业收购—企业租赁—收购租赁企业—收购企业之间的再次合并整合这样的逐步升级式调整，上海纺织会社的实力得到了进一步的增强，资本金已高达 100 万两之巨，拥有纺织机 4.5 万锤，[③] 就其规模而论大大超过欧美在华设立的纺织企业和中国民族纺织企业，成了中国纺织业中的巨无霸，标志着日本纺织企业已经在中国站稳脚跟。而它的存在和扩大又具有强烈的示范作用，使来中国投资建厂的日本企业不断增加，1914 年到 1925 年，仅上海一地日资纺织企业就增加了 25 家。[④]

最后还应该看到，以上海纺织会社的成立为起点，日本在华纺织企业的强势登场和不断膨胀使中国纺织业的市场竞争日趋剧烈，欧美纺织企业陷入萎缩，中国民族纺织企业虽然从数量上看有所增加，但绝大多数企业面对日本在华纺企业的打压处境艰难。以纺织工业最为集中的上海为例，到 1925 年，中国民族纺织企业有 25 家，拥有纺织机 67.7 万锭；欧美企业有 4 家，拥有纺织机 20.5 万锭；而日本在华纺企业有 32 家，拥有纺织机 93.9 万锭。[⑤] 由此可见，上海纺织业的大半已经掌握在日本在华纺织企业手中，而这种情况对于中国这样工业化进程特别依赖于纺织工业早期发展的国家来说无疑是非常沉重的打击。

---

① 张忠民：《第一次世界大战前日本棉纺织企业进入中国的路径与特点——以上海纺织株式会社为例》，《上海经济研究》2009 年第 1 期。

② 徐新吾、黄汉民主编《上海近代工业史》，第 84 页。

③ 徐新吾、黄汉民主编《上海近代工业史》，第 85 页。

④ 徐新吾、黄汉民主编《上海近代工业史》，第 160—161 页。

⑤ 徐新吾、黄汉民主编《上海近代工业史》，附录统计表。

## 三 山本条太郎与汉冶萍合办问题

在近代中日两国关系史上，汉冶萍公司合办问题的出现以及两国因其而产生的对立和攻防无疑是引人关注的大事件。它一方面与日本能否确保国内经济持续成长和实现钢铁以及军工产业的迅速崛起等重大战略问题密不可分，另一方面关系到中国经济的前途和命运，对清末民初中国的政治局势和中日两国关系的变化都产生了重要的影响。

### （一）签订煤铁互售合同绑定汉阳铁厂铁矿资源

明治维新之后，对于急于实现国富兵强和对外经济扩张的日本来说，尽快发展钢铁工业的重要性是不言而喻的，因此早在1880年时日本陆军和海军军部以及工部省就正式提出了设立国营炼铁厂的建议，但是所需原料资源的缺乏也使他们一直存在顾虑，所以建设钢铁厂之事并未实行。然而，甲午战争后《马关条约》的签订使日本发展钢铁业所面临的条件为之一变，巨额战争赔款的获得使钢铁厂的建设有了足够的资金保证，日本也可以通过进口中国的矿产资源来解决国内资源不足的问题。以此为背景，1895年日本第八次帝国议会通过了设立国营炼铁厂的议案，而后1897年国营八幡制铁所宣告成立，1901年正式投入生产。制铁所之所以最终选址八幡，除了其周边的筑丰有丰富的煤炭资源外，也有在地理条件上方便从中国进口铁矿石的考量。[①] 由于日本对中国铁矿资源的分布情况早已有所把握，所以八幡制铁所从一开始就把目标直接对准大冶铁矿，并将其视为决定日本钢铁工业未来的“生命线”，由此为后来汉冶萍公司合办问题的产生埋下了一颗种子。

而从中国方面的情况来看，早在1890年初，张之洞就决定在湖北汉阳兴建炼铁厂，同时在大冶开采铁矿，供炼铁使用。1894年汉阳铁厂开始正

① 藤村道生「官営製鉄所の設立と原料問題——日本帝国主義史の一視点」『日本歴史』292号、1972年9月、78—102頁。

式投产，到1895年共用经费582余万两。[①] 甲午战争失败之后，巨额战争赔款使清政府财政濒于破产，已无力支付汉阳铁厂所需费用，故于1896年决定汉阳铁厂连同大冶铁矿一并由官办改为官督商办，交盛宣怀负责招股接办，盛宣怀由此成了汉阳铁厂的经营决策者和实际上的所有者。

然而问题在于，体制改革后的汉阳铁厂仍旧没有摆脱困境，集资募股进展并不顺利，筹集到的资金相当有限，与此同时在江西新设的萍乡煤矿局需要大量的资金投入，因此对于盛宣怀来说，他手中唯一可以调动的生产资源就是大冶铁矿开采出来可以用于交换的铁矿石。这种情况很快便为三井物产等日本相关方面所掌握，他们从中意识到这对于垂涎大冶铁矿石已久的八幡制铁所来说无疑是个可以大做文章的良机。

1898年伊藤博文访问北京，而后南下武汉与张之洞进行了会谈。伊藤博文在这次访华之前曾受托八幡制铁所长官和田维四郎，答应为其获得大冶铁矿石之事进行疏通，[②] 同时他也了解到盛宣怀正在为资金不足的问题所困扰，故抓住时机向张之洞提出建议，希望日中两国展开易货贸易，由汉阳铁厂向八幡制铁所提供大冶铁矿石，日本方面为汉阳铁厂提供所需煤炭和焦炭。张之洞觉得此案各有所得，不无可行之处，故表示同意。而在盛宣怀看来，这不失为缓解资金不足的办法，可以使生产维持下去。正是在这样的背景下，盛宣怀与和田维四郎于1899年4月7日在上海正式签订了煤铁互售合同。该合同规定，八幡制铁所每年向大冶铁矿购买铁矿石不少于5万吨，汉阳铁厂、轮船招商局、纺织织布厂向日本制铁所购买煤炭3万—4万吨，还规定大冶铁矿对日本制铁所享有专卖权，日本制铁所不得向其他中国铁矿购买铁矿石，大冶铁矿也不得将铁矿石卖给中国其他含有洋人股份的铁厂；中方给予日方在铁矿派驻代表的权利，同意日方派出人员到中国参与相关的经营与开采工作。合同期限为15年。[③]

从表面上看，煤铁互换合同为的是中日双方相互能够取长补短，互惠

---

① 孙毓棠编《中国近代工业史资料》第1辑下册，第885—886页，转引自张后铨《汉冶萍公司史》，社会科学文献出版社，2014，第559—561页。

② 瀧井一博『伊藤博文』中公新書、2010年、268頁。

③ 『日本外交文書』第32巻、第524—525頁；『日本外交文書』第33巻、306—307頁。

互利对等受益。但实际上由于双方的出发点和目的不同，合同中那些具有排他性内容所具有的含义是不同的，汉阳铁厂从这些排他性的条文中获得的最大好处是可以缓解眼前的资金压力，达到的目的是简单的、短视的，并不具有长远的、战略上的意义。而对于日方来说，“大冶铁矿不得将铁矿石卖给中国其他含有洋人股份的铁厂”这样的排他性条文则蕴含深远的战略意义，它既可以满足眼前的实际需要，又是确保日本钢铁工业未来生命线这一长远战略中的一个步骤，以此为其绑定汉阳铁厂，实现对大冶铁矿石的独自占有作了必要的准备和铺垫。

## （二）对汉阳铁厂的贷款与三井物产上海支店的中介作用

煤铁互售合同是由盛宣怀和和田维四郎分别代表汉阳铁厂和八幡制铁所签订的，但该合同的实行则与三井物产的参与密不可分，从三井物产在这一易货买卖中所起的作用来看，它实际上扮演的既是中间商、代理人，也是实际的执行人，与汉阳铁厂之间形成的业务关系是多方面的。关于这一点，日本学者坂本雅子指出，在该合同成立的同时，三井物产和汉阳铁政局的关系也加深了。易货买卖的煤炭绝大部分是由三井物产提供的，同时也把汉阳铁政局生产的生铁销往日本，[①] 三井物产和汉阳铁政局之间由此形成了互相依赖的利益关系。

然而，煤铁互售合同签订之后，汉阳铁厂的经营状况并没有得到明显的改善，增加产能提高效率势在必行，但招资募股仍旧是困难重重进展缓慢，这样资金不足成了一个长期存在的现象，只能靠举借外债来扩大投资和维持企业正常运转，故对外借款接连不断。由于煤铁互售合同的签订拉近了与日本方面的距离，所以与欧美方面相比，汉阳铁厂更倾向于对日借款，并把三井物产当成获得外国资金不可缺少的渠道。1905 年 8 月汉阳铁厂向三井物产汉口支店提出希望借款 400 万—500 万日元，同时萍乡煤矿也向大仓组提出希望借款 400 万日元。但日本政府在对汉阳铁厂的贷款事宜上则有通盘考虑，认为应由政府金融机构日本兴业银行来接受这一请

① 〔日〕坂本雅子：《财阀与帝国主义——三井物产与中国》，徐曼译，社会科学文献出版社，2011，第 69—70 页。

求，且中方必须以其资产为担保，并接受雇佣日本人管理者和技师。秉承日本政府的这个旨意，当时山本作为兴业银行的代理人出面参与交涉，可是汉阳铁厂方面表示，希望把借款和产品销售结合起来，除生铁专卖权外，把钢铁销售权也交给三井物产，用产品的销售所得还本付利，不愿为单纯的借款而达成协议，并坚持希望从三井借款。[①] 对此，山本回答："如给三井足够的利权，可按7分的利息借款。"[②] 也就是说，如果返还借款的条件优厚，三井物产还是可以考虑参与承接借款的。以此为背景，1906年三井物产和汉阳铁厂之间签订了100万日元的贷款合同，利率为7.5%，[③]以汉阳铁厂的所有动产和产品为担保，三井物产享有汉阳铁厂产品的独家代理权，不仅可在日本销售，而且除了东北、威海卫、青岛外，可在中国内地和香港销售。

1908年，汉阳铁厂、大冶铁矿和萍乡煤矿合并组成汉冶萍煤铁厂矿公司（简称汉冶萍公司），而后经营状况有所改善，但要维持公司正常运转，依旧离不开向外国借款。据统计，从1908年到辛亥革命后的1913年，汉冶萍公司向日本举债共19次，金额为3022.7万日元、规银395万两、洋例银[④] 62万元，其中来自三井物产贷款为5笔，金额共为150万日元，规银25万两。[⑤] 从金额上看，三井物产是仅次于横滨正金银行的大债主。

### （三）合办汉冶萍公司问题的提出与山本条太郎的深度参与

其实，就日本的华借款而言，无论是政府还是民间，虽然名义不同，其根本目的都是一样的。这一点在日本对华借款的方针上是非常明确的，那就是通过借款把汉冶萍公司牢牢控制在自己的手中，直到最终完全归己所有和支配。应该说这一埋藏在心底的欲望从设立八幡制铁所那天起就已经形成，而在日俄战争之后随着日本经济结构的重化学工业化和继续扩军备战的需要变得越发强烈。1905年8月22日的内阁会议在研究如何对待

---

① 〔日〕坂本雅子：《财阀与帝国主义——三井物产与中国》，第73页。

② 〔日〕坂本雅子：《财阀与帝国主义——三井物产与中国》，第73页。

③ 张后铨：《汉冶萍公司史》，第559页。

④ 又称汉口洋例银，为近代汉口通用的一种虚银两。

⑤ 张后铨：《汉冶萍公司史》，第559页。

上面论及的汉阳铁政局和萍乡矿借款请求时就十分明确地提出了6条方针：(1)“将来看时机，得到大冶和萍乡的采掘权，完全归我国所有”；(2)关于两局的经营，以雇佣日本人技师为条件借给资金，其管理归我国；(3)按照表面商务关系，通过官营制铁所长官着手，逐渐扩大权力；(4)原来同两局有关系的兴业银行、三井物产、大仓组今后也充分利用；(5)为了这个目的，借给资金500万日元以内；(6)避免因此同英国发生冲突，也尽量避免同德国发生冲突，在不损害日本将来实现完全占有损害目的的前提下，可斟酌与其共同投资。[①] 由此可见，日本从1898年以后开始已多次为汉冶萍提供贷款，实际上是为占有汉冶萍所作的铺垫和准备，之所以没有明确把日中合办汉冶萍公司当作一个条件提出来，不过是个时间和时机上的选择问题，然而辛亥革命的发生使这一等待已久的时机终于到来。

1908年，盛宣怀将汉阳铁厂、大冶铁矿和萍乡煤矿合并组成汉冶萍煤铁厂矿公司，亲自出任总理。而后盛宣怀于1911年初被授为邮传部尚书，在皇族内阁成立后任邮传部大臣，统管轮船、铁路、电报、邮政四政。他上任伊始便在铁路国有化政策的名义之下，将已归商办的汉川、粤汉干线铁路权作抵押，与四国银行团签订了湖广铁路借款合同，故引起工商各界和国人极度愤慨，以此为导火线爆发了辛亥革命。而盛宣怀本人因此而被清廷革职，一时跌落神坛成了有罪之人，但他仍然是汉冶萍公司最大的股东和权力拥有者，救其危难之时日后必可为日本所用。因此，此时已升任为三井物产常务董事的山本条太郎决定果断出手搭救盛宣怀，他一方面向日本外务省和财界巨头涩泽荣一作了报告，另一方面指示他的老部下、盛宣怀的私人秘书高木陆郎想办法帮助盛宣怀顺利逃亡日本。于是在高木的精心安排之下，盛宣怀逃出北京，后几经周转，到达日本神户。

武昌起义爆发之后，革命形势发展迅猛，不到两个月即有十几个南方省份宣布独立。1911年12月下旬，孙中山回国准备出任中华民国临时政府临时大总统。但是，当时革命军与清廷军事对峙的形势仍十分严峻，武器弹药因资金状况极度困难而无法得到补充，故为革命军筹措军费成了孙中山必须完成的首要任务，于是他把目光投向了他所熟悉的日本，希望从

① 大蔵省預金部『支漢冶萍公司借款ニ関スル沿革』、1929年、50—51頁。

三井物产那里得到借款。这样他在友人即当时满铁驻在三井物产上海支店工作人员山田纯三郎的安排下，到三井物产上海支店拜会了店长藤濑政次郎，正式提出向三井物产借款的请求，藤濑随后将事向山本条太郎作了报告。而山本条太郎立刻意识到这对于日本向中国提出合办汉冶萍公司要求来说是个可以利用的大好时机，于是他指示藤濑应以合办汉冶萍公司为交换条件答应孙中山的请求，并为此开始一连串的斡旋活动。12月31日夜他与来访的日本制铁所所长中村雄次郎交换了意见，在他们看来，此时主张合办汉冶萍公司，既可以解决汉冶萍的财务与经营危机，也可以为革命军提供支援，同时还可以解除八幡制铁所的原料危机，可谓一石三鸟之策。[①] 随后，他们就此事拜访日本外务大臣内田康哉和首相西园寺等人，催促政府尽快作出决定。1912年1月11日，日本政府就孙中山南京临时政府向三井物产的借款之事作出明确表态，次日，经西园寺内阁农商务省、外务省、大藏省等诸大臣协议后通过了由外务省政务局局长仓知铁吉起草的日中合办汉冶萍大纲，其内容是：改汉冶萍煤公司为中日合办公司；新公司股本定为2600万元，中日双方各持股一半；原汉冶萍公司一切欠款和拥有的权利，均由新公司接认，新公司总理一名，由华人担任，协理一名，由日本人担任，办事总董两名，中日各一名，总会计一名，由日本人出任；等等。对于日本政府提出的这一方案，南京临时政府方面表示可以接受日本提出的一切条件，[②] 并以此大纲为底本与三井物产上海支店长藤濑一起制定中日合办汉冶萍公司方案。

事到此时，可以说是进展顺利，只需等待盛宣怀的同意。而此时的盛宣怀自身命运掌握在日本手中，他本人又曾在不同场合流露过“汉冶萍合办生意必好”的想法。[③] 因此，在山本看来，盛宣怀那里不会出什么问题，可盛宣怀对他因与四国银行团签订了湖广铁路借款合同遭到国人极度愤慨

① 山本条太郎翁伝記編纂会編『山本条太郎伝記』、262—263頁。

② 正金银行神户分行致横滨总行电报，转引自易惠莉《二十一条起因：临时民国政府与日本合办汉冶萍借款案》，http://news.ifeng.com/history/special/yuanshikai/200906/0621_6961_1212371_1.shtml。

③ 《盛宣怀致杨学沂函》，盛宣怀档案，第265页，转引自陈景华《盛宣怀——晚清巨人传》，哈尔滨出版社，1996，第380页。

这一刚刚发生的事件可以说是余悸未消，他深知此时如果同意中日合办汉冶萍公司之事肯定会再次遭到国人的声讨，故非常犹豫，迟迟未作正式答复。为此，山本颇感意外和不满，他直接发电报给孙中山，要求南京临时政府对盛宣怀施以更大的压力，声称南京临时政府方面应该声明，已经全权委托三井物产上海支店与其进行谈判，如果该月底各项条件未能为盛宣怀所接受，则视作谈判破裂，南京临时政府当即可以针对汉冶萍以及盛宣怀的产业采取必要的措施。[①] 孙中山 1 月 26 日复电山本，"已尊来示各点电盛"。所以在盛宣怀接到孙中山的这份电令之后，不敢再作推诿延迟，立刻告诉日方："一、二日内可签草约。"[②] 1912 年 1 月 26 日，南京临时政府、汉冶萍公司、日本三井物产会社三方在南京签订了《汉冶萍公司中日合办草约（南京）》。该草案只不过是日本政府 1 月 11 日确定的日中合办汉冶萍大纲的一个翻版，它除了就贷款的支付方法和利息事宜作具体约定外，没有什么再值得特别关注的地方。

从以上的叙述中可以看出，为了达到合办汉冶萍公司这个既定目标，可以说山本条太郎费尽了心机，从策划盛宣怀逃往日本开始，到以同意合办汉冶萍公司为条件答应孙中山提出的借款请求，再到敦促日本政府尽快就此事表明态度，直至最后逼迫盛宣怀在合办协议书上签字，每个环节他都参与其中，从头到尾都扮演了十分重要的角色。然而，正在他感到期待已久的目标即将实现的时候却出现了令其感到尴尬的结果。中日合办汉冶萍公司之事被上海的媒体曝光之后，中国社会各界的反对声浪骤然而起，结果中日合办汉冶萍公司议案在 3 月 22 日汉冶萍公司召开的股东大会上遭到全员一致的否决。面对这一结局，日本政府以及为之奔波在第一线上的山本都感到非常不甘，但面对现实也只能另寻时机再作新的图谋。

---

① 《日三井常务董事山本条太郎致孙中山函》，1912 年 1 月 27 日，转引自陈旭麓等主编《盛宣怀档案资料选辑（辛亥革命前后）》，上海人民出版社，1979，第 237 页。

② 《上海三井物产会社致孙中山函》，盛宣怀档案，第 23 页，转引自陈景华《盛宣怀——晚清巨人传》，第 381 页。

## 四 重振满铁与逼迫签订新铺五条铁路协议

1906年成立的满铁在近代日本对华经济扩张和掠夺活动中占有极为重要的地位，它是日本控制整个中国东北地区的核心机构，也是日本对华发动全面侵略战争在经济上的根据地和大本营。山本条太郎是满铁的第十任社长，虽然在任时间并不算长（1927年7月19日至1929年8月14日），但他的表现仍十分抢眼。

### （一）山本步入政坛与出任满铁社长

1914年因受到西门子事件（金刚舰事件）① 的牵连，山本辞去三井物产常务董事职务，离开工作了33年之久的三井物产，而后决定另立门户。他先后参与了多家企业的创立和经营，依旧雄心不已，并有了另辟天地跻身政坛的打算。他密切关注政治形势的变化，坚信日本原来那种由元老、军部以及贵族院控制的政治体制必将被政党政治这一新的潮流改变，并加入了以三井财阀为后盾的政友会。当时政友会的总裁是原敬德，很是欣赏山本的活动能力，他对山本说了这样一段话：民间人士的积极参与是政党政治的基础，议会非常需要通晓经济的实干家。② 这样在原敬德的鼓励下，1920年山本参加众议院选举，并如愿当选。当选众议院议员之后的山本干劲十足，表现相当活跃，1923年出任临时政务调查会副会长，1924年出任行政整理特别委员会委员长，其在政友会的地位上升之快引人注目。

1925年，日本军界最重量级的人物、曾在原敬内阁和山本权兵卫内阁时期两次出任陆军大臣的田中义一自动退出陆军现役，随后接替高桥是清就任政友会总裁。政友会的这一人事变动给山本的政治生涯带来了新的契机。田中号称军界的“中国通”，与山本以及森恪等人早有来往，他一上台便把山本和森恪当作左膀右臂，加紧了夺取政权的步伐。

① “西门子事件”指日本海军接受德国西门子公司行贿事件，山本因参与其中而被判处一年半徒刑，但不久即获得特赦。

② 山本条太郎翁伝記編纂会編『山本条太郎伝記』、450—451頁。

1927年，田中义一派山本赴中国进行考察，为其制定新的对华政策作必要的准备。在长达一个多月的考察中，山本会见了当时对中国政局具有重大影响力的各类人物，包括蒋介石、张群、徐世昌、段祺瑞、黎元洪、张作霖、张宗昌、杨宇霆等。通过与这些人的会谈，山本更进一步地了解到俄国对中国的影响，他认为共产党势力已经深入国民党内部，其影响极为广泛难以去除；关于中国人对日本的看法，他认为中国人内心都认为日本口是心非，打着“共存共荣”的旗号，实际上一心利己；关于如何看待“满蒙”地区的重要性，他认为无论在政治经济方面还是在国防方面其都会对日本产生巨大的影响；关于日本的在华权益问题，他认为需要警惕共产党领导的工人运动，以保护日本的在华利益，并在必要时可以与英国联手，采取相应的军事手段；关于中国北方的局势，他认为中国北方势力希望借助日本力量扫除共产党的威胁。[①] 特别是通过与蒋介石的直接对话，他不仅掌握了蒋介石对日本的态度和要求，也知道了蒋介石坚持继续北伐的决心，等等。应该说，山本通过这次考察所得出的结论，既为田中上台后提出新的对华政策奠定了基础，又为攻击加藤与若槻两届内阁采取的所谓“不干涉主义”和“协调主义”的对华政策提供了材料。山本的这次考察让田中感到非常满意，使他坚定不移地相信山本就是他最为合适的政治伙伴，因此山本在结束访问之后不久便被田中指定为政友会的干事长，成了立宪政友会实际上的第二号人物。

在山本结束对中国的考察还不到一个月的时间，一直因坚持所谓“不干涉主义”和“协调主义”的对华政策而饱受政友会攻击的若槻内阁，终于因无法应对当时愈演愈烈的金融危机而宣告下台，政友会乘势而上成了执政党，田中义一如愿登上了日本首相的宝座。田中一上台便在“刷新外交”口号之下推行他的“积极的对华政策”，而为此在人事上作的一个重要安排就是将他最为得力的干将山本条太郎和森恪分别任命为满铁新社长和外务省政务次官。他面对新闻媒体是这样说明这一任命的：本内阁把对中国的外交问题看得最为重要，为了确立新的方针实现我们的抱负，我自己亲自兼任了外相，而满铁社长决定着“满洲”的经济基调，正是因为如

① 山本条太郎翁伝記編纂会編『山本条太郎伝記』、510—513頁。

此，我认为除了山本君之外，没有更合适的人选。[①]

由此可见，在这位首先明确提出“欲征服亚洲，必先征服中国，欲先征服中国，必先征服满洲”这一日本对外战略构想的新首相看来，无论从哪方面来说，再没有比山本更为适任满铁社长一职的人了，也再没有比山本更能领会他对华政策意图的人了。山本正是肩负田中的巨大信任和期望，胸怀重振满铁的决心来到中国出任满铁社长的。

## （二）山本的经营改革与三大计划

1927年7月，作为满铁第十任社长的山本正式走马上任。当时满铁的经营状况并不好，但在对于身负众望的山本来说，这正是他集多年企业经营之经验大显身手的时候。他上任伊始便提出了满铁事业“经济化”的口号，大张旗鼓地开展企业改革和整顿，制定了三大发展计划，在不长的时间里就取得很大成效。

山本推行的企业改革和整顿主要是从作风上的整顿和经营上的改革两个方面进行的。所谓作风上的整顿就是改变满铁内部长期存在的官僚作风。满铁作为“国策会社”自成立以后在管理层干部中存在一种优越感，在这种优越感之上逐渐养成了官僚作风，主要表现为工作缺乏主动性，死守规章制度，从而造成人浮于事，降低了工作效率。山本说，必须彻底打破官僚作风和法规万能的意识，决不允许那种因循旧习贪图安逸之类现象的存在。[②] 山本反复强调克服官僚主义的必要性，对管理层人员起到了很大的促动作用，使他们开始追求“实务化”，那些办事讲究形式和尽量回避责任现象有了显著的改变，从而大幅提高了管理层的工作效率。

从经营改革来看，山本所采取的主要措施是削减经营开支，终止部分建设项目，如大连站改造、东京“满蒙”纪念馆建设以及肺结核疗养所修建等项目。但他并没有为了削减经营开支而简单地控制投资的增加，认为那样做将错过很多好机会，面对有意义的事业，应该不怕投资或超出预算

① 山本条太郎翁伝記編纂会編『山本条太郎伝記』、530頁。

② 山本条太郎翁伝記編纂会編『山本条太郎伝記』、591頁。

范围。[①] 其次，为了调动所属各部门和企业改善经营状况的积极性，实行企业组织体制改革和经济核算的独立化。这一改革措施获得了很大的成功。

山本出任满铁社长后所作另一项重大决策就是从“产业立国”政策出发，制定并实施了发展钢铁、石油和硫氨等“三大计划”。关于制定“三大计划”的宗旨，1928 年 5 月山本在赤坂离宫所作的讲演中进行了说明：现在我国每年从欧美进口的钢材、石油、化肥等产品的费用合计为 2.4 亿日元。如果使用合适的方法和设施，在“满洲”是有能力生产这些产品的，为了实现这个目标，在“满洲”投资生产这些产品对日本的国家经济来说实为当务之急，满铁当下正在为之而奋斗。[②] 可见“三大计划”的出发点就是利用中国东北地区丰富的矿产资源生产出钢铁、石油、化肥等工业产品，用来替代日本本国从欧美的进口，以此满足日本的对外战略需要。

从“三大计划”的进展来看，制铁生产方面的变化最为明显。鞍山制铁厂是在 1916 年创建的，1919 年开始正式投产时，第一次世界大战带来的钢铁热已经过去，钢铁价格急剧下降，因而陷入连年亏损的状态，被称为“满铁毒瘤”，1926 年时亏损额仍高达 334 万日元。但由于山本实施了提高机械化水平、采用贫矿处理技术和削减人员等一系列措施，到 1927 年度结束时该厂已经实现转亏为盈，获利润收入 121 万日元。与此同时，为了扩大生产规模，山本还制定了建立昭和制钢厂的计划。从石油生产方面的情况来看，1928 年运用自己开发的干馏技术投资建立石油生产厂，并于 1930 年建成投产，此外运用煤炭液化技术建了液化厂。从硫氨化肥方面的情况来看，按山本在 1928 年制定的计划，将鞍山制铁厂的硫氨产量由 4000 吨一举提高到 7 万吨，但一年之后该计划因田中内阁下台山本辞任社长而没有得到落实。[③]

---

① 原安三郎『山本条太郎』時事通信社、1965 年、215—220 頁。

② 山本条太郎翁伝記編纂会編『山本条太郎論策二』、630 頁。

③ 〔日〕石井宽治：《日本的对外战略》，周见等译，社会科学文献出版社，2018，第 195 页。

总之，在山本出任满铁社长之后，通过经营改革和“三大计划”的提出与实施，满铁的经营状况在短时间内得到了明显的改善，按照山本的报告，到 1928 年 5 月，资本金的年收益为 3000 余万日元，相当于满铁资本金的 8.5%，民间股份的股息率为 10%。[①] 不仅如此还应该看到的是，经营状况的好转为满铁营造出一种新的气势，为满铁自身在 20 世纪 30 年代进一步发展和日本全面发动对华侵略战争准备了条件。因此应该说，尽管山本在任时间不长，但他所起到的承前启后作用可谓意义巨大。

### （三）山本与张作霖的交涉——山本条约（“满洲五铁道计划”）

修建铁路和经营铁路运输是满铁经营的立足之本，也是日本实现对中国东北殖民统治和掠夺绝对不可缺少的条件。故山本在忙于满铁内部改革和实行“三大计划”的同时，无时无刻都没有忘记牢牢抓住铁路这个最重要的部门，并且他也十分清楚地知道，他所面对的一大难题就是怎样解决在中国东北新铺设五条铁路这一长期悬而未决的问题，[②] 这样面见张作霖成了一项极为重要的日程。

然而，从张作霖当时对日本的态度来看，确实是很微妙很复杂很难把握的。草莽出身的张作霖之所以能够成为东北王，而后又入主北京当上陆海军大元帅，成为北京政府的最高统治者，始终是与日本对他的扶持分不开的。但是，随着地位的变化和势力的扩大，他的民族和国家意识也开始明显地表现出来，对于日本在中国东北为所欲为肆意扩张的行径极为不满。因此，为了抑制满铁势力的不断扩张，张作霖于 1924 年设置东北交通委员会，相继完成了三个线路的铁路铺设，[③] 同时对日本政府所说的遗留问题（即日本以前通过签订对华借款协定获得的一部分在中国东北的铁路建设权）采取回避态度，从未给予正式的承认。而张作霖建设的这些铁路，其目标指向是以营口或葫芦岛为出海口的，与满铁

---

① 山本条太郎翁伝記編纂会編『山本条太郎論策二』、630 頁。

② 这五条铁路线分别是吉会线的敦化—图们江区间、长春—大宾线、吉林—五常线、兆南—索林线、延吉—海林线。

③ 打通线：打虎山—通辽（1927 年竣工），奉海线：奉天—海龙（1928 年竣工），吉海线：吉林—海龙（1929 年竣工）。

的货运集散地大连形成分流，将对满铁控制的南满铁路和大连港都有十分不利的影响。

张作霖的这些举动已对日本的利益构成直接的威胁，因而引起了日本各方面的极度不满。但在如何对待张作霖的问题上，日本各方面的态度并不一致，关东军主张“一不做二不休”，通过强硬军事手段干掉张作霖，而山本则希望能通过私下交涉来解决日本面临的问题，达到确保日本利益的目的。山本之所以采取这种态度在很大程度上是出于他本人对张作霖的了解。山本出任满铁社长之前出访中国期间，通过与张作霖的会晤，了解到张作霖最担心的就是俄国对中国东北的渗透以及中国“赤化”运动的发展，这个态度对日本非常有利。在他看来，张作霖看似有些粗野，但实际上颇有心计，非常懂得权衡利弊，这些因素的存在对解决新建铁路的问题是有帮助的，因此如与张作霖进行交涉并非没有成功的可能，而这样做对维护日本在华利益和满铁经营所需要的社会环境的稳定，淡化中国人民的反日情绪都有很大的好处。但山本知道自己的这些看法暂且是不会为强硬派所接受的，故在没有告知关东军的情况下，他以自己的方式开始了与张作霖的秘密接触。

为了说服张作霖，山本可谓做足了准备费尽了心机，一方面通过与张作霖关系极为密切的町野武马（张的军事顾问、日本陆军大佐）、江藤丰二（中日实业公司常务理事）做说服工作，另一方面让夫人和其他三位高官夫人一起拜访张作霖以制造友好气氛。这样经过一系列的铺垫之后，1927 年 10 月，山本条太郎进京与张作霖进行正式的会谈。当山本要求承认日本将在东北新铺设五条铁路建设计划时，[①] 张作霖虽面露难色，但还是表态同意，并委托杨宇霆与日方商议具体细则。关于张作霖一反常态，同意与日本签订这一铁路建设协定的原因，日本驻中国特命全权大使芳泽谦吉掌握的情报是，山本曾通过江藤、町野两人向张作霖作过暗示，“如果张作霖与其配合的话，将为他准备三百万乃至五百万日元谢礼”，“如不接受日本的要求，今后不但不对张提供任何援助，还有置张于

① 吉会线：敦化—图们江区间段；长春—大宾线；吉林—五常线；兆南—索林线；延吉—海林线。

死地的意向”。[①] 但是，从当时中国政治局势的大背景来看，张作霖正面临国民党北伐军的进攻，要与北伐军相抗衡，并维持他在东北地区的地位，除了一改常态向日本作出这样的妥协以换取日本的支持外显然是没有其他出路的。

山本与张作霖的交涉取得了意外的成果，可是由于日本政界内部在对中国东北应采取何种手段进行控制上存在巨大的分歧并未因此而改变，同时满铁与外务省、关东军之间存在职责不清和暗中争斗情况，对出尽风头的山本条太郎也很是不满。这样，关东军于 1928 年 6 月独断专行制造了皇姑屯事件。炸死张作霖之后，田中内阁引责下台，山本在对华外交上取得的这一让他倍感得意的成果也化为泡影。山本对此十分懊恼，直到他去世都对此感到遗憾。

## 五　如何认识和评价山本条太郎

以上我们从四个大的方面对山本条太郎在近代日本对华经济扩张活动中的表现作了必要的考察，那么通过这些考察，究竟应该对他作一个怎样的认识和评价呢？

### （一）作为企业家的山本条太郎

山本条太郎这个名字作为历史人物已经登载在诸如日本《世界大百科事典（第二版）》和《日本大百科全书》那样的带有史册性图书之中，一般都是把他当作企业家和政治家来介绍的。纵观山本的一生，他从 17 岁进入三井到 1914 年离开三井，此后参与众多企业的创立与经营，在 1927—1928 年担任了满铁社长，所以把他称作企业家无疑是恰当的。那么山本究竟是个什么样的企业家呢？现有的相关研究成果都认为他在中国的经营活动获得了巨大的成绩。但令人感到有所不足的是，以往的这些评述似乎还缺少理论性的分析和评价。

---

① 1927 年 10 月 14 日と 10 月 20 日「芳澤発田中宛」日本外務省編『日本外交文書　昭和期　第一部第一巻』日本國際連合協会、1989 年、298、301 頁。

在经济学和经营学中有多种关于企业家的定义，如果按照经济学家熊彼特的定义，可以认为并不是任何一个从事企业经营活动的人都能被称作企业家，只有那些在经济活动中敢于冒风险、不墨守成规、充满创新意识和精神的人才称得上是企业家。

显然，如果把山本在中国的企业经营活动与熊彼特这一有关企业家的定义作一对照的话，应该说，他是一个极为符合这一定义要求的企业家。如前所述，他不畏艰难只身赴中国东北开拓大豆这一新的贸易市场，他积极支持废除买办制度、建立新的人才培养制度，等等，都足以说明他是集开拓精神、冒险精神、竞争精神、改革创新精神于一身的颇具经商才能的企业家。但是，仅有这些并不足以表现出山本的特别之处，因为近代那些来到中国的欧美国家的企业家也同样表现出开拓、冒险、创新精神，否则他们是不会远过重洋来到中国这个陌生的国度来寻找发财机遇的。那么，与他们相比较而言，山本的特别之处究竟在哪里呢？关于这一点，从前面对山本所作的考察中是可以看出的，那就是山本所从事的企业活动都是在一种“事业报国”的思想支配下进行的，而这种“事业报国”的思想在那些被亚当·斯密抽象为纯粹的“经济人”式欧美企业家头脑中是难以找到的。

### （二）作为政治家的山本条太郎

山本条太郎从他来到中国的那天起就对参与政治活动表现出了异乎寻常的积极性，但严格地说，他以政治家的身份出现在日本政治舞台上是在他当选众议院议员之后。

山本步入日本政界之后，作为政友会的骨干，他在党内的地位不断提高，影响力不断加强，与他颇受政友会总裁田中义一的赏识和提拔有很大关系，同时也是因为他在政治思想和对华政策方面的主张代表和迎合了当时日本社会右翼势力的要求和主张。

山本的政治思想主张继承了德富苏峰“大日本主义”思想的衣钵，别出心裁地提出了“产业的大日本主义”这一新概念，为日本垄断资本进一步扩大对外侵略和掠夺设计了一条具体的路线。他在《提倡产业大日本主义》一文中，首先强调的就是日本实行对外扩张的必要性，并把日本所面临的一切矛盾都归根于人口过剩。他说，日本面临的最大国难就是国民生活的穷迫，“思想的恶化也好，劳资纠纷以及佃户和地主之间的纠纷也好，这些社会问题的根源在于生活的不安稳。而生活的不安稳是与伴随人口增长而来的生活资料不足问题以及社会组织、政治组织存在缺欠分不开的，是在这些问题的基础上形成的。虽然北海道尚可吸收 300 百万左右的过剩人口，但这只是过剩人口中很小的一部分，所以毫无疑问必须面向海外输出过剩人口”。[①] 这就是说，人口过剩导致了生存空间不足，而要改变生存空间的不足，日本只能依靠走对外扩张这样一条“大日本主义”的道路，这种论调实际上与希特勒的领土扩张理论如出一辙，并无本质区别。不过，山本与那些狂热地主张用武力征服中国和朝鲜的军国主义分子略有不同的是，他认为“今天已经不是军国主义万能的时代了”，[②] 因此日本需要调整对外扩张的战略，以促进国内的产业发展为中心，来处理与中国等被侵略国家的产业分工关系。他提出，必须把“西伯利亚、满蒙变成日本工业发展的原料供给基地”，而不应该使其在工业方面的发展对日本国内工业构成威胁。[③] 由此可见，山本的“产业大资本主义”虽然认为军国主义并非永久的万能之策，但强调的依旧是把中国等遭受日本侵略的国家当作为日本工业化所需要的原料产地和商品市场，并不愿意看到近代工业在那里得到发展。因此可以说，山本的所谓“产业大日本主义”实际上是为日本垄断资本最大限度追求海外利益服务的，它利用国民对生活状态的不满来推行殖民主义的对外扩张，充分地反映出日本帝国主义和殖民主义势力在政治上的一种需求。

（周游，大阪大学国际公共政策研究科博士研究生）

---

① 野田一夫編集・解説『経営管理官観（財界人思想全集　第3巻）』ダイヤモンド社、1974年、202頁。

② 野田一夫編集・解説『経営管理官観（財界人思想全集　第3巻）』、207頁。

③ 野田一夫編集・解説『経営管理官観（財界人思想全集　第3巻）』、203頁。

# 日本驻满海军部的“满洲经营”初探*

张铭睿　刘景瑜

**内容摘要**　九一八事变后，日本海军遣员赶赴中国东北，设立“满洲海军特设机关”，负责调查水路及矿产资源、劝降并整训原东北江防舰队、指挥松花江派遣队协助关东军镇压抗日武装，并从事谍报活动。在日本政府以“满洲经营”为“国策”的大背景下，海军为谋求自身利益最大化，于1933年以天皇敕令的形式将特设机关改为拥有独立用兵权、全权负责伪满海军与相关事务的驻满海军部。通过该部门的活动，日本海军在中国东北攫取到大量利益。1938年，日本海军以完成在伪满洲国任务为由撤销该部门，这一决定不仅考虑到在侵华战争长期化的状态下，拥有独立指挥权的驻满海军部可能与关东军发生摩擦，更深层次上是根据海军自身情况和战略布局作出的必要安排。

**关键词**　日本海军　驻满海军部　满洲经营　满洲海军特设机关

九一八事变发生后至1931年末，日本海军对大规模派兵配合陆军行动仍处于观望状态，对在华的军事行动持较为谨慎的态度。但随着海军内部

* 本文为国家社科基金重大项目“近现代日本对‘满蒙’的社会文化调查书写暨文化殖民史料文献的整理研究（1905—1945）”（项目号：19ZDA217）、吉林省教育厅重点项目“近代日本帝国国防方针的制定与三次修订问题研究”（项目号：JJKH20230053SK）阶段性成果。

发生一系列人事变动，其对华态度总体上发生转变，开始“积极”参与侵略中国东北，在对华政策上实现了“大陆转向”。

自2019年起，国内学界开始将九一八事变与日本海军相联系，探讨日本海军通过九一八事变实现“大陆转向”的动因、日本海军的内部争端、事变发生后日本海军的侵略活动和侵华战略的转变，以及日本海军对东北领水的测量等问题。[①] 这些研究为本文勾勒了九一八事变后日本海军开始采取“积极”的侵华态度这一背景，但对于日本海军在中国东北开展“满洲经营”活动的来龙去脉仍有研究余地。[②] 本文以学界涉猎较少的驻满海军部为主要研究对象，通过梳理日本亚洲历史资料中心档案、日本防卫省防卫研究所档案等一手史料，结合相关人士的回忆录和口述资料等，围绕驻满海军部及其前身“满洲海军特设机关”（以下简称“特设机关”）在东北的活动过程，剖析日本海军的“满洲经营”策略，并探究其部门撤销的原因，以期丰富日本海军对华侵略这一课题的研究。

## 一　九一八事变后日本海军“满洲经营”的初步展开

“满洲经营”是日本“大陆政策”在侵略中国东北过程中执行的具体政策，即以满铁为核心，通过经营铁路、矿山、农业等产业达到将中国东北变为日本的变相殖民地的目的。九一八事变后，日本扶植伪满洲国，通过将伪满经济纳入日本经济，实现“满洲经营”。成立“特设机关”是日本海军筹划实行“大陆政策”的第一步。

① 主要成果有胡德坤、江月《九一八事变与日本海军的“大陆转向”》，《历史教学问题》2019年第6期；张亮：《九一八事变前后日本海军内部争端研究》，《北华大学学报》（社会科学版）2020年第5期；隆鸿昊：《论九一八事变中日本海军的侵略活动》，《军事史林》2021年第3期；陈祥：《日本海军侵华战略在九一八事变中的转变》，《日本侵华南京大屠杀研究》2021年第3期；张铭睿：《日本海军对中国东北领水测量探析（1931—1937）》，《安徽史学》2024年第5期。

② 相关研究有王志丰《“陆海之争”下的伪满洲国海军机构》，硕士学位论文，吉林大学，2022；吴守成：《日本海军在伪满洲国之“进出”与江上军》，《东北文献》（台北）1995年第3、4期。此外，日本学者藤川宥二1977年自刊的『満洲国と日本海軍』一书，在内容上极力美化日本海军的侵略行为，但该书引用一些未刊资料，并得到驻满海军部军官的指导，这使该书具有一定的史料价值，可以在批判后加以使用。

随着关东军扩大侵略中国东北的战局，日本陆军因军种职能限制，开始主动邀请海军参与一些军事行动。海军虽有增援驻扎在旅顺、青岛等地的第二遣外舰队，[①] 但总体上仍持谨慎态度。1931 年 12 月 13 日，犬养毅内阁成立，海军大臣由此前居中调停内部矛盾的安保清种，改为参加过东方会议的大角岑生，海军内部关于出兵中国东北的想法得到统一。同年 12 月 27 日，海军军令部派出前霞之浦航空队司令官小林省三郎及该部第三班第六课（负责对华谍报）的佐佐木高信，[②] 二人以参谋的身份前往沈阳，负责沟通关东军司令部与第二遣外舰队的联系，“寻求以陆海军全体意志解决‘满蒙’问题”。[③]此举亦有监视关东军动向、搜集东北情报之意。

1932 年 2 月 2 日，日本皇族伏见宫博恭王就任海军军令部部长。[④] 他是一个支持对华侵略的皇族武官，日本海军依靠其特殊身份，大胆推进“满洲经营”计划。同年 1 月 27 日，海军发布内令[⑤]一一号，提出《关于设立满洲海军特设机关的文件》，该机关于同年 2 月 8 日在沈阳正式成立，由小林任特设机关首席职员，[⑥] 佐佐木为副官（见表 1）。特设机关“奉海军大臣之命，负责管理在满蒙地区的海军设施、港务、运输，并进行海军相关资源的调查研究；与有关各部保持紧密联络；兼服从海军军令部长的区处，进行谍报活动”。[⑦]

特设机关的成立标志着日本海军正式参与对东北地区的殖民侵略，是其实行“满洲经营”策略的开始，亦是在关东军谋划成立伪满洲国这一背

---

① 1931 年 11 月 12 日，因天津事变增派第十三驱逐队（“早苗”、“吴竹”、“若竹”、“早蕨”号）；12 月 27 日，为协助关东军进攻锦州，增派水上飞机母舰“能登吕”号。详见防衛庁防衛研修所戦史室編『戦史叢書　中国方面海軍作戦（1）』朝雲新聞社、1974 年、177 頁。

② 日本海軍歴史保存会編『日本海軍史　第 9 巻　将官履歴（上）』第一法規出版株式会社、1995 年、225 頁；日本海軍歴史保存会編『日本海軍史　第 10 巻　将官履歴（下）』第一法規出版株式会社、1995 年、79 頁。

③ 章伯锋、庄建平主编《抗日战争》第 1 卷，四川大学出版社，1997，第 270 页。

④ 大蔵省印刷局『官報』1932 年 2 月 3 日、日本マイクロ写真、1932 年、69 頁。

⑤ 日本海军的军令不作区分，统一称作“内令”，战败前一般不会对外公开。

⑥ 关于小林官职的称谓，史料中出现了不同的记载，新闻报纸中多称他为“机关长”。但海军内部的机关长特指轮机长，为避免歧义，结合当时特设机关发出的电报文件及印信，准确的称谓应该为“首席职员”。

⑦ 海軍省『海軍制度沿革　巻 3』海軍大臣官房、1939 年、1426 頁。

景下，海军所作出的回应。为谋求与陆军在中国东北的同等地位，日本海军必须在东北设立一个拥有相应权限的部门与之抗衡。

表 1　“满洲”海军特设机关职员

| 姓名 | 职务 | 当时军衔 | 任命时间 | 备注 |
|---|---|---|---|---|
| 小林省三郎 | 首席职员 | 少将 | 1932 年 2 月 8 日 | |
| 佐佐木高信 | 副官 | 少佐 | 1932 年 2 月 8 日 | |
| 加纳金三郎 | 主计长 | 主计少佐 | 1932 年 2 月 8 日 | 1932 年 8 月 1 日调出 |
| 柴田弥一郎 | 职员 | 中佐 | 1932 年 2 月 12 日 | 负责与关东军联络 |
| 德田顺一 | 机关长 | 机关中佐 | 1932 年 2 月 12 日 | 负责调查资源 |
| 伊藤整一 | 职员 | 大佐 | 1932 年 3 月 8 日 | 伪军政部顾问 |
| 川畑正治 | 职员 | 少佐 | 1932 年 4 月 22 日 | 伪江防舰队顾问 |
| 足立又彦 | 主计长 | 主计少佐 | 1932 年 8 月 1 日 | 伪江防舰队顾问 |

内容来源：「奏上文」（1934 年 6 月 7 日）、JACAR（アジア歴史資料センター）、Ref. C05023413500（防衛省防衛研究所）；藤川宥二『满州国と日本海軍』、17—18 页。

关东军占领东北的大部分地区后，为“维持满蒙的治安”，① 招降或“扫荡”残存的反抗势力成为其工作的重点。特设机关成立之初的主要任务即协助关东军，“恢复”东北的治安。1932 年 2 月 5 日，日军第二师团攻陷哈尔滨，对在此地冬营的东北海军江防舰队围而不攻，意图收编。劝降任务由海军承担，特设机关“派遣部下职员（佐佐木高信）进入哈尔滨，2 月 15 日，尹（祚乾）司令携利绥、江清、江平、利济、江通等 5 艘军舰顺利归降于新政权”。②至驻满海军部成立前，伪江防舰队虽“直辖于关东军司令（本庄繁）”，③ 但其训练一直由特设机关派遣职员负责。

日本扶植伪满洲国之初，为强化伪军的战斗力，维持殖民统治，关东

① 「満蒙問題処理方針要綱」（1932 年 3 月 12 日）、外務省編纂『日本外交文書　満洲事変』第 2 巻第 1 冊、外務省、1979 年、442 頁。

② 「任務状況概要奏上案」（1934 年 12 月 5 日）、JACAR（アジア歴史資料センター）、Ref. C05023413600（防衛省防衛研究所）。本文若无特殊说明，所有引文中的括号均由笔者添加，作解释之用。

③ 「松花江海軍派遣隊ノ行動」、JACAR（アジア歴史資料センター）、Ref. C14120188500（防衛省防衛研究所）。

军采取了“军事顾问”这种统治殖民地军队的“独特形式”,[①] 向伪满军政部及各地伪军派遣了一批拥有大学学历的军官组成的顾问团，其中特设机关派遣伊藤整一前往伪军政部，负责海军相关事务，派遣川畑正治赴哈尔滨指导伪江防舰队,[②] 为伪满洲国新建“必要的海军设施”。[③]

除参加伪满洲国的“国家”和军队建设外，特设机关还负责指挥在东北的海军部队，协助关东军对东北义勇军进行“扫荡”。1932 年 5 月 14 日，为配合第十师团进攻松花江下游三姓地区[④]，海军以“掌管在满蒙地区的警备相关事项（内令一六〇号）”的形式赋予特设机关一定的用兵权,[⑤] 并从第二遣外舰队抽调一支由 61 人组成的海军陆战队（“松花江派遣队”），前往哈尔滨协助关东军“围剿”马占山军和吉林自卫军（日方称为“反吉林军”）。[⑥]

1932 年 9 月 15 日，小林省三郎作为日方代表之一参与签订《日满守势军事协定》,[⑦] 这一协定扩大了日本军队在伪满洲国的权限，令海军高层认识到有必要在东北设立更大的机构，与关东军分庭抗礼，实现其“满洲经营”的目的。12 月 5 日，特设机关随关东军司令部移入长春，“无偿借用”当时属于满铁附属地的“平安町三丁目一番地”。[⑧]同月，“海军省内

① 傅大中：《伪满洲国军简史》中册，吉林文史出版社，1988，第 188 页。

② 「満洲国軍事顧問並軍事教官一覧表」（1934 年 9 月）、JACAR（アジア歴史資料センター）、Ref. C01003015400（防衛省防衛研究所）。

③ 「滿蒙問題処理方針要綱」（1932 年 3 月 12 日）、外務省編纂『日本外交文書　満洲事変』第 2 巻第 1 冊、442 頁。

④ 因克宜克勒、努雅勒、祜什哈哩三姓赫哲居住在此，故称三姓，满语发音为依兰哈喇，今属黑龙江省哈尔滨市依兰县。

⑤ 海軍省『海軍制度沿革　巻 3』、1426 頁。

⑥ 「松花江海軍派遣隊ノ行動」、JACAR（アジア歴史資料センター）、Ref. C14120188500（防衛省防衛研究所）。

⑦ 「日満守勢軍事協定」（1932 年 9 月 15 日）、JACAR（アジア歴史資料センター）、Ref. C14030502700（防衛省防衛研究所）。

⑧ 「新京海軍公館用地ノ件」（1933 年 2 月 25 日）、JACAR（アジア歴史資料センター）、Ref. C05023166100（防衛省防衛研究所）。特设机关于此处建立海军公馆，后成为驻满海军部司令部，在今长春市宽城区西二条街与汉口大街交会处西南角。日本投降后，依照苏联红军的命令，这里成为日本关东军集中缴械投降的临时司令部。新中国成立后，这里是教育局教育学院和教学研究室，后于 20 世纪 90 年代拆除。

部成立满蒙经营研究会”,[①] 负责研究今后海军的“满洲经营”策略。

1933 年 2 月 5 日，海军军令部第二班兼第四班班长丰田副武任“满蒙”经营研究委员会委员长。[②] 同月 17 日，他向海军大臣提出《在满帝国海军诸机关改正案》，提案中指出：“基于日满议定书与守势军事协定中所承担的诸多任务，有必要撤销特设机关，改设驻满海军部；于哈尔滨设立从属于该部的临时海军防备队，负责松花江的警戒与防御。”[③]由此，改革在东北的海军机构正式提上日本海军的侵华日程。

同年 3 月 28 日，日本海军发布《驻满海军部令》（军令海第一号）,[④] 4 月 1 日于长春正式设立驻满海军部。原特设机关职员转入该部，由小林省三郎担任司令官。

驻满海军部的成立标志着日本海军“满洲经营”策略走向成熟。这一时期日本海军对华策略不仅是出于对陆军的追赶，以期摆脱“陆主海从”的对外侵略方针，更多是出于海军自身战略的考虑，在日本退出国际联盟和国际上限制军备发展的双重压力下，由舰队派主导的海军希望通过侵略中国扩大自身的实力，提升海军在国家政治中的地位。当日本政府决定扶植溥仪，建立伪满洲国后，日本海军开始不遗余力地支持这一“国策”，加速对外侵略的步伐。

## 二　驻满海军部成立后“满洲经营”的演变

在日本陆海军对立这一大背景下，日本海军在主要由陆军占领的中国东北，设置一个精简却有相当权限的派出机构，表面上是“根据《日满议定书》，为保卫满洲国，与陆军共同出兵”,[⑤] 实际暗含对陆军企图独占东

① 胡德坤、江月：《九一八事变与日本海军的“大陆转向”》，《历史教学问题》2019 年第 6 期。另据日方资料，该部门正式名称为“满蒙经营研究委员会”。

② 日本海軍歴史保存会編『日本海軍史　第 9 巻　将官履歴（上）』、47 頁。

③ 「在満帝国海軍諸機関改正ニ関スル件」（1933 年 2 月 17 日）、JACAR（アジア歴史資料センター）、Ref. C05023277600（防衛省防衛研究所）。

④ 「駐満海軍部令」大蔵省印刷局編『官報』1933 年 3 月 29 日、日本マイクロ写真、1933 年、830—831 頁。

⑤ 東京開成館編輯所編『公民科補訂要項』東京開成館、1933 年、40 頁。

北的不满，“传达出微妙的政治意味”。[①]除政治上的目的外，驻满海军部还从军事、经济等角度进行殖民侵略，意图获得更大利益。

## （一）政治上争夺指挥权

依照《驻满海军部令》，该部的主要任务是：“负责满洲国沿岸与河流的防御及内河警戒”（第二条）；“司令官直隶于天皇，统率部下之舰船部队，承海军大臣之命，管理军政事务”（第五条）；“司令官为维持警戒区域的安宁，如有必要，可先调动军队，后尽快向海军大臣及海军军令部长汇报”（第七条）。[②] 1933 年 4 月 15 日，海军省军务局发布“军务一第五一号”令，进一步解释了驻满海军部所管理的“军政事务”：“在满洲国的海军设施、港务、运输、通信；调查研究海军相关的资源；教育指导满洲国海军，保持与有关各部联络。”[③]

相较于此前的特设机关，驻满海军部的规模和权限有了较大提升，其地位可与海军机构中的要港部[④]匹敌，拥有独立的用兵权。同时，海军通过《驻满海军部令》，以负责教导伪满海军的形式，掌握了伪江防舰队的控制权，“日本关东军（陆军）无权过问，也不受日本宪兵队和伪满洲国宪兵队的监督”。[⑤]此时的伪江防舰队正处于草创阶段，需要海军进行专业指导与建设上的支援，关东军便默许了海军的独占行为。

驻满海军部在由关东军主导的中国东北拥有独立用兵权，这自然会引起陆军方面的不满，在制定昭和 9 年度（1934）作战计划时，陆海军就战时两军司令官的指挥权从属问题，发生了一系列争执。1933 年 7 月 3 日，陆军之参谋本部第二课的下山琢磨赴海军军令部进行交涉，提出：“在满洲国进行

① 防衛庁防衛研修所戦史室編『戦史叢書　關東軍（1）』朝雲新聞社、1969 年、131 頁。

② 「驻满海军部令」大蔵省印刷局編『官報』1933 年 3 月 29 日、830 頁。

③ 「海軍公報　（部内限）第千五百七號」（1933 年 4 月 15 日）、JACAR（アジア歴史資料センター）、Ref. C12070340300（防衛省防衛研究所）。

④ 要港部是日本海军下辖的舰队根据地组织，随着其侵略扩张，仅靠国内的镇守府无法满足各项业务的开展，故在国外设立要港部以配合海军行动，镇守府与要港部之间并无直接的指挥关系。

⑤ 温野：《伪满洲国江上军》，孙邦主编《伪满史料丛书・伪满军事》，吉林人民出版社，1993，第 594 页。

的军事行动，不管怎么说都以陆军为主，海军的任务是辅佐陆军，因此，驻满海军部司令官当然应纳入关东军司令官的指挥之下。”[①]海军军令部第一课的近藤泰一郎以“陆海军之间各有特点，（战时）完全互相理解几乎是不可能的”回应下山。[②] 此后，双方就指挥权问题交换了四次备忘录，最终决定“关于驻满海军部队、作战部队司令官以及关东军司令官的指挥、合作关系等临机而定”。[③]

就结果而言，在东北的日本海军部队遇到战斗时会服从关东军的指挥，接受关东军分配的任务，此前已有“松花江派遣队”的先例。围绕这一问题所展开的争论，不仅涉及军事，更上升到政治层面，两军之间所争夺的并不单纯是部队的指挥权，而是更多的预算和对外侵略的主导权，即“陆主海从”还是“海主陆从”。

### （二）军事上独占伪满海军

作为日本海军的派出机构，完成军事上的任务是驻满海军部的首要工作。日本海军鉴于此前“松花江派遣队”的作用，在设立驻满海军部的同时于哈尔滨设立一支海军部队供驻满海军部调遣，即“临时海军防备队”。[④]

1933年3月29日，日本海军发布《临时海军防备队令》（内令九二号），规定：“临时海军防备队归驻满海军部统辖，负责松花江的防御和警戒任务”（第二条）；“由司令指定的麾下职员负责指导、教育位于松花江的满洲国海军”（第七条）。[⑤]另据海军大臣“官房第一四二八号”令和“官房第一三八五号”令，“驻满海军部及临时海军防备队所需的特务士官、准士官、下士官和士兵从吴镇守府补充”，[⑥] 两部门“所需的军需品经

① 防衛庁防衛研修所戦史室編『戦史叢書　大本營海軍部・聯合艦隊（1）』朝雲新聞社、1976年、271頁。

② 防衛庁防衛研修所戦史室編『戦史叢書　大本營海軍部・聯合艦隊（1）』、272頁。

③ 防衛庁防衛研修所戦史室編『戦史叢書　大本營海軍部・聯合艦隊（1）』、274頁。

④ 日本海军的防备队布置在各军港和重要港口，隶属于该地的镇守府、要港部，主要负责海面防御相关的事务。

⑤ 海軍省『海軍制度沿革　巻3』、1429頁。

⑥ 「海軍公報　（部内限)第千四百九十七號」（1933年4月1日)、JACAR（アジア歴史資料センター)、Ref. C12070340300（防衛省防衛研究所)。

由吴镇守府军需品会计官吏予以补充”。①

临时海军防备队成立之初共129人，于4月4日从日本出发，10日到达哈尔滨，② 防备队所用舰艇多从当地征用，最初征用“广宁”“广庆”两船，并改装为特设炮舰③，“两舰于1930年下水，原本是河用汽船，排水量420吨，装备有机枪和8厘米火炮各1门，‘广宁’乘组31名，‘广庆’28名”。④后考虑到苏联在边境“各类战备充实，多次给我方造成很大威胁，(1934年4月1日）征调‘江安’‘江顺’两船改装为扫海艇，配设新型装备，严格进行对苏（战斗）训练”。⑤这两船在租期内问题频发，其中“江顺”舰于1934年10月14日在哈尔滨十二道街埠头遭遇暴风，左侧舷窗及前部兵舍进水，随后沉没。⑥ 另一船则在一年租期满后退还给原单位哈尔滨邮船处。1935年，“建造河川用交通艇‘白梅’‘小樱’”。⑦此时临时海军防备队辖“广庆”“广宁”“白梅”“小樱”号四艘舰艇，负责哈尔滨段至同江段的松花江及沿岸警戒，协助关东军镇压东北抗日武装，并负责训练伪江防舰队。1936年，驻满海军部“鉴于苏联方面航空兵力上的优势，在江上战斗时有必要与航空力量协同作战。（军令部）从日本国内调遣部分海军航空队至北满，与（驻满海军部）麾下舰艇进行协同演练，获得了宝贵经验”。⑧

---

① 「海軍公報　(部内限)第千四百九十九號」（1933年4月5日)、JACAR（アジア歴史資料センター)、Ref. C12070340300（防衛省防衛研究所)。

② 详见臨時海軍防備隊『臨時海軍防備隊創設記念』臨時海軍防備隊、1934年、11頁。

③ 特设炮舰大多是从商船改造而来，除负责巡逻外，还根据需要进行布雷、水路向导、交通运输等任务。

④ 田村俊夫「満州国江防艦隊始末記（上）」『世界の艦船（103）』海人社、1966年、68頁。

⑤ 「昭和六年十二月ヨリ昭和九年十一月二至ル在満中ノ任務情況ノ概要」(1934年12月5日)、JACAR（アジア歴史資料センター)、Ref. C05023413700（防衛省防衛研究所)。扫海舰即扫雷舰，主要负责排除敌方布设的水雷。

⑥ 「特設砲艇江順沈座詳報ノ件」(1934年10月29日)、JACAR（アジア歴史資料センター)、Ref. C05023967000（防衛省防衛研究所)。

⑦ 「津田元駐満海軍部司令官出迎ノ件」(1935年12月3日)、JACAR（アジア歴史資料センター)、Ref. C05034066000（防衛省防衛研究所)。“白梅”“小樱”号由日本播磨造船所制造，排水量30吨，装备三台昆式7.7毫米机枪和扫雷器具。

⑧ 「任務奉上書寫送付ノ件」（1936年12月8日)、JACAR（アジア歴史資料センター)、Ref. C05034750200（防衛省防衛研究所)。

在完善自身军备的同时，该部延续了特设机关时期派遣到伪满洲国的军事顾问配置，从伪军政部和伪江防舰队两个方向完成对伪满海军的支配。

在伪军政部担任顾问的伊藤整一负责与伪满各部门沟通，筹划建造新式舰艇，以充实伪江防舰队的实力，“伪满海军的一切改编，都是他计划的”。[①] 在小林省三郎任期（1933年4月至1934年11月）内，驻满海军部共“指导”伪军政部“新造50吨炮舰[②]两艘，20吨炮艇一艘，15吨炮艇三艘，并于本年度（1934）建造最新锐的270吨炮舰两艘”。[③]在第二任司令官津田静枝任期（1934年11月至1935年11月）内，“建造290吨炮舰两艘，完成第一期整备计划”。[④]新造的炮舰与炮艇并不具备航海功能，故模仿20世纪初日本海军向长江派遣河用炮舰的方法，在日本建成后拆卸运抵哈尔滨组装下水。此时的伪江防舰队共有15艘舰艇（包括投降时的5艘）。1935年9月9日，为纪念溥仪首次“检阅”伪满海军，伪江防舰队在哈尔滨举行阅舰式，以展示其“实力”。[⑤]

**表2　伪江防舰队新增舰艇一览（1933—1935）**

| 舰种 | 舰名 | 排水量（吨） | 全长（米） | 制造单位 | 动工时间 | 下水时间 | 入籍时间 |
|---|---|---|---|---|---|---|---|
| 军舰 | 大同 | 50 | 30.5 | 三菱神户造船所 | 1933年2月25日 | 1933年6月27日 | 1933年5月10日 |
| 军舰 | 利民 | 50 | 30.5 | 三菱神户造船所 | 1933年2月25日 | 1933年6月27日 | 1933年5月10日 |
| 炮艇 | 恩民 | 14* | 17 | 川崎造船所 | 1933年2月22日 | 1933年7月12日 | 1933年5月10日 |

① 《赵竞昌笔供》，中央档案馆编《伪满洲国的统治与内幕：伪满官员供述》，中华书局，2000，第775页。

② 1934年11月24日，伪满军令第9号（舰船令）公布，规定伪满海军舰种包括军舰（大于50吨）、炮艇（小于50吨）和杂役船。

③ 「任務状況概要奏上案」（1934年12月5日）、JACAR（アジア歷史資料センター）、Ref. C05023413600（防衛省防衛研究所）。

④ 「津田元駐満海軍部司令官出迎ノ件」（1935年12月3日）、JACAR（アジア歷史資料センター）、Ref. C05034066000（防衛省防衛研究所）。

⑤ 吉林省图书馆整理《伪满洲国研究资料　满洲国现势③》，广西师范大学出版社，2013，第80—81页。

**续表**

| 舰种 | 舰名 | 排水量（吨） | 全长（米） | 制造单位 | 动工时间 | 下水时间 | 入籍时间 |
| --- | --- | --- | --- | --- | --- | --- | --- |
| 炮艇 | 普民 | 14 | 17 | 川崎造船所 | 1933 年 2 月 22 日 | 1933 年 7 月 12 日 | 1933 年 5 月 10 日 |
| 炮艇 | 惠民 | 14 | 17 | 川崎造船所 | 1933 年 2 月 22 日 | 1933 年 7 月 12 日 | 1933 年 5 月 10 日 |
| 炮艇 | 济民 | 20 | 19.4 | 哈尔滨东北造船所 | 不详 | 1934 年 | 1934 年 4 月 19 日 |
| 军舰 | 顺天 | 270 | 55.8 | 播磨造船所 | 1934 年 2 月 12 日 | 1934 年 8 月 1 日 | 1934 年 4 月 19 日 |
| 军舰 | 养民 | 270 | 55.8 | 播磨造船所 | 1934 年 2 月 12 日 | 1934 年 8 月 1 日 | 1934 年 4 月 19 日 |
| 军舰 | 定边 | 290 | 59.5 | 播磨造船所 | 1935 年 2 月 10 日 | 1935 年 7 月 2 日 | 1935 年 7 月 2 日 |
| 军舰 | 亲仁 | 290 | 59.5 | 播磨造船所 | 1935 年 2 月 10 日 | 1935 年 7 月 2 日 | 1935 年 7 月 2 日 |

注：*关于“恩民”级炮艇的排水量，不同资料各有记载，但均为 14 或 15 吨。

资料来源：満洲国艦船データベース、http://www.tokusetsukansen.jpn.org/M/index.html，2021-10-6。

驻满海军部在成立之初曾向伪江防舰队“派遣大尉以下 120 余名预备役军人作为教官和教员。并给 270 吨炮舰配备少佐以下 10 名现役指导员”。[①] 1937 年，干岔子岛事件发生后，“除从驻满海军部派遣职员赴伪满治安部（旧称军政部）和伪江防舰队外，从临时海军防备队中抽调少佐以下，下士官以上 20 余名作为指导员”。[②]对伪江防舰队的训练“首先注重精神教育，使士兵养成日满一德一心，共同防卫的精神”。[③]教育训练每年依据航行情况分为两期，5 月至 10 月称“巡防期”，11 月至次年 4 月因松花江封冻称“打冻期”，两期进行不同训练，协助日军镇压抗日武装。每年夏季由驻满海军部组织与关东军举行联合演习，增强陆海各部队之间

① 「任務状況概要奏上案」（1934 年 12 月 5 日）、JACAR（アジア歴史資料センター）、Ref. C05023413600（防衛省防衛研究所）。

② 「前司令官ノ奏上案ニ関スル件」（1937 年 12 月 4 日）、JACAR（アジア歴史資料センター）、Ref. C05110615500（防衛省防衛研究所）。

③ 《赵竞昌笔供》，中央档案馆编《伪满洲国的统治与内幕：伪满官员供述》，第 770 页。

的配合。

日本海军在派遣军事教员的同时，在伪海军中选拔人才赴日本留学，第一批于1934年派出，包括清豫亲王懋林次子端隽、伪满执政府警卫长三男佟志杉，另从伪满海军补充队的新兵中择优选拔10名随行。[①] 1935年除派遣14名留学生外，[②] 还在“打冻期”指派赵竞昌等4名伪满海军军官赴日本参观学习。[③]“所到各处都是先参拜神宫，如橿原神宫、明治神宫、桃山御陵等”，[④] 体现出此行具有对伪满军人进行奴化教育的意味。

除伪江防舰队外，日本海军于1932年4月10日在营口协助伪满民政部建立了一支海警部队，称为“海边警察队”，表面上以“警戒关内海岸，监视并取缔不法入境和走私”为目的，[⑤]实际上是为了“截断抗日军民通过山东半岛至辽南地区的海上补给线，封锁、绞杀转进海岛的抗日武装”，[⑥] 达到困杀东北抗日武装的目的。

通过对伪江防舰队和海警部队的指导与训练，驻满海军部实现了对伪满海军的独占，使其成为日本海军“满洲经营”计划的一部分。临时海军防备队与伪江防舰队相互配合，共同镇压松花江沿岸的反满抗日武装，对松花江两岸的居民犯下了滔天罪行。

### （三）经济上攫取东北资源

测量东北地区的水域航道、开发矿产资源是驻满海军部主要的经济掠夺手段。九一八事变前，日本海军派遣测量船“‘淀’于里长山群岛进行测量

① 「満洲国海軍将校及軍士兵本邦派遣留学ニ関スル件」（1934年1月19日）、JACAR（アジア歴史資料センター）、Ref. B05015583100（外務省外交史料館）。补充队是伪江防舰队训练新兵的组织，名称继承自东北海军时期。

② 「海軍士官候補者及軍士官兵日本派遣留学ニ関スル件」（1935年2月14日）、JACAR（アジア歴史資料センター）、Ref. B05015583200（外務省外交史料館）。

③ 「満洲国海軍武官見学ノ件」（1935年11月12日）、JACAR（アジア歴史資料センター）、Ref. C05034150800（防衛省防衛研究所）。

④ 《赵竞昌笔供》，中央档案馆编《伪满洲国的统治与内幕：伪满官员供述》，第774页。

⑤ 「特殊警察隊官制」（1932年6月16日）、JACAR（アジア歴史資料センター）、Ref. A06031008800（国立公文書館）。

⑥ 张铭睿：《日本海军对中国东北领水的测量探析（1931—1937）》，《安徽史学》2024年第5期。

作业”。[①]日本扶植伪满政权后，开始正式对东北地区领水进行测量。1932年3月2日，伪奉天省政府委托日本海军水路部对辽东湾海域进行测量，[②]由军舰“淀”及两个测量班负责，在测绘的同时负责调查海冰洋流、观测天气等。[③]1933年10月31日，时任伪满军政部顾问的海军大佐伊藤整一发表《关于促进满洲国航道调查事业发展的相关意见》。[④]他在文中详细阐述进行航路调查的必要性、东北地区水利航路事业的现状，提出相应建议，得到日本陆军高层的重视。

1934年7月1日，伪满军政部将东北的土地、水路和领海测量权委托给关东军司令部，关东军将水路测量转交驻满海军部，由水路部派遣技术人员赴驻满海军部组成测量队，驻地位于哈尔滨。[⑤]海军测量队负责黑龙江、松花江和乌苏里江等流域的航路勘测，公开出版简易航路图，对日军内部提供更为详尽的《满洲国水路报》等资料。

自特设机关成立以后，进行海军相关资源的调查研究，一直是驻东北日本海军工作的重点之一。驻满海军部在成立之初即派遣“机关中佐一名（清水奖）赴关东军特务部负责协调联络，并在实质上对《满洲国产业统制开发方案》进行指导”。[⑥]此时对东北地区的国防资源勘探由关东军特务部第二委员会负责，在海军的主动参与下，于该部内编成陆海军共同的调查班，派往东北腹地进行调查，但由于天气、“治安”等问题，勘查工作受限。

1932—1934年，驻满海军部对东北地区的军用资源进行初步调查，认为“海军必要的资源，如铁、煤可供战时之需，有希望发现铝矿资源，未

---

① 防衛庁防衛研修所戦史室編『戦史叢書　中国方面海軍作戦（1）』、176頁。

② 「軍艦淀遼東海湾測量完了ノ件」（1932年10月23日）、JACAR（アジア歴史資料センター）、Ref. C05022431800（防衛省防衛研究所）。

③ 「遼東海湾測量計画及軍艦淀任務予定ノ件」（1932年2月16日）、JACAR（アジア歴史資料センター）、Ref. C05022431600（防衛省防衛研究所）。

④ 「満洲国水路事業促進ニ関スル意見」（1933年10月31日）、JACAR（アジア歴史資料センター）、Ref. C01002944800（防衛省防衛研究所）。

⑤ 「満洲ニ於ケル海軍関係資料第4　海軍測量隊関係文書類集」（1935年8月）、防衛研修所戦史室、戦史史料、海军一般史料-②戦史-その他-17/0971。

⑥ 「奏上文」（1934年6月7日）、JACAR（アジア歴史資料センター）、Ref. C05023404500（防衛省防衛研究所）。

发现船舶用燃料重油，在抚顺发现了分布广泛的油母页岩，将来可发展页岩油和煤炭液化等产业解决燃料问题”。[①]随着临时海军防备队的巡逻常态化，日本海军开始在松花江沿线勘探资源。1936年，“在三姓浅濑[②]附近，驻满海军部与满铁共同调查到大煤田和油母页岩层”。[③]勘探作业于1937年完成，“探明至地下150米。储藏有含油率6%以上的油母页岩约2亿吨”，[④] 同年对伪间岛省汪清县罗子沟镇发现的油母页岩层展开正式调查，“目前探明含油率16%，储量相当丰富”。[⑤]

除寻找未探明矿藏，驻满海军部还参与对抚顺、本溪等地的资源开发工程。1935年，日本海军计划对抚顺煤矿进行“指导”，以期“创办煤炭液化的相关企业”，[⑥] 弥补石油生产上的不足。此后，这一计划见于1937年驻满海军部司令官日比野正治的《上奏文》中：“位于抚顺的页岩油增产计划，目前正在顺利进行中，暂定目标为30万吨，可于昭和15年（1940）完成。于抚顺建设中的煤炭液化工程，暂定目标为2000万升，昭和14年（1939）6月后可以完成”。[⑦]

九一八事变前，日本海军对中国东北地区的煤铁石油等军用资源的调查开发涉猎较少，仅有与“满铁中央试验所”合作开发煤炭液化技术一项。[⑧] 随着特设机关的成立，海军开始转向对东北地区的资源开发，以期

① 「昭和六年十二月ヨリ昭和九年十一月二至ル在満中ノ任務情況ノ概要」（1934年12月5日）、JACAR（アジア歴史資料センター）（防衛省防衛研究所）。

② 三姓浅濑是指松花江航道上颇具恶名的依兰浅滩，对此地的治理可追溯到20世纪初。至1999年，由黑龙江航道局领导完成对此地河道的疏浚工作。

③ 「任務奉上書寫送付ノ件」（1936年12月8日）、JACAR（アジア歴史資料センター）、Ref. C05034750200（防衛省防衛研究所）。

④ 「前司令官ノ奏上案二関スル件」（1937年12月4日）、JACAR（アジア歴史資料センター）、Ref. C05110615500（防衛省防衛研究所）。

⑤ 「前司令官ノ奏上案二関スル件」（1937年12月4日）、JACAR（アジア歴史資料センター）、Ref. C05110615500（防衛省防衛研究所）。

⑥ 「津田元駐満海軍部司令官出迎ノ件」（1935年12月3日）、JACAR（アジア歴史資料センター）、Ref. C05034066000（防衛省防衛研究所）。

⑦ 「前司令官ノ奏上案二関スル件」（1937年12月4日）、JACAR（アジア歴史資料センター）、Ref. C05110615500（防衛省防衛研究所）。

⑧ 三輪宗弘「海軍燃料廠の石炭液化研究——戦前日本の技術開発」『化学史研究』（4）、1987年、164頁。

服务自身建设，这必然与关东军的利益相冲突。为不扩大矛盾，日本海军在东北的资源开发始终处于和关东军、满铁共同开发的状态。

除上述殖民手段外，驻满海军部还通过参与筹备“满洲国电影国策审议委员会”、[①] 投资扩建“满洲国事情案内所”[②]等方式，加入日本对中国东北的文化殖民行列。但因其能力有限，投入较少，在文化方面的殖民活动远不如其他殖民机构。总而言之，驻满海军部于中国东北开展的“满洲经营”包含在日本扶植伪满洲国、进行殖民侵略的大背景之下，除海军相关的事务外，大多数殖民活动与关东军和满铁等组织合作，力求通过这一契机努力攫取中国东北资源充实自身实力，为发动侵华战争和太平洋战争作准备。

## 三　日本海军“满洲经营”终结与侵华战略调整

驻满海军部于 1938 年 11 月 15 日正式撤销，[③] 原址改设“海军武官府”，由“前驻满海军部参谋长代谷清志大佐作为大使馆附属武官留任”，[④]“该武官府的性质与驻满海军部不同，只负责收集情报”。[⑤]驻扎在哈尔滨的临时海军防备队亦撤销，所辖官兵于年末归国。关于驻满海军部撤销的原因，从当时的新闻报道中可以总结出两点，其一是日本海军为应对侵华战争长期化所作出的部署调整，撤销驻满海军部的同时进行多项人事调动，并提升各要港部、练习舰队司令官的地位；[⑥] 其二是驻满海军部完成在东

① 〔日〕古市雅子：《“满映”电影研究》，九州出版社，2010，第 16 页。

② 张玉芝：《日伪统治时期的弘报机构》，《伪皇宫陈列馆年鉴（1988）》，第 124 页。1933 年，由伪满政权、关东军、“大使馆”和满铁出资组建“满洲经济事情案内所”，1934 年驻满海军部与关东厅也参与进来，改称“满洲国事情案内所”，由奥村义信任所长。该所主要负责介绍伪满国情，为日伪提供了大量资料。

③ 大蔵省印刷局編『官報』1938 年 11 月 15 日、日本マイクロ写真、1938 年、413 頁。

④ 吉林省图书馆整理《伪满洲国研究资料　满洲国现势 ⑥》，广西师范大学出版社，2013，第 355 页。

⑤ 防衛庁防衛研修所戦史室編『戦史叢書　関東軍（1）』、132 頁。

⑥「長期戦の陣容強化　呉、佐鎮、第二艦隊各長官更迭　駐満海軍部は廃止」『大阪朝日新聞』1938 年 11 月 16 日。提升地位是指镇海（朝鲜）、马公（台湾）、旅顺、大凑（日本本州岛北部）等四个要港部和练习舰队的司令官改由天皇亲自任命（日方称“亲补”）。

北的任务，包括维护东北地区航路“治安”、训练伪满海军等。[①]以上说法是海军官方给出的体面“告别”，在侵华战争长期化的背景下，驻满海军部必然会被裁撤。

1936年1月，日本退出第二次伦敦海军会议，同年末，《华盛顿海军条约》与《第一次伦敦海军条约》期满失效，列国海军即将展开新一轮的军备竞赛。面对这一形势的变化，同时鉴于伪满洲国海军已基本整训完毕，日本海军内部开始出现质疑与其进一步合作的声音。1938年，“在省部（海军省、军令部）的会谈上，（海军）事务局的山本善雄针对同意废止驻满海军部发表了强硬的意见”。[②]时任（1937年10月）中国方面舰队参谋的草鹿龙之介向海军高层阐述了撤销驻满海军部的意见：“第一，避免与陆军的摩擦为上；第二，满洲国沿海的防御任务可交由中国方面舰队或旅顺要港部完成；第三，海军人手不足，凑齐驻满海军部配置人员有难度；第四，满洲国海军已完成训练；第五，驻满海军部所取得的政治成果未必很大。”[③]

以上五点基本概括了驻满海军部撤销的内因，另从司令官人选这一细节可见该部撤销的端倪。首任司令官小林省三郎“在还是16岁孩子的时候就曾研究过远东问题，之后决定独自到中国东北旅行”，[④] 据他在海军兵学校的学生草鹿龙之介回忆，“（小林）在入学（海军兵学校）前曾在中国”，[⑤]说明他在日本海军中是少有的较为熟悉中国东北情况的军官，因此在九一八事变后被派遣至沈阳。次任司令官津田静枝是日本海军中的“中国通”，最早于1905年担任“南清”舰队“宇治”炮舰乘员，九一八事变爆发时任第二遣外舰队司令官，1933年4月任再次成立的旅顺要港部司令官。[⑥]此二人对

① 「治安確立、海軍強化　我駐滿海軍部廃し　新に武官府設置」『新世界日日新聞』1938年11月16日。

② 戸高一成編『証言録　海軍反省会5』PHP研究所、2013年、454頁。发言者为扇一登，旧日本海军大佐，1943年乘“伊29”潜水艇赴欧洲，担任驻德大使馆海军武官辅佐官，一战结束时在瑞典的马尔默港因非法入境被逮捕，一年后回国，在第二复员省（旧海军省）工作。

③ 防衛庁防衛研修所戦史室編『戦史叢書　大本營海軍部・聯合艦隊（1）』、399頁。

④ 国民新聞社政治部『非常時日本ニ躍る人々』軍事教育社、1933年、185頁。

⑤ 草鹿龍之介『一海軍士官の半生記』光和堂、1973年、185頁。

⑥ 日本海軍歴史保存会編『日本海軍史　第9巻　将官履歴（上）』、310頁。日本海军于1914年3月将旅顺镇守府降级为旅顺要港部，1922年12月撤销。

处理东北地区事务、协调与关东军的关系非常熟悉，任期内大力扩张伪满海军并将其纳入日本海军羽翼下。

在日本占领东北初期，海军对小林的行为未多加约束，致使当地的海陆军之间“出现了不少摩擦”。①小林卸任后所选派的司令官（见表3），可谓“对陆军（关东军）是不说话的，非常老实”。②纵观驻满海军部存在的5年间，对伪满海军的整备也仅限于完成小林任期内所提出的扩军计划，没有再度扩充。在关东军的压力下，后辈司令官在其任未能取得大于前任司令官的成果，致使驻满海军部逐渐成为可有可无的部门，对其的裁撤也只是时间问题。

**表3 驻满海军部司令官简历**

| 姓名 | 生年 | 毕业期数 | 任命时间 | 调入前单位 | 调出后单位 |
|---|---|---|---|---|---|
| 小林省三郎 | 1883 | 31 | 1933年4月1日 | “满洲”海军特设机关 | 镇海要港部 |
| 津田静枝 | 1883 | 31 | 1934年11月15日 | 旅顺要港部 | 军令部 |
| 浜田吉治郎 | 1883 | 33 | 1935年11月15日 | 旅顺要港部 | 军令部 |
| 日比野正治 | 1885 | 34 | 1936年12月1日 | 第十一战队（华南） | 海军大学 |
| 谷本马太郎 | 1886 | 35 | 1937年12月1日 | 第十一战队 | 练习舰队 |
| 高须四郎 | 1884 | 35 | 1938年8月1日 | 练习舰队 | 海军大学 |

注：毕业期数是指海军兵学校的期数，该校是日本海军培养初级军官的学校。

资料来源：日本海軍歷史保存会編『日本海軍史　第9巻　将官履歴（上）』、225、310、356、367、308、39頁。

除海军自身原因外，关东军对裁撤驻满海军部也起到推波助澜的作用。1934年12月26日，原关东厅改制，“在满洲国大使馆内设置关东局”，③关东军司令官“兼任关东局的长官和驻满全权大使，除驻满海军部司令官外，他以执行日本帝国对满国策唯一代表者的身份，统理行使

① 戸高一成編『証言録　海軍反省会6』PHP研究所、2014年、247頁。发言者为末国正信，旧日本海军大佐，战时在军令部任职，战后曾在日本防卫研修所战史室海上班工作。

② 戸高一成編『証言録　海軍反省会6』、247頁。

③「関東庁官制ヲ改正シ関東局官制ト改題」（1934年12月26日）、JACAR（アジア歴史資料センター）、Ref. A03021962600（国立公文書館）。

军事、外交和行政三权”，[①] 称“三位一体制”。[②]当此之时，作为“超然于圈外”[③] 的驻满海军部自然不能逃脱关东军的“清剿”，为实现对东北的完全控制，促成驻满海军部的裁撤仍旧成为关东军的下一个目标。

1934年12月30日，南次郎任关东军司令官之初，陆军中央部发表了《对满政策执行相关意见》，对陆军内部提出“要努力做到统制驻满海军部，对（陆军）中央来说，废止驻满海军部或至少纳入（关东）军司令官的指挥下，应尽快处理”。[④] 1938年6月，陆军中将矶谷廉介转任关东军参谋长，在他的积极游说下，参谋本部第一部长桥本群与军令部第一课课长草鹿龙之介进行交涉，双方达成共识，认为“海军备战之重点应为美国，不该再投入满洲”，[⑤] 推动了驻满海军部的裁撤进程。原海军中将福留繁认为，“关东军以对苏作战由陆军的单独执行，不需要海军的协助为由，将驻满海军部赶走”。[⑥]在内外因素的作用下，日本海军的“满洲经营”迎来了终结。

驻满海军部裁撤的根本原因在于日本海军调整侵华战略。“九一八事变推动了日本海军的‘大陆转向’”，[⑦] 正是在这一背景下，日本海军在东北开始积极参与“满洲经营”，由较为熟悉东北情况且有能力的小林省三郎全权负责。1935年12月17日，军令部作战课课长福留繁与参谋本部作战课课长石原莞尔进行会谈时，强烈主张“国防国策大纲应以‘北守南进’为主要内容”，[⑧]

① 吉林省图书馆整理《伪满洲国研究资料　满洲国现势④》，广西师范大学出版社，2013，第324页。

② 1934年7月8日，冈田启介内阁上台，通过权力交易，陆军省成功将拓务省排除在伪满洲国之外（仅保留管理移民的权力），原关东局的职能置于驻满“大使”之下，将原有的关东军司令官兼任临时特命全权“大使”和关东厅长官的“三位一体制度”改为关东军司令官兼任驻满特命全权“大使”的“二位一体制度”。

③ 日笠芳太郎「在満機関改革問題1」『満洲日報』1934年9月9—14日。

④ 稲葉正夫等编『現代史資料11　続・満州事変』みすず書房、1965年、913頁。本文引用部分内容在原文中用括号括起，表示不能对外公开。

⑤ 藤川宥二『満州国と日本海軍』、39頁。

⑥ 田村俊夫「満州国江防艦隊始末記（上）」『世界の艦船（103）』、68頁。

⑦ 胡德坤、江月：《九一八事变与日本海军的“大陆转向”》，《历史教学问题》2019年第6期。

⑧ 防衛庁防衛研修所戦史室編『戦史叢書　大本営陸軍部（1）』朝雲新聞社、1967年、380頁。

暗示此时日本海军更青睐于向南活动，对中国东北的"兴趣"大不如前，同时期的驻满海军部活动逐渐趋于平淡，[①] 避免刺激到关东军和对岸的苏军。

1936 年 9 月 3 日的北海事件[②]成为日本海军制定侵华策略的又一转折点。事件发生后，"以中原义正为代表的舰队派军官认识到可以借此事件攫取中国的岛屿作为'南进基地'，以对抗英国"。[③]该事件虽没有演变成日本海军攻占海南岛，却为此后海军制定侵华策略提供思路。七七事变后，逐渐扩大的战局令海军中央重新谋划攻占海南岛。1938 年 4 月，草鹿龙之介从中国方面舰队调回军令部任第一课（作战课）课长，负责制定对广东和海南岛的作战计划，他将海南岛视为"将来日本向南方延伸的起点予以重视"。[④]

1937 年 6 月，日苏双方在黑龙江上的干岔子岛发生交火，"由于该事件（干岔子岛事件）按照日本的主张得到解决，这使得日本陆军，特别是关东军内部，对于国境纠纷与其采用外交谈判，不如使用武力处理具有速效性的思想有所抬头"。[⑤]次年 7 月，关东军与苏军在张鼓峰一带发生冲突，该事件加速了关东军对苏备战的进程，为确保作战时的统一指挥权，关东军要求收回伪满海军的指挥权。此时日本海军的注意力大多集中在对华南的侵略上，将有在华作战经验的驻满海军部调回，既可以增加作战实力，又可避免与陆军之间的龃龉，可谓一箭双雕的办法。

---

① 小林和津田在卸任时向天皇递交的上奏文中均提到设立伪满洲国海防舰队一事，但这一计划在随后司令官的上奏文再未提及，这二人之后的司令官也未提出任何能够扩张日本海军在中国东北势力的计划。

② 北海事件指有间谍嫌疑的北海市"丸一药行"日籍老板中野顺三在其药店内被愤怒的北海居民杀死一事，是民国时期影响较大的一个外交事件。

③ 吴佩军：《日本海军的内部矛盾及其"华南政策"的演进（1936—1945 年）》，《日本研究论丛》2023 年第 4 辑。

④ 周俊「海南島作戦をめぐる日本海軍の戦略認識:南進問題か対英問題か」早稲田大学大学院アジア太平洋研究科出版・編集委員会編『アジア太平洋研究科論集』第 33 号、2017 年 3 月、52 頁。

⑤ 〔日〕冈部牧夫：《伪满洲国》，郑毅译，陈本善校，吉林文史出版社，2007，第 116 页。

## 四　结语

驻满海军部的“满洲经营”是日本海军侵华罪行的一个缩影。该部因存续时间较短，人员较少，一直以来隐藏在南满洲铁道株式会社和关东军等长期活动在中国东北的殖民侵略机构的阴影之下。九一八事变后，日本海军对中国大陆的侵略步伐慢于陆军，除在“一·二八”事变中武力入侵上海外，海军的殖民侵略行径较为隐蔽。抛开近年来日本右翼为海军营造的“和平人设”，海军的侵华意向较陆军而言有过之而无不及。

日本海军的“满洲经营”活动长达 7 年，其间为海军培养了不少熟悉中国情况的军官，并在日本全面侵华后派往各地服役。[①]随着驻满海军部的裁撤，伪江防舰队被编入伪满陆军，改称“江上军”，由关东军应伪满治安部邀请派出顾问。[②]驻满海军部从政治、军事和经济三个层面开展“满洲经营”，在初期取得一定成绩，但也与关东军产生不少摩擦，这种摩擦是日本国内陆海军之间政治斗争的延续。对关东军而言，引海军势力进入中国东北存在一定合理性，碍于军种职能不同，关东军需要海军的知识与资源来帮助其镇压松花江一带的反抗力量、培植伪满军的水上部队以及建设航运事业，待到时机成熟再将海军势力从中国东北排挤出去。

驻满海军部与关东军的摩擦也给其他陆军部队一个警示。1939 年 1 月 6 日，正在进攻青岛地区的华北方面军参谋长（冈部直三郎）收到下属第二军参谋长（铃木率道）的电报，文中告诫作战部队要注意处理与海军的关系：“在往年的满洲，有驻满海军部的先例，在此之上请多考虑。”[③]

驻满海军部的兴废反映出日本海军侵华战略的变化。设立驻满海军部，是海军在日本政府决定侵略中国东北、扶持伪满洲国的大背景下所进

---

① 驻满海军部第一任参谋长藤森清一朗可谓最有代表性。他在日本全面侵华后任第十战队司令官负责侵攻厦门和南澳岛，1939 年转任日本驻伪北京政权“大使馆”武官，继续负责对华谍报工作。通过收集他留下的私人档案，南澳县海防史博物馆整理出版了《侵占南澳日军档案资料实录》一书。

② 防衛庁防衛研修所戦史室編『戦史叢書　関東軍（1）』、132 頁。

③ 「第二軍機密作戦日誌抜粋　二軍電第八六號」（1938 年 1 月 6 日）、JACAR（アジア歴史資料センター）、Ref. C11110923500（防衛省防衛研究所）。

行的战略调整，亦是海军与陆军争夺在华利益的表现。在退出第二次伦敦海军会议、《华盛顿海军条约》即将到期之际，海军坚持“北守南进”的战略，对于“满洲经营”的兴趣显然弱于陆军，并开始在华南寻求突破口，最终1938年初夺取海南岛，被蒋介石称为“太平洋上之‘九一八’”。[①]总而言之，驻满海军部的撤销是日本海军根据自身战略所作出的调整，关东军的“胁迫”起到了推动作用，而完成在伪满洲国任务的说辞只是海军官方为自己找寻的一块“遮羞布”罢了。

（张铭睿，湖北大学历史文化学院博士研究生；
刘景瑜，北华大学东亚历史与文献研究中心教授）

① 《蒋委员长谈对日攻海南岛》，《申报》第362册，1939年2月12日，上海书店影印版，1983，第195页。

# 21 世纪中国日本研究的回顾与展望

# 21世纪以来吉林大学日本问题研究的进展、问题与展望

庞德良

吉林大学日本研究所是学校直属专门从事日本问题研究的学术机构，具有悠久的发展历史。1964 年国务院批准吉林大学成立日本研究室，1979 年经教育部批准，更名为吉林大学日本研究所，1987 年被教育部批准为教育部直属、高校文科重点研究所。1994 年，根据吉林大学学科建设需要，日本研究所与其他国别研究所合并，共同组建成立东北亚研究院，作为其中核心的日本研究所继续开展日本问题的教学与研究工作。2001 年根据需要将吉林大日本研究所调整为吉林大学日本研究中心，2011 年 11 月应国务院和教育部进一步加强国别问题研究的工作要求，重新组建吉林大学日本研究所。目前，吉林大学日本研究所按照教育部国别与区域研究秘书处及学校相关机构的工作部署和要求，凝聚全校日本研究力量，充分发挥多学科优势，踏实开展日本与东北亚区域经济、政治、历史文化等领域的重大理论与现实问题研究，在学科建设、科学研究、人才培养、国际合作等方面取得了显著成效，成为国内外具有重要影响力的日本问题专门研究机构。

## 一　关于吉林大学日本问题研究的目标定位

吉林大学日本研究所坚持以习近平新时代中国特色社会主义思想为指导，按照“双一流”和新文科建设的总体部署与要求，围绕日本经济、政

治、历史文化等重大理论和现实问题，以服务新时期国家重大战略需求为导向，以构建契合新时代中日关系、推动中日经济社会合作与发展研究为主攻方向，不断推进日本问题研究的学科交叉与融合，全力建设国别与区域研究的学术创新高地、创新人才培养基地和国际学术交流与理论传播中心，力争成为服务国别与区域交叉学科建设、服务经济社会高质量发展的重要支撑力。

## 二　21世纪以来吉林大学日本问题研究进展

1. 推动学科交叉有机融合，不断凝练学科发展方向

21 世纪以来，吉林大学日本研究所立足于日本经济、政治、历史文化等传统优势研究领域，依托理论经济学（世界经济学）、政治学（国际政治学）以及世界历史等多个一级学科，以凝练学科方向为根本动力，逐渐形成日本与东北亚区域经济、日本与东北亚区域政治、日本与东北亚区域历史等三大重点学科方向。这不仅为新时期日本重大理论与现实问题研究提供了坚实的学科基础，还为加快推进日本经济、政治、历史文化等学科的交叉融合、综合性发展、走向国际化提供了重要支撑。

2. 推进重大问题集体攻关，不断优化学科队伍结构

日本研究所围绕国家委托的各级各类重大攻关项目，发挥多学科优势，充分发挥学术领军人的带头作用，有效地将经济、政治、历史文化等不同研究领域的专业知识和技能融合起来，促进了团队成员协同解决实际问题的能力，提升了研究成果的创新力与学术影响力。经过多年来的努力，我们形成了一支由 25 名科研人员组成，学科结构合理的稳定的日本问题研究学术团体。从科研人员学科方向看，日本经济研究 13 名，日本政治研究 7 名，日本历史文化研究 5 名。从学科方向的职称结构看，日本经济方向教授 8 名、副教授 4 名、讲师 1 名；日本政治方向教授 4 名、副教授 1 名；日本历史方向教授 5 名。从学科方向的学历结构看，全部研究人员均为博士，且具有海外访学经历，其中 4 名科研人员获得日本博士学位。从社会履职角度看，团队成员包括中华日本学会副会长、副秘书长，全国日

本经济学会副会长、副秘书长，中国高等教育学会国际政治研究专业委员会副秘书长，中国亚洲太平洋学会东北亚研究会常务理事等。

3. 聚焦历史现实问题，打造日本问题研究理论创新高地

21世纪以来，吉林大学日本研究所根据世界格局重大变化和国际体系转型的时代要求，聚焦日本国家战略转型、国家政策转变、日本侵华历史等重大历史现实问题，以国家重大战略需求为导向，形成了一批高水平的标志性成果。

（1）系列丛书记忆平成时代日本国家战略转型

《安倍政权与日本未来》《国家战略转型与日本未来》《国家政策转变与日本未来》等系列著作紧紧围绕东北亚区域理论和现实问题开展研究，是日本研究所系列丛书的代表性成果。系列论丛自出版以来，得到日本研究界的好评，扩大了日本研究所的影响力。论丛中的很多观点与视角在一系列研究报告中得以延续和拓展，得到省部级以上的肯定性批示，其中部分思想观点得到最高领导人批示。此外，《铁证如山：吉林省档案馆馆藏日本侵华邮政检阅月报专辑》（共11册）、《日本国家经济安全战略转变研究》、《外交漂流：日本东亚战略转型》、《江户时代日本对中国儒学的吸收与改造》等40余部著作从不同角度展现了日本经济、政治、历史与文化的本质特点。日本研究所积极参与撰写《日本经济蓝皮书》《东北亚地区发展报告》等多部具有重要学术价值和社会影响的发展报告，为中国日本问题研究作出了自己应有的贡献。

（2）重大项目支撑对日合作、外交与史学研究

近10年来，日本研究所积极承接、主动申报获批国家各级纵向项目50余项，经费达1000万元。包括“中日韩国家关系新变化与区域合作战略”等教育部人文社会科学重点研究基地重大项目3项，“新形势下改进和加强对日舆论和公共外交工作研究”国家社科基金“重要国家和区域”重大研究专项1项，“吉林新发掘日本侵华档案中若干重大侵华罪行研究”国家社会科学基金“特别委托”重大项目1项，“战后日本史学与史观研究”“日本对华移民侵略档案史料整理与殖民统治研究”等国家社科基金重点项目3项，“中日第三方市场合作的挑战与对策研究”国家社科基金

一般项目1项。其中“中日韩国家关系新变化与区域合作战略”完成50万字书稿。“铁证如山”系列丛书是吉林大学日本侵华史研究中心受国家“特别委托”形成的重要标志性成果，反映了日本侵华暴行的历史铁证，控诉日本军国主义屠杀中国人民和践踏中国人民人权所犯下的滔天罪行，对维护二战后的国际秩序以及世界和平具有重大的历史意义和现实意义。

(3) 学术论文聚焦重大理论与现实问题，推动研究创新发展

近五年来，日本研究所在《日本学刊》、《世界经济与政治》、《现代日本经济》、《人民日报》(理论版)、《光明日报》(理论版)等报刊发表CSSCI来源学术论文50余篇、SSCI来源学术论文10余篇。

从中日经济关系方面看，《关于后疫情时代中日经济关系走势与发展的思考》等20篇论文基本反映了后疫情、后安倍时代日本宏观运行“上层机制”与微观运行“底层结构”的动态关系、中日经贸合作的现实挑战与发展机遇、全球价值链调整下日本的技术与规则之战、日本高技术产业链弹性政策的未来走向。

从中日政治外交领域看，《美日海权同盟的背景、特征及中国的战略应对》等19篇论文基本反映了百年未有之大变局下日本与周边国家地区外交关系、日本在东北亚地缘格局中的地位和作用以及日本国家安全政策的新变化。

从中日历史文化维度看，《太平洋战争爆发前后日本学界发动的思想战论析——以两次座谈会为中心》等13篇论文基本反映了日本现代化历史进程、日本文化软实力及中国文化对日传播、日本文化的全球化与本土性、战后日本历史与文化变革等。

(4) 咨政服务立足国家利益，促进中日合作发展

为党和国家提供对日交流和制定对日外交政策的咨政服务是吉林大学日本研究所承担的重要职能，也是吉林大学日本研究所长期秉持的研究特色。2018年以来已有40余份咨询报告获得外交部、商务部等有关部门的采纳，得到了高度重视和良好评价。部分报告获得了党和国家领导人肯定性批示。

## 三 积极打造日本和东北亚区域创新人才培养基地

21世纪以来，日本研究所累计培养1000余名硕士、300余名博士。研究生阶段采用多学科交叉培养模式，培养能够从经济、政治、历史文化等多个维度独立思考，具有扎实学术功底、广阔国际视野、深厚家国情怀，能够通透日本民族价值观与学术话语体系，愿意且能潜心研究对我国长远发展具有战略意义的前沿性、基础性课题的日本研究专门人才。近年来，按照新文科建设的思路和要求，日本研究所依托东北亚学院，2021年首次招收国别与区域经济学专业本科生，年均招生规模30人。本科生阶段采用跨专业融合培养模式，实行“专业+外语”双优培养，致力于培养掌握系统经济学基础理论，深入了解日本等东北亚国家与区域经济社会发展实际，较好掌握相关国家语言和历史文化的国际化复合型人才。

目前，日本研究所以打造“培根铸魂、启智增慧”国家精品教材为目标，充分发挥科研团队长期致力于日本问题研究所积累的专业知识，积极组织编写“现代日本经济”“日本政治与对外关系”“日本史概论”等本科教材，服务国别与区域学科建设对时代新人培养的现实需要。

## 四 吉林大学日本研究存在问题与展望

吉林大学日本研究所在日本问题研究方面取得一定成绩的同时，仍存在师资队伍老化、学科结构失衡、办学条件不强、人才吸引不够等现实因素制约。

（1）日本研究作为三级学科与学校重点建设的一二级学科存在一定矛盾，导致在学科建设中的地位下降，支持发展的力度有所下降。例如，把独立建制的日本综合性研究所改组为国别专业研究所实际上冲击了日本问题的专门研究。

（2）日本研究学科内部发展不平衡。吉林大学日本研究长期优势在于日本经济、政治和历史，日本社会和文化领域的研究这些年没有发展起来，即使是作为重点发展的经济、政治和历史学科发展也不平衡，经济学科优势明显大于政治和历史学科。

（3）人才梯队建设迟缓，师资队伍老化。受地域发展影响，日本研究人才梯队建设存在很大困难。年轻博士大多奔赴发达地区，海外优秀博士和人才首选之地也非东北。这些年，我们始终没有完成学校海外引进人才任务，特别是作为小语种专业引进更为困难。目前在我们近30人的研究队伍中，优秀的“90后”没有，“00后”更不用说了。如果人才队伍的问题解决不了，吉林大学日本研究的未来发展基础不牢，后劲不足，在全国同行竞争中必然处于劣势。

但是，随着区域国别学正式成为交叉学科门类下的一级学科，我们作为满足国家重大战略需要，培养高质量区域国别学人才的重要支撑力量，必当勇立潮头敢为先，奋楫扬帆谋新篇。展望未来，吉林大学日本研究所坚定以习近平新时代中国特色社会主义思想为指导，尊重学科发展规律，围绕日本与东北亚区域经济、政治与社会发展的重大理论与现实问题进一步凝练研究方向，确定重大选题，积极争取、承担各类重大课题，不断吸收优秀人才、优化学科结构、增强研究实力，努力把吉林大学日本研究所打造成为新时期重要的理论创新基地、人才培养基地以及党和国家思想库，为中国的日本研究作出应有的贡献。

（庞德良，吉林大学东北亚研究院教授）

# 新世纪、新发展、新机遇：21世纪以来的东北师范大学日本研究所

陈秀武

南开大学日本研究院成立二十周年之际，作为兄弟单位，东北师范大学日本研究所全员带着对前任院长杨栋梁教授、李卓教授、宋志勇教授和现任院长刘岳兵教授的恭喜与祝贺之情，向南开大学日本研究院全体师生致以最诚挚的问候！东北师范大学日本研究所（以下简称“日本研究所”）预祝南开大学日本研究院全体同人在未来的区域国别研究领域将贵院打造为成果更多、实力更强、视野更广的日本研究机构！

21 世纪以来，随着中国综合实力的提升以及处理“中国与周边国家关系”的现实需求，中国的日本问题研究已经取得了长足的进展。作为全国日本研究的地方单位，日本研究所新千年以来的发展状况，经历了争取外援支持、开展国际合作，与立足国内发展、关注国家现实需求两个发展阶段。

## 一　根据教育部文件成立的日本研究机构

20 世纪 60 年代，党和国家领导人高瞻远瞩，在充分关注到国际形势的变化以及日本经济高速增长的现实情况下，及时准确地提出了对日本教育、政治、经济、文学以及历史进行全面研究的主张。国家强调要在“系统研究与动态研究相结合”“以研究现实的经济状况”为主的前提下展开科研，并由教育部发出了加大力度研究日本及中国的其他周边国家（朝

鲜）的指令性文件。

1964 年 6 月，教育部给全国 18 所高校下达相关文件，其中有 4 家高校成立的日本研究机构日后发展为日本研究所，这就是“老四家”日本研究所的由来。笔者查找东北师范大学档案馆存留的教育部文件，发现了 1964 年 6 月 27 日教育部签发给吉林师范大学（东北师范大学的前身）的《关于高等学校建立研究外国问题机构有关事项的通知》。该文件在列举的 18 所高校中的“吉林师范大学”处画了重点标识，要求在吉林师范大学建立外国问题研究机构，主要包括五部分：“（1）日本教育研究室（以研究战后日本教育思想、教育理论和教育现状为主）；（2）朝鲜教育研究室（研究朝鲜人民民主主义共和国教育经验）；（3）日本政治经济研究室（以研究二次大战后的经济发展和阶级斗争为主）；（4）日本文学研究室（目前研究江户文学、近现代文学）；（5）日本历史研究室（日本近现代史）。”① 在东北师范大学，日本教育研究室发展为今天的外国教育研究所，日本政治经济研究室、日本文学研究室和日本历史研究室合并发展为今天的日本研究所。这一时期成立的日本研究机构针对性强，开始服务于国家的现实需要。

在国家方针政策的指引下，在东北师范大学校领导的支持下，日本研究所于 1992 年教育部进行的涉外研究机构评比中获得了第一名的佳绩。

## 二　以国际合作推进日本研究所的发展

新千年伊始，随着中日关系的变化，日本研究所的发展也进入新的发展阶段。截至 2015 年的 15 年间，日本研究所进入了以境外合作推进日本研究所发展的时期。

首先，与日本京瓷企业合作成立了稻盛和夫经营哲学研究中心。

该中心成立于 2001 年，负责京瓷企业集团经营理念的相关研究与盛和塾相关资料的译介。其间出版了学术成果《稻盛和夫的经营哲学》（尚侠

① 《关于高等学校建立研究外国问题机构有关事项的通知》（1964 年），东北师范大学档案馆藏。

编辑，钟放著，商务印书馆，2007），发表了系列研究论文，刊出了专职研究人员翻译的盛和塾塾生的作品。由此，日本研究所开创了一条产学结合的科研之路。

其次，与日本国际交流基金会合作，成为该基金会的“中期援助”单位（2006—2015年）。

在与日本国际交流基金会合作期间，日本研究所在学生派遣、国内教授集中讲义、国外教授来访、出版学术著作等方面，取得了喜人的成绩，有关出版学术著作情况详见表1。

**表1 东北师范大学日本研究丛书一览**

| 序号 | 书名 | 作者 | 出版时间 | 出版社 |
|---|---|---|---|---|
| 1 | 稻盛和夫的经营哲学 | 钟放（著） | 2007年8月 | 商务印书馆 |
| 2 | 近代日本国家意识的形成 | 陈秀武（著） | 2008年4月 | 商务印书馆 |
| 3 | 日本近代地方自治制度的形成 | 郭冬梅（著） | 2008年4月 | 商务印书馆 |
| 4 | 从垄断到竞争——日美欧电力市场化改革的比较研究 | 井志忠（著） | 2009年3月 | 商务印书馆 |
| 5 | 日元国际化与东亚货币合作 | 付丽颖（著） | 2010年4月 | 商务印书馆 |
| 6 | 战后日本的汉字政策研究 | 洪仁善（著） | 2011年3月 | 商务印书馆 |
| 7 | 日本女性文学史 | 刘春英（著） | 2012年12月 | 商务印书馆 |
| 8 | 村上春树小说艺术研究 | 尚一鸥（著） | 2013年7月 | 商务印书馆 |
| 9 | 伪满历史文化与现代中日关系 | 尚侠（主编） | 2013年8月 | 商务印书馆 |
| 10 | 伪满洲国的法治幻象 | 钟放（著） | 2015年1月 | 商务印书馆 |
| 11 | 《满洲评论》及其时代 | 祝力新（著） | 2015年1月 | 商务印书馆 |

表1中的著作以马克思历史唯物主义为指导，大量挖掘一手资料，客观分析历史问题，还原历史真相，做到了有一说一，追求客观真理。

## 三　立足国内推进日本研究所的发展

2008年，在学校机制改革的大背景下，具体说来是在引入“教授会体制”后，原有的独立所必须挂靠学院才能完成评职等工作，因而日本研究所的属性发生微变，由原来的校管独立所发生了向校、院共管科研机构的转变。从此，日本研究所走上了积极配合外国语学院学科建设的发展道路。尤其是根据国务院学位办和教育部出台的文件（2013 年），将“国别与区域研究”列为外语学科下的五大研究方向以后，日本研究所的发展被纳入外语学科下的五大方向之一。在这些文件的指导下，有些高校的外国语学院根据地域特点和研究特色，建立了“国别与区域研究”的相关机构。然而，从科研层面将“国别与区域研究”落到实处相对容易，而将“国别与区域”相关课程落实到本科教学层面并非易事，着实有一段艰辛的路程要走。从日本研究所实际状况看，国别与区域研究的学术平台，在研究层面的学术贡献大，与之相反，在本科教学层面的贡献微乎其微。近年来，这种情况稍有改观。从现有机制和体制看，2015 年以后日本研究所为外国语学院的学科建设作出了巨大贡献。

第一，随着 2015 年日本国际交流基金会的“中期援助计划”项目到期，日本研究所走上了立足国内、更加注意现实需求的科研之路。与此同时，为适应外语学科边界拓展的需求，日本研究所的专业设置成为外语学科新的学术增长点——跨学科交叉研究。在科研项目上，立足国内申报各类纵向课题取得了长足的发展，并创历史新高（详见表 2）。

**表 2　2015—2021 年日本研究所各类项目一览**

| 序号 | 项目负责人 | 项目来源 | 项目名称 | 金额（万元） |
|---|---|---|---|---|
| 1 | 陈秀武 | 国家社科基金重大项目（2018 年度） | 东亚历史海域研究 | 80 |
| 2 | 陈秀武 | 国家社科基金一般项目（2015 年度） | 日本“海上帝国”建设研究（鉴定结果“优秀”） | 20 |
| 3 | 付丽颖 | 国家社科基金一般项目（2017 年度） | 日本对伪满洲国的金融统治研究 | 20 |
| 4 | 刘荣 | 国家社科基金后期资助项目（2018 年度） | 日本企业文化新论 | 20 |
| 5 | 宋悦 | 国家自然科学青年基金项目（2018 年度） | 我国社会化养老服务异质性需求研究 | 19.7 |

续表

| 序号 | 项目负责人 | 项目来源 | 项目名称 | 金额（万元） |
|---|---|---|---|---|
| 6 | 郭冬梅 | 教育部人文社科项目（2019 年度） | 近代日本的内务省研究 | 10 |
| 7 | 冯雅 | 吉林省社科基金项目（2016 年度） | 伪满时期东北民众的对日殖民抗争 | 1 |
| 8 | 冯雅 | 吉林省社科基金项目（2017 年度） | 伪满文坛民众的文学抗争研究 | 1 |
| 9 | 宋悦 | 吉林省教育厅项目（2017 年度） | 吉林省养老护理服务人才培养模式研究 | 1 |
| 10 | 冯雅 | 吉林省社科基金项目（2020 年度） | 伪满时期日本的殖民宣传研究 | 1 |
| 11 | 尚一鸥 | 吉林省社科基金项目（2021 年度） | 日本女性作家的“满洲”体验与文学书写研究 | 1 |

根据日本研究所专任教师 6 人的现状，表 2 的 11 个纵向课题已经显示日本研究所在科研上迎来了高峰期，人均课题 1.8 项。从课题的内容看，涉及东亚海域史、伪满洲国史、企业文化、养老服务、日本近现代史、伪满文学史等内容。这是自 2015 年以来日本研究所凝练学术问题及研究方向带来的当然结果，亦即围绕日本学、伪满洲国史以及东亚海域史展开研究的结果。尤其是国家社科基金重大项目“东亚历史海域研究”的获批，不仅为日本研究所，也为东北师范大学社会科学研究的发展作出了贡献。该课题围绕“海洋命运共同体”发表的理论文章关注度高，知网下载总量已经达到 2542 频次，被引 45 次。该课题的中期成果于 2022 年以《交流、博弈与征服：历史视野中的东亚海域》由商务印书馆出版，从新海洋史维度探究了“海洋命运共同体的相关理论问题”“东北亚海洋命运共同体的构建基础与进路”“东南亚海洋命运共同体的构建基础与进路”等学术话题，逐渐形成了关于“海洋命运共同体”的学术话语。

第二，立足地方，依托省级重点研究基地，探讨具有地方特色的地域研究，创办集刊《日本研究论丛》。

2011 年 11 月 19 日，由日本研究所申请并承建的吉林省重点研究基地——伪满历史文化研究基地在本校成立。为了强化基地建设、深化伪满相关研究，日本研究所创办的《近代中国东北与日本研究》杂志，现在更名为《日本研究论丛》（集刊）。该刊是由东北师范大学主管、日本研究所主办、社会科学文献出版社负责出版服务的学术性集刊。主编是陈秀武教授，副主编是付丽颖副教授，编辑部主任宋悦副教授。该刊自2018年出版第1辑以来，已经编辑出版5辑，目前正在编辑出版第6、第7辑。

《日本研究论丛》是响应2035年远景目标和十四五规划中提出的“深度参与海洋开发”的对外战略，发挥日本研究所国别研究传统优势，依托《近代中国东北与日本研究》的主办经验，于2021年由其改办而来，面向国内外公开发行，每年出版两期。设定的固定栏目包括“日本与东亚海域”“近代中国东北与日本”。此外，每期根据稿源情况及稿件质量，设置“日本政治、外交与安全”“日本历史、哲学与文化”“日本社会、经济与管理”“日语语言与日本文学”等栏目。该集刊以日本问题为中心，以海洋问题为重点，涵盖学术领域广阔，可读性强。《日本研究论丛》编辑委员会由来自中国社会科学院、北京大学、南开大学、吉林大学、复旦大学、厦门大学、云南大学、辽宁大学、北京外国语大学、天津社会科学院、广东外语外贸大学、天津外国语大学、战略支援部队信息工程大学等国内13家单位的30名学者构成。

2023年1月，中国社会科学评价研究院发布了《中国人文社会科学学术集刊AMI综合评价报告（2022年）》（以下简称《报告》），全国来自区域国别学一级学科的学术集刊共有18本入选，《日本研究论丛》首次入选中国人文社会科学学术集刊评价入库集刊。《报告》是由中国社会科学评价研究院首次针对学术集刊进行科学评价的成果，根据《中国人文社会科学集刊AMI评价指标体系（2022）》对403种集刊按照3个大类19个学科类进行划分。中国社会科学评价研究院是中国社会科学院的直属研究机构，自主研创了“智库综合评价AMI指标体系”并运用该体系相继开展了全球智库和中国智库等一系列评价工作，形成了一系列具有原创性和实用性的高质量智库研究成果，具有高度的学术权威性和社会认可度。

第三，积极开设本科生课程，继续打造研究生精品课。

2015年以来，日本研究所的一线教师积极响应教育部的号召，多次向学校申请为本科生开设课程。从2021年秋季学期开始，这一愿望终于达成。日本研究所的教师们先后为日语系本科生开设了日本学研究方法、中日文化交流史、日本思想史、日本诗歌翻译与鉴赏等课程，为全校本科生开设了通识选修课日本历史与文化、基础日语等。从学生的课堂表现、督学听课的总评以及后期学生反馈来看，收效甚佳。

日本研究所是培养硕博研究生的科研机构，多年来传统研究生精品课程有国际政治、大国外交、世界经济概论、日本产业与产业政策、日本市场经济制度研究、现代日本经济政策研究、日本通史、中日关系史、日本思想史、日本史学史、专业日语、日本文学史、日本文化史等。这些课程已经开设了近20年，所有任课教师都积累了丰富的教学经验，使学生们受益匪浅。

第四，承办学术会议，大力推进国内外学术交流。

2002年9月，日本研究所主办的“中日邦交正常化三十年学术研讨会”在长春召开。与会代表在日本史、日本文学和中日文化交流诸多领域发表了许多真知灼见，对已经到“而立之年”的中日关系作了一些研判和总结。会议的论文集珍藏在很多高校的图书馆。

2005年10月，日本研究所主办的“战后日本六十年国际学术研讨会”在长春召开。这是1995年“战后日本五十年国际学术研讨会”的延续。2005年的中日关系受到小泉内阁对华政策的一些干扰，出现了新的变化。学者们从政治、经济、历史和文化的角度分析了日本的动态，进行了非常有意义的交流。

2015年，日本研究所主办了“战后日本七十年暨日本研究所成立五十年国际学术研讨会”。时值日本研究所成立50周年，会议收到了来自中、日、韩三国学界的祝福信件与论文，三国学者并就历史的拐点回顾了战后70年来日本的发展历程以及相关历史问题。

2018年，日本研究所主办了“近代中国东北与日本”学术会议，北京大学、南开大学、吉林大学、辽宁大学、河北大学、云南大学、天津社会科学院、吉林省社会科学院、辽宁省社会科学院、黑龙江省社会科学院的代表出席了会议，并就东北老工业基地的发展前景问题进行了探讨。

此外，日本研究所本着“请进来，走出去”的发展原则，积极推动学术交流。在“请进来”上，利用学校的“东北大讲堂”聘请杨栋梁教授、杨伯江教授、王勇教授、宋志勇教授、张建立教授、修刚教授等国内知名学者，以及松本郁代教授、藤井省三教授等日本学者前来讲学，为日本所的师生传经送宝。在“走出去”上，鼓励教师们积极参加国内外学术会议。近年来，主要有「第11回東アジア茶文化シンポジウム」（参加人陈秀武，韩国釜山）、“中日新时代论坛：中日邦交正常化建立50周年国际学术研讨会”（参加人陈秀武，日本东京）、“大日本帝国与文学”（参加人刘春英，韩国高丽大学）、“东亚日本语杂志与殖民地文学”（参加人刘春英，韩国高丽大学）、“东亚与同时代日语文学论坛”（参加人刘春英，韩国辅仁大学）、“东方外交史”系列国际学术研讨会（参加人钟放，俄罗斯伊尔库茨克和蒙古国乌兰巴托）。

除了参与境外的学术会议，日本研究所的老师们还积极参与国内的学术会议，如他们在北京大学、浙江大学、南开大学、复旦大学、辽宁大学举办的国际学术会议上分别作主旨发言或分组发言，发表了最新的学术成果，收效甚好。

第五，资料库建设粗具规模。

日本研究所从建所开始就十分注重资料建设。目前，所内资料室藏书由以下几部分构成。

（1）原有的日文图书。这部分图书有2万余册，大部分是1974年以前购入的日文原著，内容涉及日本文学、日本历史、日本经济、日本政治以及日本社会等领域。

（2）日本国际交流基金会赠书。这部分图书共有近千册，由日本研究所的老师们提供书单，日本国际交流基金会免费寄赠。

（3）中日学者的个人赠书。日本研究所的首任所长邹有恒先生的家人于2016年将先生私藏的日文图书及中文图书无偿赠予了日本研究所，总计有2000余册。日本学者安孙子麟也将私藏图书无偿赠予了日本研究所。

（4）伪满图书资料库建设。2015年以来，为了强化日本研究所承建的吉林省重点研究基地——伪满历史文化研究基地建设，日本研究所的师生们选购了有关伪满时期的资料，如购入了线装书局的《伪满洲国政府公报全编》，复印了全卷本的《满洲评论》，资料库建设粗具规模。

（5）多种日文杂志。这些日文杂志主要来自日本杂志社的直接寄送，内容涉及文学、历史、经济、国际政治等。

2012年以来，图书资料的数字化管理，为师生快速查找资料提供了条件。

第六，尊重先贤的科学研究，整理先贤遗稿。

2016年开始，日本研究所着手对著名学者邹有恒先生的授课讲稿和其他文章进行了系统的阅读和整理，很多年轻学生参与其中。通过这一活动，我们近距离体会到老一代专家学者一丝不苟的治学精神和广博开放的学术视野。先生没有公开发表的少量手稿已经通过集刊重要篇目的方式推出。

总之，21世纪以来，日本研究所在国际关系变幻莫测的形势下做到了“守正创新”。在百年未有之大变局的新时代，在新文科建设的学科背景下，日本研究所将继续发挥学科交叉优势，将东亚变局作为持续研究的对象，争取为国家和社会输送更多的高质量人才和产出更多的精品成果。

最后，衷心祝愿南开大学日本研究院越办越好！

（陈秀武，东北师范大学日本研究所教授）

# 励精图治，久久为功：21世纪辽宁大学日本学研究的发展轨迹及其思考

崔　岩　于振冲

## 一　21世纪以来辽宁大学日本学研究发展轨迹

辽宁大学日本研究所前身为辽宁省日本研究所（又称辽宁省哲学社会科学研究所第二所），是根据中共中央关于加强外国问题研究的指示精神和东北局的决定于1964年5月组建的，成为新中国成立后最早的综合性日本问题研究机构。当时定为厅局级单位，人员编制为65人，设有历史研究室、现状研究室、图书资料室，属国务院外事办公室和辽宁省双重领导。“文革”期间一度解散，后在周恩来总理的两次过问下，于1971年春恢复，并更名为辽宁大学日本研究所。

辽宁大学日本研究所现有专职科研人员10人、兼职科研人员16人，下设比较文学与世界文学硕士点和日本经济研究室、日本历史研究室、图书资料中心、办公室等，是《日本研究》学术期刊主办单位和辽宁省中日友好协会法人单位，设有校级科研平台辽宁大学日本研究中心。学术期刊《日本问题》创刊于1970年，1985年公开出版发行，并更名为《日本研究》。

辽宁大学日本研究所历史悠久、学缘深厚、成果丰硕。建所60年来，辽宁大学日本研究所师生共出版学术著作140余部，发表学术文章1000余篇，举办学术研讨会150余次，完成国际、国家级、省级课题180多项，在相关研究领域获奖80余次，培养博士、硕士研究生550余人，接待来访日方

各界人士数百人，获得了广泛的学术声誉和良好的社会效益。曾在所内任职的易显石教授、金明善教授、田桓教授、任鸿章教授、刘天纯教授、赵宝库教授、冯玉忠教授、马兴国教授等都是国内日本问题研究领域的著名专家，他们中大多数是新中国成立以来我国日本问题领域的开拓者和奠基人，为我国日本问题研究的科研、学术交流、人才培养作出了突出的贡献。

21世纪以来，辽宁大学日本研究所的发展轨迹与国内其他日本研究机构的变化有相似的地方，总的特征是出现了弱化和边缘化的趋势，其主要是由国内外形势变化所致。从国内看，首先，我国的对外开放进入了全方位的状态，开始深度融入全球化。日本问题研究在中国的外国及国际问题研究领域中的地位与重要性大幅度下降。其次，高校扩大招生，师资力量不足，开始以科研体制改革为由，从研究所等科研单位抽调教师补充教学岗位。2004年，辽宁大学成立国际关系学院，日本研究所的研究人员是该院教师的重要组成部分，由此带来了研究所的空洞化（见图1）。再次，以单一学科建设的高校发展模式，导致了综合研究机构发展面临困境。

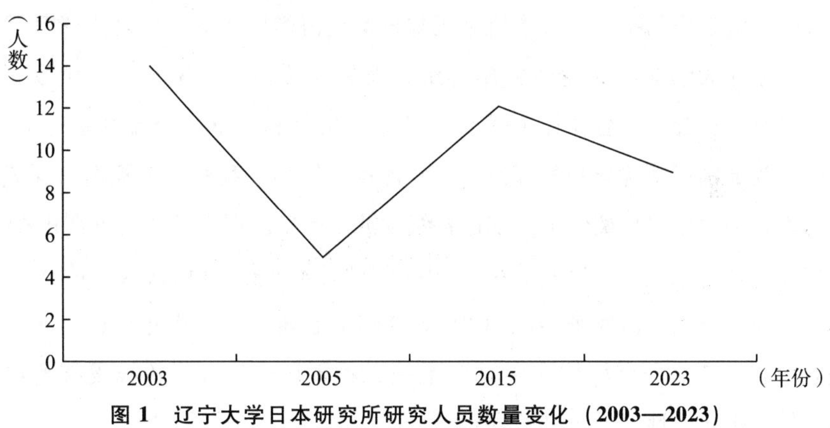


**图1　辽宁大学日本研究所研究人员数量变化（2003—2023）**

以2004年改革为起点，辽宁大学日本研究的体制实现了从集中到分散的转变。研究人员原来集中于日本研究所，之后分布到各个学院。日本研究所因此成立辽宁大学日本研究中心，试图增强日本学研究的凝聚力。

之后，辽宁大学日本研究所努力谋求复兴，2015年前后通过国内外人才引进，研究所人数有较大幅度增加，各学科研究力量有所恢复。

进入21世纪，为支持辽宁大学的机构改革和学科建设工作，日本研究所进行了大幅度的改制，几经调整变化，形成了现有的研究团队和机构格局。现有的研究团队以中青年人员为主体力量，科研氛围蒸蒸日上，涌现出不少优质的科研成果。如2004年4月，根据辽宁省老工业基地振兴需要和张文岳省长的指示精神以及省政府研究室的要求，我所科研人员组织撰写了6篇有关“日本太平洋沿岸地带工业区研究”的研究论文及咨政报告，受到了有关部门的重视和好评，为辽宁省政府提出“‘五点一线’沿海经济带战略”提供了依据。近年来，我所科研人员主持和参与了“日本民主党执政后的经济转型研究”“日本平成时期的经济增长与周期波动”“经济全球化条件下日本经济发展态势、问题与前景研究”等多项国家社科基金项目，同时主持参与多项省级科研课题，并积极开展与日本高校和科研机构的合作研究，所取得的成果获得同人的认可。2016年至今，我所与日本国驻沈阳总领事馆合作举办“日本研究论坛”30余次；连续多年与日本国驻沈阳总领事馆、辽宁省留日同学会共同举办“辽宁省留日同学会年会暨留日学人看日本研讨会”，成为辽宁省20多所高校的留日学者代表及三菱商事等省内部分日企代表交流合作的平台；日本研究所与日本北海学园大学、广岛大学和平研究所、东洋大学亚洲文化研究所等缔结友好交流协定，展开研究生联合培养、研究人员交流、合作研究项目以及学术资料和文献的交流共享等活动。另外，为鼓励成绩优异和家庭经济条件困难的同学，我所与三菱商事株式会社合作，为学生提供奖学金，现已持续发放了5年。在中日邦交正常化45周年之际，辽宁大学日本研究所获得2017年度日本外务大臣表彰奖团体奖，这不仅是对辽宁大学日本研究所师生50余年潜心研究、薪火相传的肯定，也是对中国的日本研究机构在中日关系领域践行历史责任、积极发挥桥梁作用、努力搭建良性互动机制的肯定。

## 二　分散体制下的代表性研究成果

据不完全统计，21世纪以来，由辽宁大学学者主持完成的日本问题相关的国家社会基金立项课题十余项，包括一般项目、重点项目和青年项目，学科分布在世界历史、国际问题研究等领域（参见表1）。

**表 1　20 多年来辽宁大学学者完成国家社会基金日本问题相关课题情况**

| 项目号 | 类别 | 学科 | 项目名 | 立项时间 | 项目负责人 | 职称 | 单位 |
|---|---|---|---|---|---|---|---|
| 15CSS015 | 青年项目 | 世界历史 | 战后日本修宪史研究 | 2015 年 6 月 | 田　凯 | 正高级（教授） | 辽宁大学国际关系学院 |
| 16BSS020 | 一般项目 | 世界历史 | 二战时期日军战俘政策研究 | 2016 年 6 月 | 王铁军 | 正高级（教授） | 辽宁大学日本研究所 |
| 18BGJ010 | 一般项目 | 国际问题研究 | 日本“去工业化”“世界再工业化”的经验教训研究 | 2018 年 6 月 | 孙　丽 | 正高级（教授） | 辽宁大学国际关系学院 |
| 17BGJ068 | 一般项目 | 国际问题研究 | 日本新一轮引资政策调整与中国企业对日直接投资增长研究 | 2017 年 6 月 | 刘　红 | 正高级 | 辽宁大学国际关系学院 |
| 10BGJ022 | 一般项目 | 国际问题研究 | 金融危机后东亚经济再平衡及我国战略 | 2010 年 6 月 | 刘洪钟 | 正高级 | 辽宁大学国际关系学院 |
| 10BGJ010 | 一般项目 | 国际问题研究 | 日本民主党执政以后的经济转型研究 | 2010 年 6 月 | 刘　红 | 副高级 | 辽宁大学国际关系学院 |
| 09CGJ010 | 青年项目 | 国际问题研究 | 国际金融危机形势下我国与东亚国家货币金融合作对策选择 | 2009 年 6 月 | 张　勋 | 中级 | 辽宁大学经济学院 |
| 06BGJ017 | 一般项目 | 国际问题研究 | 日本平成时期经济增长与周期波动 | 2006 年 7 月 | 崔　岩 | 副高级 | 辽宁大学日本研究所 |
| 21BSS040 | 一般项目 | 世界历史 | 日本自卫队史研究 | 2021 年 9 月 | 田　凯 | 正高级 | 辽宁大学国际关系学院 |

资料来源：根据国家社会科学基金委员会公布数据整理。

**图 2　日本研究所研究人员的最新成果**

上述课题研究均取得了良好的成果，社会效益显著，如徐平教授最近出版的国家社科基金项目成果《苦涩的日本：从“赶超”时代到“后赶超”时代》一书，通过日本经济浮沉的历史轨迹，从经济发展的角度系统阐述了对创新战略的独到认识，得出了有益的借鉴和启示。

崔岩教授所著《日本平成时期经济增长与周期波动研究》一书，从需求角度以经济增长与周期波动为主线，对自1989年开始的日本平成时期的主要宏观经济问题进行了系统研究。

## 三 《日本研究》杂志简介

早在1970年辽宁大学日本研究所即创办了不定期的内部刊物《日本问题》，选登所内科研成果。至1985年1月，共出版了31期，在国内学术界产生了一定影响。为适应形势发展的需要，1985年，经报国家出版总署批准，刊物获得出版许可和正式刊号，向国内外公开发行，更名为《日本研究》。

《日本研究》杂志的创办，得到了国家及有关领导的关怀。国家副主席、中日友好协会名誉会长王震，为刊物书写“他山之石，可以攻玉”的题词。孙平化、符浩、林林等先后欣然挥毫留墨。张香山、孙平化等中日友好前辈还多次为刊物撰写文章。《日本研究》的公开发行，填补了我国日本研究领域学术刊物的空白，为国内日本研究专家学者提供了学术交流的场所，得到了很多的好评和支持。

《日本研究》创刊后成为日本研究界学术传播的重要阵地，受到国内外同人的认可和好评。发表的很多有分量的日本研究成果，受到读者和有关部门的关注。《日本研究》已经成为了解日本、研究日本、促进中日学术和文化交流的一个平台。《日本研究》曾数度入选CSSCI来源期刊及其他核心期刊目录，表明其在国内日本问题研究领域具有重要地位。

2021年，《日本研究》编辑部完成了独立编辑部的建制工作，招聘海外高水平博士人才1人，通过引进和培育相结合，组建了一支科研型的专业编辑队伍；根据期刊的重新定位进行编委会改革，扩大编委会成员的人数和学科及机构的覆盖范围，适度吸收国外华人学者、外国专家进入编辑委员会。同时，按照国家新闻出版署及辽宁省新闻出版局要求进行编辑专业技术培训和编校人员继续教育学习，启用了编辑部办公新址，将编辑部硬件进行了整体性升级。

为使《日本研究》杂志成为国内外有重要影响和较高学术质量的学术期刊，近年来，《日本研究》相继刊发了具有影响力的符合当前国际形势的高水平学术论文，探讨了中日邦交正常化50年专题研究、日本新冠疫情对策、世界大变局中的中日韩合作、中日高科技发展（以芯片为中心）研究等方面的重大和重点问题。同时，《日本研究》期刊全力配合辽宁大学一流学科相关建设工作，将自身打造成为学校学科建设和学科交叉融合的平台型期刊，重视应用经济学理论和实践研究成果的刊发，加强与国家和辽宁省市各级政府及社会机构的联系，一方面扩大杂志的社会影响和社会应用能力，另一方面增强期刊发表成果的应用性。

2023年，《日本研究》编辑部会同校内其他学术期刊等相关机构组建出版智库，加快学术期刊高质量建设：组建了校内相关专业中青年学者交流平台，加强交流和获取高质量稿件支持；与日本研究所等校内单位建立“期刊—院系所合作共同体”，以联合规划和研究大型课题及召开国际学术会议等方式，共同推动科研和期刊工作。三年内邀请行业专家举办小型讲座和座谈会20余次，夯实了编辑部内部建设，方便了今后业务的开展。

（崔岩，辽宁大学日本研究所教授；
于振冲，辽宁大学日本研究所讲师）

# 21世纪以来北华大学的日本史研究

郑　毅

北华大学是1999年9月由吉林师范学院、吉林医学院、吉林林学院、吉林电气化高等专科学校等四所省属高校合并而成的省属规模最大的重点综合性大学，本科专业设置涵盖11个学科门类。北华大学的日本研究主要是依托和继承了原吉林师范学院历史学科的基础和传统。

2003年北华大学将原吉林师范学院古籍所改扩建为东亚历史与文献研究中心（以下简称“东亚中心”），是一个处级建制的以科研教学、研究生培养为主的科研机构。日本史研究成为东亚中心的主体研究方向，辅之以朝鲜半岛史、美国史、国际关系史等方面的研究。东亚中心现有在编全职研究人员13人，均有博士学位，长聘外籍人员2人。

高层次科研立项既是一个学术机构发展成长的阶段性标志，也是一个学术团队凝练特色、培养人才队伍的纽带，是一个学术机构生存的前提和基础。同时，对从事学术研究的个体而言，获得高层次科研立项也是学术研究提升到一定层次的体现，科研立项可以使研究者个体的研究更加深入和系统化，真正做到对某一历史问题进行完整性研究。

北华大学东亚中心自2000年以来先后承担国家社科基金项目9项（重大招标项目1项、重点项目1项、重大专项1项、一般项目6项）、教育部人文社科基金项目4项。

北华大学东亚中心自2000年以来所获得的国家社科基金项目中以日本史研究为题的有：

（1）“吉田茂的帝国意识与对华政策观研究”（负责人郑毅，项目号

08BSS004，2012 年结项）；

（2）“中韩日三国的‘战争记忆’与历史认识问题比较研究”（重点项目，负责人郑毅，项目号 15ASS004，2021 年结项）；

（3）“日本‘满蒙学’视阈下的中国东北边疆史论批判研究”（负责人李少鹏，项目号 19CSS031）；

（4）“近现代日本对‘满蒙’的社会文化调查书写暨文化殖民史料文献的整理研究（1905—1945）”（重大招标项目，首席专家郑毅，项目号 19ZDA217）；

（5）抗日战争研究专项工程项目“满铁资料整理与研究”（项目号 17KZD001）子课题“满铁人物评传”（负责人李少鹏）。

教育部人文社科基金项目中与日本研究相关的课题 2 项：

（1）“吉田茂政治思想研究”（负责人郑毅，项目号 05JA810001）；

（2）“近代日本政军体制研究”（负责人刘景瑜，项目号 14YJC770019）。

一般来说，省属高校要打造出自身的学术研究特色往往比较困难，同部属重点高校相比，学术积淀不足、学脉代际传承难度大、人员少且分散难以形成合力等因素，始终是制约省属高校形成并长期保持学术研究特色与优势的痛点所在。

北华大学的日本史研究是在 21 世纪以来的 20 多年中借助中国社会发展的大势而逐渐发展成长，在开展日本史研究过程中首先是尊重研究者个体的学术追求，给每位研究者独立开展学术研究的自由选择权，激发其积极投身于学术研究的热情；其次是努力用某种学术关联性问题将分散的个人研究引导结成某一领域的学术共同体，在充分尊重个体学术志向与选择的基础上自然而然地形成有研究特色与优势的领域。

21 世纪以来，北华大学日本史研究团队在国内外出版的相关学术性著作（含译著，以出版时间先后为序）有：

（1）郑毅编《近代中国史家东北通史四种》，齐鲁书社，2023；

（2）马冰译，〔日〕矶前顺一《平成时代精神史》，台北，翰芦图书出版公司，2020；

（3）郑毅、全成坤：《日本脱国家论》，（韩国）学古房，2018；

（4）郑毅、李少鹏：《近代日本社会“满蒙观”研究》，吉林文史出版社，2018；

（5）刘景瑜：《近代日本政军体制研究》，沈阳出版社，2017；

（6）郑毅：《美国对日占领史（1945—1952）》，南京大学出版社，2016；

（7）郑毅、赵文铎、李少鹏等：《“间岛问题”与中日交涉》，吉林人民出版社，2016；

（8）廉松心译，〔韩〕李洙勋《东北亚共同的未来》，长春出版社，2016；

（9）郑毅：《吉田茂时代的日本政治与外交研究》，中国社会科学出版社，2016；

（10）郑毅、〔日〕川村邦光、〔韩〕申寅燮等合编《虚像与实像：东亚世界的战争记忆》，长春出版社，2015；

（11）郑毅、全成坤：《通向帝国之路：原理·天皇·战争》，（韩国）somyong出版社，2015；

（12）郑毅：《吉田茂的帝国意识与对华政策观研究》，中国社会科学出版社，2013；

（13）郑毅：《破解困局的智慧——吉田茂政治思想研究》，世界知识出版社，2011；

（14）郑毅：《铁腕首相吉田茂》，世界知识出版社，2000、2010；

（15）郑毅译，〔日〕冈部牧夫《伪满洲国》，吉林文史出版社，1990、2007。

研究团队围绕中韩日三国的战争记忆与历史认识问题、“间岛问题”、近代日本社会的“满蒙史观”与“满洲认识”、近代日本海军史、平成时代日本社会等问题，在中、韩、日三国学术专业期刊发表了数十篇学术论文，其中有多篇被《新华文摘》《人大复印报刊资料》《高等学校文科学报文摘》等全文转载，在某些学术领域形成了具有北华大学特色的日本史研究。

人文社科领域的研究固然建立在学者个体研究的基础之上，但同样需要不同文化背景下的研究者的学术互动。日本史研究离不开一个良性的开放的对外交流环境。北华大学的日本史研究得益于改革开放的大时代潮流，21 世纪以来，北华大学东亚中心日本史、朝鲜韩国史学术团队的对外学术交流主要是面向日本和韩国学术界的相关研究机构，与日本一桥大学韩国学研究中心、韩国建国大学离散民研究所、韩国成均馆大学东亚研究所、韩国翰林大学日本研究中心、韩国圆光大学中国研究院、（日本）国际日本文化研究中心等学术机构建立了长期、稳定、有实质性合作内容的双边或多边合作交流机制，定期举行主题明确的国际学术交流活动，从东亚史视角重新审视某些历史问题研究的学术构想。在这样频繁的国际交流活动中产生了许多学术成果，有些课题从选题设计到组建学术团队都有日韩两国学者的深度合作，可以说，高质量有实质性内容的国际交流活动促进了北华大学日本史研究的成长。

北华大学的日本史研究特色是既关注日本史主体历史过程中的某些特定历史人物、历史问题，也注重研究中日关系史上与中国社会、中国东北相关联的重大历史问题，充分发挥北华大学地处中国东北腹心位置的地域优势，将研究的视角从日本史领域扩展到东亚区域历史的范围，从而发掘出诸多原来局限于中日两国关系史、中朝关系史、日韩关系史的问题，实际上可以透过中、韩、日三国关系史的视角——也可以理解为东亚史的视角去重新审视和开展综合性研究。北华大学的日本史研究主要是阶段性地在如下几个领域展开。

一是透过日本历史上关键性人物的个体研究，以历史人物的研究楔入同时代日本历史的深层断面展开研究，如对重塑战后日本历史具有关键影响的政治人物吉田茂的研究。“一个国家的社会经济活动的繁荣与衰败，都不是单纯孤立地存在和发展的，稳定而健康有序的社会政治环境，是社会经济活动的基础和保证，而政治领袖人物的伟大与平凡，恰恰会从社会经济活动的荣衰中表现出来。”① 已故前中国日本史学会会长汤重南先生曾说：“作为中国人，应该知道吉田茂；作为中国学人，应该关注吉田茂；而作为中国从事日本问题研究和从事对日工作的人员，更应该深入了解吉田茂。”汤先生曾对笔者所作吉田茂研究提出要求，希望笔者能在“铁腕

① 郑毅：《破解困局的智慧——吉田茂政治思想研究》，世界知识出版社，2011。

首相吉田茂”“吉田茂政治思想研究”“吉田茂的帝国意识与对华政策观研究”的“吉田茂研究三部曲”之后，再完成“吉田茂与自民党”“吉田茂与战后日本”等系列研究，后来由于研究方向的调整，汤先生给笔者布置的课题研究暂时处于停置状态，待日后再续接研究。

二是将历史问题同现实东亚社会存在的矛盾冲突相联系的战争记忆与历史认识问题研究。2015年是第二次世界大战结束70年的特殊时间节点，战后70年来中、韩、日三国虽然实现了国家间的政治和解，但对那场战争的认识仍存在很大的差异，历史问题演化为现实国家间政治外交博弈的焦点。北华大学东亚中心的日本史研究将研究领域延展到战争记忆与历史认识比较研究，充分发挥东亚中心与韩日学术界交流畅通的地域优势，在课题设计论证阶段就采用国际合作的模式，在课题组开展实质性研究过程中以课题促进国际合作交流的深化，与韩国成均馆大学东亚研究所、日本一桥大学韩国学研究中心的学界同行结成学术合作体，定期举办有关战争记忆与历史认识问题的小型专题研讨会，交流相关研究信息和成果，使该课题组的研究既保持了中国学者自身的关注点和立场，也与东亚学术界在战争记忆研究领域保持同步的状态。

三是依据原有学术传承，发挥地域优势，开展近代日本对中国东北的殖民文化侵略问题的研究。北华大学东亚中心的前身是吉林师范学院古籍研究所，在东北地域乡邦文献的开发与整理方面素有传承，编纂出版的“长白丛书”（110卷册，5000余万字）是国内外学界研究东北地方史的必备大型文献。文献资料的搜集与整理一直是北华大学历史学的学术传统和特色之一，开发和整理东北地域之外的相关历史文献资料也是21世纪以来北华大学东亚中心开展的重点工作。将文献资料整理、研究的学术传统与相关历史问题相结合的研究理念，使我们开拓了新的研究领域。这项研究是在既往的日本侵略中国东北史的传统史学研究模式的基础上，对日本近现代史上的所谓“满洲问题”与中国东北的历史文化主权问题加以统合性思考和研究，以近代日本对中国东北进行的长期系统性社会文化调查为切入点，展开对日本东洋史学中“满蒙学派”的“满蒙史观”的系统性、批判性研究，同时关注日本方面以满铁调查部为代表的社会文化调查活动以及由此形成的相关文化殖民史料文献的整理与研究。目前这一课题的研究正在进行中。

四是对近代日本海军与政局变动、国防方针的制定与修订、海军近代化教育问题的研究。从海军在近代日本政治史的地位入手，运用政军关系的研究手法，阐述日本海军在日本法西斯化过程中发挥的作用，这是既往研究中关注较少的一个层面。长期专注于海军与日本政治的关联性研究，通过对史料的梳理，对近代日本政治中的关键问题，从海军的视角进行恰当的解读。海权研究的必要性，在现实的国际纷争中显得尤为重要。时至今日，美国将西太平洋的防卫安全体系施加于日本的安全保障同盟条约，试图对中国加以压制。该研究力图透过海权问题，总结历史教训，把握和平机遇，开展海洋史研究，提出针对性政策。

五是对日韩藏汉籍文献及图像史料的整理与研究。近年来域外文献研究逐渐升温，有学者提出了“东北亚丝绸之路”“东北亚书籍之路”等概念，均揭示了同处汉字文化圈的日韩两国保存了大量汉籍文献，尚有待进一步发掘与利用。东亚中心近年来购置了大批影印的海外汉籍，加之近年来日本各图书馆古籍数字化工作的深入推进，都为相关研究奠定了坚实的基础。由于日本汉籍资料分散、涉及学科众多，很难面面俱到地开展研究，东亚中心的相关研究主要涉及几个方面。在汉籍文献方面，重点关注经部、史部文献及其日本注释、版刻等问题；在图像史料方面，则更多地关注《五岳图》《十王图》等中国传统图绘在日本的演变，兼及中日山岳信仰比较等问题。

同学术传承绵厚、学术团队完整的部属重点高校日本史研究相比，北华大学日本史研究因为研究队伍规模有限，尚难以开展对日本史的贯通式研究，只能扬长避短，发挥地域的优势，在日本史的某些领域持续深耕，以这样一种方式为中国的日本史研究提供助力，在构建中国的对日研究学术话语体系上发挥一定的学术支撑作用，我们一直在路上，一直在默默地努力。

（郑毅，北华大学东亚历史与文献研究中心教授）

# 浙江工商大学日本研究的历史与现状

江　静　郑　辉

浙江工商大学地处浙江省会城市杭州，该地区是浙江省的科教文中心，在教育资源、人才聚集、经济条件、信息流通、学术交流等方面具有优渥的区位优势，为日本研究提供了充分的人才资源和软硬件设施。21世纪初，从浙江大学移师浙江工商大学的日本研究团队发挥区域优势，创建科研平台，经过20余年努力，在日本研究领域取得了一定的成绩，形成了以中日文化交流史为特长，研究领域横跨古今、多维深入的特色，成为华东地区日本研究的重镇之一。

## 一　浙江工商大学日本研究机构的前身

### （一）杭州大学时期（1989—1998）：日本文化研究中心

浙江工商大学的日本研究历史可追溯至1989年成立的“杭州大学日本文化研究中心”，时任中心主任为王勇教授。此后，随着王宝平教授等老师陆续加盟，研究力量次第增强。处于草创期的研究中心被师生们戏称为“三无”机构——无专职编制、无办公经费、无固定场所。中心成员经常四处借屋招待来访的客人，而诸如邮寄信件、复印资料、采购书籍等也只能自掏腰包，创业之艰难由此可见一斑。

虽然条件非常艰苦，研究中心依然取得了令人瞩目的成果：连续5年申请到日本国际交流基金会项目，同时申请到国家教委课题2项、浙江省社科基金课题1项、日本野村财团课题1项，与日本山口大学合作申请到日本文部省课题2项，累计11项。此外，举办国际学术会议6次（其中4次与日本神奈川大学共同举办），出版著作11种（其中王勇教授主编的《中日汉籍交流史论》获国家教委首届人文社科优秀成果奖二等奖）。鉴于日本文化研究中心创办以来取得的突出成绩，1993年6月，中心被浙江省教委指定为省级研究机构，1994年10月改称为“杭州大学日本文化研究所”，配备专职人员。

此后，研究所步入快速发展期，“日本文化研究丛书”（杭州大学出版社）、“中日文化交流史大系”（浙江人民出版社）、“日中文化交流史丛书”（日本大修馆书店）等有关中日文化交流的最新研究成果相继出版，引起了国内外学界的广泛关注，并逐渐形成以“中日文化交流史”为主要内容的研究特色。

这一时期，研究所不仅成功申请到“专门史”硕士点，还与外国语学院合作建设“日本语言文学”硕士点，培养了大批日本研究的后备力量。1997年，在杭州大学人文社科类研究机构首次综合评估中，日本文化研究所在数十个研究机构中脱颖而出，获得唯一的一个满分。

### （二）浙江大学时期（1998—2004）：日本文化研究所

1998年9月，杭州大学、浙江医科大学、浙江农业大学并入浙江大学，研究所也随之更名为“浙江大学日本文化研究所”，所长王勇教授，副所长王宝平教授。

十年磨一剑，此时的研究所经过十年的发展壮大，专职人员已达6名（含行政人员1名），其中教授3名、副教授1名、讲师1名，加上10余名硕士生，数名博士生及博士后，形成一支齐整、强大、团结的科研梯队。

四校合并后，浙江大学整合四校的资源和优势学科，成为学科完备、专业齐全的综合性大学。研究所借此东风，制订了详细的五年发展规划，持之以恒开展学术研究、人才培养、国际交流等方面的工作。

## 二　浙江工商大学日本研究的机构与组织

### （一）组织机构

2004年，在浙江工商大学（以下简称“浙商大”）的多次邀请下，研究所主要成员离开浙江大学，移砚浙商大，成立了“日本语言文化学院”，王勇教授、王宝平教授分别就任院长和副院长。学院下设日本文化研究所和日语语言文学系，成为浙江省第一所教学与科研并重的日语专业学院。鉴于研究所蒸蒸日上的发展势头和丰硕的研究成果，2006年，研究所被日本国际交流基金会指定为“海外日本研究重点支援事业对象机构”。2007年，王勇教授辞去院长一职，专任研究所所长，王宝平教授出任院长。2009年，研究所迎来廿年华诞，由半田晴久（日本“世界艺术文化振兴协会”会长、王勇教授指导本所2006届博士生）、梅田善美（日本“神道国际学会”理事长）、浙商大共同出资建设的日本文化研究楼终于落成启用，学院从此拥有了集行政、教学、科研于一体的固定场所。2011年2月，浙商大在原日本文化研究所的基础上组建东亚文化研究院，王勇教授出任院长。2013年12月，学校进一步整合国内外研究资源，将东亚文化研究院更名为东亚研究院。2014年，东亚研究院入选浙江省哲学社会科学重点研究基地。2015年，因新开设阿拉伯语专业，学院改名为东方语言文化学院。2017年，东亚研究院被认定为浙江省哲学社会科学A类重点研究基地，学院日本研究中心被认定为教育部国别区域研究备案中心，江静教授担任东方语言文化学院及东亚研究院院长。2019年，因哲学系加盟，学院更名为东方语言与哲学学院。

以东亚研究院为核心，浙商大的日本研究在平台建设上现已形成日本研究中心、东亚佛教文化研究中心、东亚阳明研究院、稻盛和夫商道研究中心、高考日语研究中心等多元一体的矩阵。同时，浙商大还是中国日本史学会副会长单位、浙江省中日关系史学会会长单位、“心连心”杭州中日交流之窗所在地。

## （二）研究力量

目前，在浙商大从事日本研究的人员已达43人（包括日籍1名、韩籍2名），除东亚研究院专职研究人员外，还有来自东方语言与哲学学院、外国语学院、人文与传播学院、经济学院和管理学院等二级学院的研究员，涉及日语、哲学、中文、历史、管理、艺术、经济等多个学科。我们将43人按年龄划分为四个区间，各区间人数、学历、职称以及研究成果明细如表1所示。

**表1　浙江工商大学日本研究核心人员基本情况一览**

| 区间 | 人数（人） | 学历构成（人） | | 职称构成（人） | | | 研究成果 | | | |
|---|---|---|---|---|---|---|---|---|---|---|
| | | 硕士（海外） | 博士（海外） | 中级 | 副高 | 正高 | 论文（篇） | 著/编（部） | 课题（项） | |
| | | | | | | | | | 纵向 | 横向 |
| 39岁及以下 | 9 | | 9（6） | 8 | 1 | | 6 | 2 | 9[1] | |
| 40—49岁 | 18 | 2（2） | 16（6） | 6 | 11 | 1 | 54 | 29 | 21 | 6 |
| 50—59岁 | 8 | 2（2） | 6（2） | | 4 | 4 | 72 | 27 | 23 | 13 |
| 60岁及以上 | 8 | 2 | 6（3） | | | 8 | 62 | 20 | 14 | 18 |
| 合计 | 43 | 6（4） | 37（17） | 14 | 16 | 13 | 194 | 78 | 67 | 37 |

注：[1] 含2项外校单位转入课题。

在年龄分布上，39岁及以下的研究人员共计9人，40—49岁的研究人员最多，共计18人，50—59岁的研究人员和60岁及以上研究人员各8人，各年龄段占比为20.9%、41.9%、18.6%、18.6%，也即是说，中青年研究者比例较大，在结构上属于正偏态分布（见图1），即增长型结构。

在学历构成上，拥有博士学位者37人，占比86.0%，其中有近一半是日本留学归国的研究者。特别是39岁及以下的研究人员，皆博士学历，其中海外博士占比达到66.7%。而在职称构成上，中级14人、副高16人、正高13人，分别占比32.6%、37.2%、30.2%，属于师资结构较为稳定的“橄榄型”。

概而言之，当前浙商大日本研究有一支专业、年龄、职称、学历优势

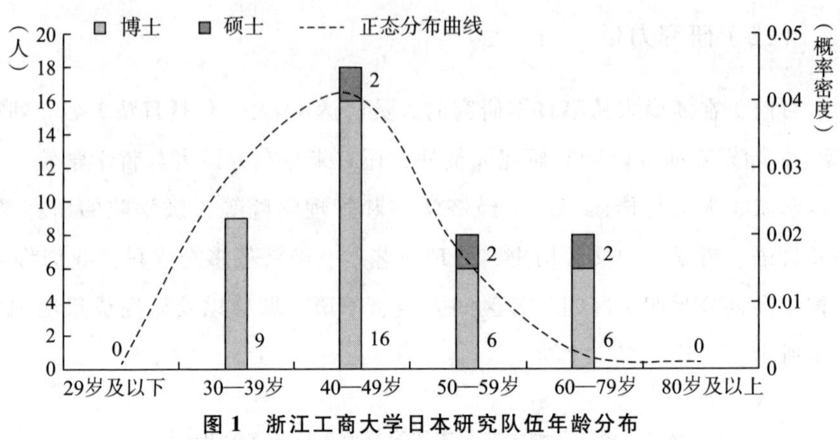


**图 1　浙江工商大学日本研究队伍年龄分布**

互补，结构合理，具有国际视野的研究队伍。除校内研究人员外，浙商大以特邀研究员、创设东亚研究院分院的形式，从校外积极引进浙江大学、复旦大学、南开大学、厦门大学、中国社会科学院、日本早稻田大学、日本国立冈山大学、韩国高丽大学等国内外研究机构的知名学者，弥补浙商大在日本问题部分研究领域的弱势和不足。

## 三　浙商大日本研究与人才培养概况

栉风沐雨二十载，砥砺前行秉初心。自成立以来，东方语言与哲学学院及东亚研究院秉承“立足浙江，放眼东亚，走向世界”之宗旨，充分发挥其成果培育、人才培养功能，坚持“以文化传播为核心、以历史脉络梳理为途径，对东亚世界展开全方位、深层次的研究”之学术方针，整合各种科研力量，带动浙商大和浙江省的日本研究，在标志性成果产出、学术交流、成果转化、学科建设和人才培养等方面取得了一定的成绩。

### （一）科研成果及立项情况

浙商大依托东亚研究院，公开出版“东亚笔谈研究”“新中日文化交流史大系”“日本中国绘画研究译丛”“日本涉华学术研究书系”“浙商大日本研究丛书”“浙商大东亚研究文库”等大型丛书 10 余种，此外，据中国知网和校内科研管理系统的不完全统计，自2004年以来，浙商大在中文期刊上共发表日本研究相关论文418篇，其中一级期刊论文35篇、北大核心及CSSCI期刊收录论文170篇，分别占比8.4%、40.7%；出版专、编、译著等成果123部；获批国家级课题16项（含重大1项、重点2项）、部级课题20项（含重大1项）、省级课题43项（含重点19项），合计79项；承担地方服务项目61项；纵横向课题累计到账经费超2100万元；获省级及以上成果奖5项，含1项国际大奖。图2展示了浙商大在日本研究上所取得成果的年度趋势变化，从中也可看出浙商大日本研究在过去20年间的发展历程。

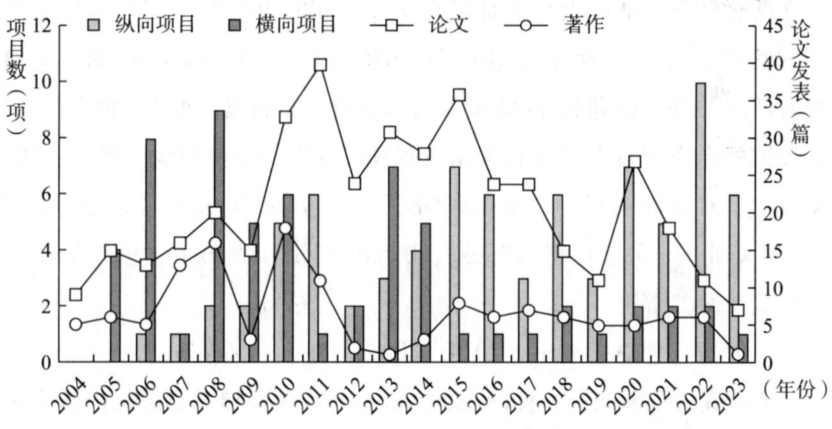


**图2　2004年以来浙江工商大学日本研究相关成果及项目立项年度趋势**

说明：纵向项目统计范围为省部级及以上课题。

从研究成果来看，40—49岁的研究人员共发表论文54篇，主持省部级及以上课题21项（含国家级3项），是浙商大日本研究的骨干中坚。其次是39岁及以下的研究人员，主持省部级及以上课题9项（含国家级3项），是浙商大日本研究发展的优秀储备力量。50—59岁的研究人员累计发表论文72篇，出版专（编/译）著27部，主持省部级及以上课题23项（含国家级4项），是浙商大日本研究的稳定核心。60岁及以上研究人员累计发表论文62篇，主持省部级及以上课题17项（含国家级2项，其中国家重大1项），是浙商大日本研究的宝贵人才。从整体研究水平来看，浙商大日本研究队伍人均公开发表论文4.5篇，人均出版著作1.8部，人均高层次课题1.6项，社会服务项目也达到了人均0.9项，说明浙商大日本研究整体产出情况较好。

以下，我们以十年为界，分两个阶段对浙商大日本研究进行回顾和总结。

第一阶段：创立前十年（2004—2013）。

随着浙江大学日本研究团队的加入，浙商大日本研究的面貌焕然一新。在王勇、王宝平两位教授的带领下，浙商大组建起了一支专业的日本研究团队，打造了一间拥有10万册图书（其中日文原版藏书5万余册）的独立资料室。同时，积极开展国际学术交流活动，举办各类学术研讨会。在此背景下，浙商大日本研究的成果自2004年以后有了大幅提高，论文年均发表21篇，累计发表216篇；出版专著20部、编著42部、译著8部；省部级及以上课题获立22项（含国家级一般课题2项），横向课题43项，较大的合作项目有“中日关系史基础研究”（经费200万元）、“中国所见日本固有信仰资料的收集与研究”（经费60万元）等。这一时期，《梳理的文明——关于梳篦的历史》获2009年浙江省第十五届哲学社会科学优秀成果奖二等奖。

第二阶段：创立近十年（2014—2023）。

随着研究组织和研究条件的逐步完善，浙商大在加大引进国内外研究人才的同时，还积极鼓励校内研究人员提升学历、赴海外深造，特别是日本文化研究所经更名和重组为东亚研究院后，又迎来省级和部级层面的两次升级，浙商大的日本研究进入发展的黄金时期。这一时期研究成果层出不穷，课题立项屡获佳绩，共出版专著27部、编著14部、译著12部；省部级及以上课题获立76项，其中国家级课题15项（含国家重大1项、国家重点2项、部级重大1项），另有横向课题18项。具体获批国家级课题项目如表2所示。

**表2　日本研究相关国家级课题一览（2014—2023）**

| 序号 | 项目号 | 项目类别 | 项目名 | 负责人 | 立项年份 |
|---|---|---|---|---|---|
| 1 | 14ZDB070 | 重大项目 | 东亚笔谈文献整理与研究 | 王勇 | 2014 |
| 2 | 15FWW003 | 后期资助 | 日本学研究的“异域之眼” | 聂友军 | 2015 |

续表

| 序号 | 项目号 | 项目类别 | 项目名 | 负责人 | 立项年份 |
|---|---|---|---|---|---|
| 3 | 15FZS051 | 后期资助 | 清末维新派人物致山本宪书札考释 | 吕顺长 | 2015 |
| 4 | 16BZZ087 | 一般项目 | 日本安倍政权介入南海争端态势与我战略应对 | 张光新 | 2016 |
| 5 | 17BSS024 | 一般项目 | 日本“元寇”民族记忆的形成与异化研究 | 郭万平 | 2017 |
| 6 | 18AZD030 | 重点项目 | 明清日琉汉文行记的整理与研究 | 陈小法 | 2018 |
| 7 | 19ASS007 | 重点项目 | 古代中日佛教外交研究 | 江静 | 2019 |
| 8 | 19VJX024 | 冷门绝学 | 近代日本编纂中国海洋图志文献整理与研究 | 郭墨寒 | 2019 |
| 9 | 20CZJ020 | 青年项目 | 中日文化对比视野下的古代日本禳疫仪礼及疫神信仰研究 | 姚琼 | 2020 |
| 10 | 20FWWB002 | 后期资助 | 柳原前光《使清日记》研究与校注 | 聂友军 | 2020 |
| 11 | 21BZS149 | 一般项目 | 日本明治时期外交档案中的中国政情报告整理与研究 | 徐磊 | 2021 |
| 12 | 22CSS034 | 青年项目 | 日本江户时代阳明学的流变及其影响研究 | 关雅泉 | 2022 |
| 13 | 22BSS058 | 一般项目 | 前近代日本传染病史料整理与研究 | 董科 | 2022 |
| 14 | 22CSS026 | 青年项目 | 近代以来日本世界史书写与话语变迁研究 | 吕超 | 2022 |
| 15 | 22WKGB007 | 中华学术外译项目 | 从考古看中国 | 贾临宇 | 2023 |

此外，还有王勇教授担任总主编的“中日文化交流史文库”（40卷）被列入国务院新闻办与新闻出版总署联合启动的“中国文化著作翻译出版工程”（资助金额200万元）。

这一阶段，王勇教授的“书籍之路”系列成果荣获2015年度日本国际交流基金奖“国际交流奖”。《走近文明的橱窗——清末官绅对日监狱考察研究》获2015年度浙江省第十八届哲学社会科学优秀成果奖二等奖，《日本藏中日朝笔谈资料——大河内文书》和《历代正史日本传考注》分获2016年度全国优秀古籍图书奖一等奖、2017年度全国优秀古籍图书奖二等奖，“日本中国绘画史研究译丛”获得2021年度“华东九美”优秀图书奖金奖等。

整体而言，这一阶段的成果不仅数量、质量都有较大提升，而且在研究内容上有了进一步的拓展，研究视野和领域由日本扩展至东亚，日本被置于整个东亚乃至全球视域之下加以观照和体认，逐渐形成了东亚历史文化、东亚国际关系和东西文化交流与比较三大研究方向。这一阶段的高质量发展确立了浙商大日本研究在省内的学术引领地位，“东亚学”作为浙商大日本研究的特色学术品牌，在学界具有了一定的知名度。

## （二）学术交流

迄今为止，学院及东亚研究院主办或与国家级学会、研究机构、日韩高校等联合举办“东亚研究”系列、“东亚文化交流”系列、“东亚文献与文学中的佛教世界”等大型国内、国际学术研讨会近80场，并常年开设中国高校日语教师日本历史文化高级讲习班，具体如表3所示。

**表3　主办或联合举办学术研讨会一览**

| 年份 | 会议名称 |
|---|---|
| 2004 | “中国文化对日本影响——道教与日本文化”国际学术研讨会 |
| 2006 | “从日资企业经营看中日文化差异”学术研讨会 |
| | “中国文献资料中的日本画像研究”学术研讨会 |
| | “书籍之路与文化交流”国际学术研讨会 |
| | “神仙高僧传的流传与展开”国际研讨会 |
| 2007 | “古代东亚海域的文化交流——以11—16世纪宁波与博多关系为中心”国际研讨会 |
| | “东亚文化交流的源流——纪念遣隋使·遣唐使1400周年”国际研讨会 |
| | 中日青年学者论坛：知的传来与变革 |
| | 中日“越境文化”国际学术研讨会 |
| | 首届中国高校教师“日本历史文化”高级讲习班 |
| 2008 | “宋元明代的东亚海域——贸易、外交和文化交流”国际研讨会 |
| | “新视野下的中外关系史研究”学术研讨会 |
| | “跨越海洋的天台文化”国际学术研讨会 |
| | “东亚文化交流：以人物往来为中心”国际学术研讨会 |
| | “僧传的亚洲”国际研讨会 |
| | 第二届中国高校教师“日本历史文化”高级讲习班 |

续表

| 年份 | 会议名称 |
| --- | --- |
| 2009 | “舟山普陀与东亚海域的文化交流”国际学术研讨会 |
| | “东亚文化遗产的个性与共性”国际研讨会 |
| | 世界日本研究机构圆桌会议 |
| | “东亚文化交流——争鸣与共识”国际学术研讨会 |
| | “东亚的观音信仰”国际学术研讨会 |
| | 第三届中国高校教师“日本历史文化”高级讲习班 |
| 2010 | “奈良时代的宗教文化”国际学术研讨会 |
| | “东亚文化的个性与共性”国际学术研讨会 |
| | “中日战略互信与战略合作”国际学术研讨会 |
| | “东亚汉字文化溯源——从语言文字到文献典籍”国际学术研讨会 |
| | “东亚文化交涉学方法论”国际学术研讨会 |
| | 第四届中国高校教师“日本历史文化”高级讲习班 |
| 2011 | 2011 日本学研究创新研讨会 |
| | “东亚汉文学研究——回顾与展望”国际学术研讨会 |
| | “国际交流与文化摩擦”学术研讨会 |
| | “东亚汉籍遗产——以奈良为中心”国际学术研讨会 |
| | 第五届中国高校教师“日本历史文化”高级讲习班 |
| 2012 | “古典籍中的高僧传”国际学术研讨会 |
| | “浙江地域的中国佛教美术和北部九州”国际学术研讨会 |
| | “挑战与应对”高端论坛——东亚局势对中国以及浙江经济社会发展的影响 |
| | “东亚文化交流——东亚世界中的韩国”国际学术研讨会 |
| | 第六届中国高校教师“日本历史文化”高级讲习班 |
| 2013 | 浙江省高校日语专业负责人峰会 |
| | “东亚的思想与文化”学术研讨会 |
| | “文化的冲突与融合——以东亚为视角”国际学术研讨会 |
| | “中世的禅宗文化及其周边”国际学术研讨会 |
| | “汉文笔谈——东亚独特的视觉交流方式”国际学术研讨会 |
| | “西湖意象——东亚名胜的诞生、流传和移动”国际学术研讨会 |
| | 第七届中国高校教师“日本历史文化”高级讲习班 |

续表

| 年份 | 会议名称 |
| --- | --- |
| 2014 | 日本历史与文化研究座谈会暨《王金林学术论文选编》出版发布会 |
|  | 第十二届东亚比较文化国际学术研讨会 |
|  | 中国社会科学论坛2014·历史学——第五届中国古文献与传统文化国际学术研讨会 |
| 2015 | “异域之眼——日本人的汉文游记研究”学术研讨会 |
|  | “东亚文化交流——以人和物的流通为中心”国际学术研讨会 |
|  | “东亚文化交流——妖异、怪异、变异”国际学术研讨会 |
| 2016 | 首届“浙江与东亚”国际学术研讨会 |
|  | “日本传统艺能”国际学术研讨会 |
|  | “东亚视域下的日本研究”国际学术研讨会 |
|  | “东亚文化交流——以画像为中心”国际学术研讨会 |
| 2017 | “东亚视域下的日本研究——以海上交流为中心”国际学术研讨会 |
|  | “东亚文明——传承与创新”“东亚笔谈研究”国际学术讨论会 |
|  | “东亚画像与物语”国际学术研讨会 |
| 2018 | “东亚汉文境外行记研究”国际学术研讨会 |
|  | “径山：日本茶道之源”国际学术研讨会 |
|  | “大唐文明与东亚文化交流”国际学术研讨会 |
|  | “东亚文化交流——吴越·高丽与平安文化”国际学术研讨会 |
| 2019 | “浙江与日本：以文学文化交流为中心”学术研讨会 |
|  | “东亚的边疆与中韩合作”国际学术研讨会 |
|  | “东亚视域下的中日文化关系——以往来人物为中心”国际学术研讨会 |
|  | 第四届“阳明学与浙江文化——东亚视野中的阳明学”论坛 |
|  | “东亚文化交流——艺与术”国际学术研讨会 |
| 2020 | “东亚视域下的中日文化关系——以非文字交流为中心”国际学术研讨会 |
| 2021 | 首届“东方传统与稻盛商道”国际学术研讨会 |
|  | 第二届“宋元与东亚世界”高端论坛暨新文科视野下古代中国与东亚海域学术研讨会 |
|  | “东亚视域下的中日文化关系——以赴日中国人为中心”国际学术研讨会 |
| 2022 | “东亚文化交流——古代·中世佛教的相互往来”国际学术研讨会 |
|  | “天童寺与东亚世界”国际学术研讨会 |
|  | 天台与东亚世界：第二届国际天台学学术研讨会 |
|  | 稻盛现象及其时代意义：第二届稻盛商道国际学术研讨会 |

续表

| 年份 | 会议名称 |
|---|---|
| 2023 | 第二届"浙江与东亚"国际学术论坛 |
| | 稻盛商道与企业成长：第三届稻盛商道学术研讨会 |
| | 《王金林日本史研究著作选集》发布研讨会 |
| | "东亚视域下的中日文化关系——东亚艺术的本真、延连与演变"国际学术研讨会 |

在对外宣传和成果转化方面，东亚研究院目前建设有"日本藏中国文物数据库""中日文化交流史上的主要人物数据库"等数据库，发行有《东亚学》《东方研究集刊》等学术出版物，运营有独立网页官网和微信公众号，并且与《中国社会科学报》、浙江新闻、澎湃新闻、日本评论等媒体保持持续且深入的合作关系，科研动态及时滚动更新，学术观点新颖有态度，初步构建起"传统纸媒+网络媒体"多元一体的传播机制和数字化网络。

### （三）人才培养

东方语言与哲学学院及东亚研究院设有"外国语言文学（日本及东亚研究方向）"一级学科博士点和"国别和区域研究""日语语言文学""日语笔译"三个二级学科硕士点，承担着浙商大"日本及东亚研究"方向本硕博一体化人才培养工作，向社会输送的本科生超千人，研究生有300余人，当中有不少人才成为省内乃至全国高校日语研究的学术骨干和中坚力量，学脉相承、继往开来。研究院还设有"梅田善美日本文化基金""东亚研究奖励基金"等奖学金，用于资助硕士研究生出国访学、留学，研究生在学期间均有赴日本、韩国留学的机会。

## 四　浙商大日本研究特色

浙商大日本研究的队伍，是一支跨专业、跨学科的综合性研究队伍。在研究方法上重视原典解读，注重与日韩等海外学界以及国内高校之间的学术交流与合作；在研究范围上涵盖东亚范围，通达先秦、隋唐、宋元、明清、民国直至现代，涉及哲学、宗教学、经济学、政治学、民俗学、历史学、考古学、文献学、语言学等领域；在研究内容上，以中日文化交流史为主轴，历经20余年变革之路，打造出中日文化交流史、东亚文化圈、东亚文献整理与研究等三大学术品牌。

### （一）中日文化交流史研究

可以说，浙商大形成以中日文化交流史为主轴的研究特色，与浙江的对日交流有着千丝万缕的联系。浙江与日本的交流上可溯至远古河姆渡文化，下可延及今日信息化时代，纵横数千年，因而在日本研究上拥有丰富的第一手材料，地方资源优势显著。早在杭州大学时期，浙商大就已凭借“中日文化交流史大系”（中日版）等成果在国内中日文化交流史研究领域占据制高点。浙商大在原有研究基础上，发挥人才队伍优势，继续将这一研究领域做强做大。例如李国栋教授对远古时代良渚古国古越族与日本古代倭人之间的交往交流的探源解读、江静教授对宋元时代中日佛教禅僧墨迹交流和人物往来的实证研究、吕顺长教授对清末中日学界人物交流书札及对近代浙江留日学生的考释考察等，皆注重史料挖掘与考证，试图阐发新观点，在学界具有一定的影响力。2023年，浙商大与宁波大学、日本早稻田大学等高校合作申报获批的浙江文化研究工程“日本‘宋韵’文化遗存调查与研究”项目，是继“中日文化交流史大系”之后的又一次跨国合作。

### （二）东亚文化圈研究

东亚史研究是近年来国内学界研究的热点，它将东亚地区作为一个有机联系的整体进行综合研究，突破了以往国别史研究的局限，更具整体性和关联性。在东亚文化圈的形成过程中，佛教、儒教、汉字和律令被认为是东亚关联形成的四大动因，但迄今为止，国内学界的研究多偏重于儒教思想、汉字文化和朝贡体制，对佛教方面的关注相对较少。浙商大重点关注其中的佛教和汉字要素，并加入民俗要因，以此为着眼点深入探讨东亚文化圈在构建过程中的联系纽带和动力源泉，一考察历史过程，二研究内在机制，三探索现实应用，试图弥补国内学界的研究不足，为解决区域历史和现实问题提供有益探索。

### （三）东亚文献整理与研究

浙商大的日本研究，历来重视资料的搜集、整理和保存。经过常年的学术探索和实践，在东亚文献整理与研究上已经形成东亚笔谈文献整理、禅宗墨迹文献整理和日本近代文书整理与研究等三大方向。

（1）汉字或者汉文是构建东亚文化圈的重要关联因素。以汉字·汉文为媒介的笔谈，作为一种交流手段，突破了语言、民族和文化的局限，促成了东亚文化圈不同国度、不同阶层之间的信息沟通和文化交流，在古代东亚人士交往过程中发挥了重要作用，[①] 因而笔谈文献对于研究东亚交流史、中国近代史具有不可忽视的学术价值。浙商大是较早关注到东亚笔谈文献价值并开展系统研究的高校之一，迄今已有十多年的历史。2014 年，由王勇教授担任首席专家的“东亚笔谈文献整理与研究”获批国家社科基金重大项目资助。在 8 年的时间里，相继完成了“东亚笔谈文献研究丛书”20 卷和“东亚笔谈文献资料丛刊”25 卷等成果，受到了项目鉴定专家组的高度赞赏。该成果首次从学理上将“东亚笔谈”定义为一种新的研究体裁，实证了中国文化强劲的周边辐射力与深远的国际影响力，为相关学科的建设发展提供了新资料和新视角。

（2）宋元禅宗东传日本，开启了继隋唐佛教东传日本之后两国佛教文化交流的第二次高潮，不少中国禅僧东渡扶桑，随身携带了大量禅宗墨迹。其作为时人书写的第一手资料，不仅具有珍贵的文物价值，而且在学术研究上具有丰富的史料价值和重要的文献价值。浙商大一方面在禅宗墨迹文献整理上深耕厚植，出版有《日藏宋元禅僧墨迹选编》（2015 年被收入“域外汉籍珍本文库”）；另一方面以这些墨迹为研究新材料，考察并重新发掘墨迹背后所蕴含的中日文化交流史、禅宗史、文字书法茶道等内容和文化现象，产出了一些具有鲜明特色的代表性成果，在研究视角和研究内容上丰富了域外汉籍研究和东亚研究领域，在

① 王勇：《无声的对话——东亚笔谈文献研究之二》，《日本研究》2016 年第 3 期。

学界具有一定的辨识度。

（3）日本近代文书对研究近代中日关系史来说是不可或缺的第一手资料。日本方面收藏有大量的近代文书资料，随着这些资料的解封以及数字化公开，近代中日关系史的研究跨入一个新的发展阶段。然而要阅读日本近代文书，不仅需要掌握各种古典文法，还需要具备日文变体假名、合体假名、汉字草体和异体字的认读能力，同时需要掌握大量近代文书所特有的用语，① 这对国内甚至日本大部分研究者来说都有不小的难度。吕顺长教授在日本近代文书研究领域有长期的积累，并有《日本近代文书解读入门》等相关成果问世。浙商大在他的带领下，通过举办读书会、建立史料解读微信群、开设近代日本文书研究生课程等方式，培养并组建了一支通晓近代文书的人才队伍，为近代中日外交、政治、经济、军事、教育等领域研究的顺利开展提供技术支持。

## 五　未来展望

经过20余年的发展，浙商大在日本研究领域取得了一定的成绩，作出了不少贡献。与此同时，也暴露出一些不足和短板。在未来的发展过程中，浙商大的日本研究将在继续做强传统研究的同时，有针对性地攻克自身短板，以期实现跨越式发展。

第一，进一步凝聚力量，拓展研究领域，确定重点研究方向，不断丰富浙商大日本研究的内容和视角，提升研究的质量和影响力。特别是在数字人文领域，通过引入数字化信息技术、人工智能机器学习、科学绘图和数据分析软件等前沿方法和新技术，提升传统研究效率，创新科研成果呈现和转化方式。

第二，在扎实做好基础研究的同时，围绕国家和浙江省经济社会发展的需求，立足于地域特色和资源优势，推出一批能够顺应时代要求、富有理论价值和实践意义的高水平研究成果，赋予传统研究现代应用价值，为国家建言献策，为讲好浙江故事、讲好中国故事贡献智慧和力量。

① 吕顺长：《日本近代文书解读入门》，浙江工商大学出版社，2020，第1页。

第三，在加强学术研究的同时，增进同国内外学术界的交流与合作，特别是与日韩及欧美学界的对话和交流，包括开展共同研究、合作举办学术会议、经典互译、交流互访等。

（江静，浙江工商大学东亚研究院教授；
郑辉，浙江工商大学东亚研究院博士研究生）

# 史海钩沉与翻译

# 中世的国家与天皇*

〔日〕黑田俊雄　著　康　昊　译

## 引言　中世国家论的课题

在日本历史上，当提到“中世国家”的时候，我们会想到什么内容呢？大概一般会认为镰仓、室町时代存在一个整体的“日本国”，并设想其支配=权力机构的具体内容。尤其是对于那些强烈意识到日本自古以来就是一个独立存在的岛国这一事实的人来说，这可以说是常识。然而，今日在中世史家中占据主流地位的学说，是把中世的日本基本上看成“古代的”贵族政权和“封建的”武家政权对抗的时代，把后者视为中世国家式的，并且中世是中世国家式的东西——其主体是幕府——逐渐地压倒“古代的贵族政权”的过渡时代。中世国家论的课题是在此进程中，幕府在哪一个阶段确立了“封建国家”，与“古代的”天皇是何关系，此外与天皇权威密切相关的神国思想作为政治思想、国家观念的特征是怎样的，等等，这些构成了主要的问题。①

但是，如果要讨论这些问题，无疑必须了解幕府本身是怎样的，以及更根本上构成御家人的经济基础的“所领”或庄园、村落的特征和变化，此外，对于天皇与贵族的社会、政治、文化各方面也需要有准确的认识。

---

* 本文原刊『岩波講座　日本歴史6　中世2』岩波書店、1962年。

① 这一代表学说的代表论著，可参考歴史学研究会編著『国家権力の諸段階』（岩波書店、1950年）、永原慶二『日本封建社会論』（東京大学出版会、1955年，特别是第四章及补论）。

也就是说，中世国家论必须是在中世史研究整体的成果基础上讨论其根本问题，但实际上，中世国家论主要主题的探究是在个别学科中展开的，因此国家论是寄生于这些之上的漂浮物一般的东西。特别是从通行的观点来看，中世国家论基本上只被关于幕府的研究左右。因此时至今日，中世国家论虽然其名称仿佛是高于各领域的总和，但实际上不过是中世史研究的附属品。特别对于重视实证、立足于史料的历史学家来说，他们对可能流于理论空谈的国家论，甚至似乎采取了避之不提的理智态度。因此，尽管战后的日本史研究取得了多方面丰富的成果，但论及中世国家的成果却寥寥。

不过，中世国家论之所以陷入如此状况，还有重要的理由。对于中世国家在惯例上以封建国家的范畴来理解，但封建国家与古代国家和近代国家相比究竟是否具备作为国家的本质属性是值得怀疑的，其国家特征的把握一般比较困难，[①] 实际上，以国家的名义开展的强力活动并不像古代或近代那样直接出现在历史的前台。换言之，如果理论上尚有待解决之难题，而又无法观察直接的历史现象，自然就会被回避。

然而，本文所要探讨的，并不是从世界史的规模出发直接讨论理论，而是对日本中世这一时代国家具有怎样的构造和特质这一点展开正面的探索。因此，本文的目的首先是对包括贵族、武士在内的统治阶级支配农民及其他民众整体的各机构做整体的把握。虽然按照通行的做法对中世符合“封建国家”标准的要素进行析出整理也是必要的，但这无法从日本中世国家自身的特殊性中把握其具体内容。何况，仅强调“公家政权”和“武家政权”两大统治阶级的对立，虽可成为一种关于政治局面的学说，却无法理解作为民众支配体制的国家的整体性关系。之所以这样说，是因为即便在所谓“二重政权”的时代即镰仓时代，也并不存在两个国家，此外诸如“公家政权”可不依赖“武家政权”独立维持统治，将军（镰仓殿）也是国王之类的学说到底还是无法证实的。窃以为，公家与武家即便相互对立却持续构成同一个国家，这一点才是问题所在。如果在这一课题下思

① 堀米勇三『中世国家の構造』（社会構成史体系4）、日本評論社、1949年；石母田正「中世国家について」『古代末期政治史序説』下、未來社、1956年。

考需要探究的主要对象，那么国家权力机构才是重要的。通行的说法认为，中世国家权力机构实际上被幕府的统治机构替代了，在国家论层面，多探讨天皇的“古代的”权威意义或武士的国家意识等观念形态，难以想象日本中世国家仅靠这样的观念纽带就能保持单一国家的地位。既然存在两个统治阶级，我们就必须反过来研究形成单一国家权力结构的这两个统治阶级的特点。只有这样，中世国家与律令制国家的特质有何关系，中世国家对近世幕藩体制的建立有何制约作用，此外中世国家对日本民族史特质的形成有何意义这些问题，才可以获得具体讨论的线索。

这样，为了从上述观点把握日本中世国家，目前需要哪些步骤呢？第一，解释清楚所谓公家、武家在国家权力机构中构成相互补充关系的事实。公家与武家对立的一面迄今为止被过度强调了，但如果不注意到二者既非单纯对立又非在此基础上的妥协共存，而是存在机构上相互依存和补充的关系的话，就不能正确理解对立与妥协的意义。第二，如果注意到这样的相互关系，公家、武家各自的阶级特征，就与通行观点所说的“古代”与“封建”的根本性对立不同，而是存在共通的阶级特征，比如，即便本来属性各异，二者是否对被统治者均站在共同的封建领主阶级立场上，当然也就有了重新思考的必要。本文并非从这种社会经济史的角度出发，无法就此展开过多篇幅，但需要注意的是，从中世史研究现状来讲，一般被视为“古代的”公家的特征真的称得上古代的吗，这一点尚未明确。第三，上述两个问题只是一个时期的过渡现象还是作为所谓中世整体的基本形态持续下去的，这是一个问题。人们一再指出这一时期发生了各种变化，尤其以南北朝内乱时期的变化为界可以分为中世前期和中世后期，这是不争的事实。然而，即便如此，如果中世前期和后期存在一以贯之的因素，而且在古代和近代不存在的话，这应该就是能显示日本中世国家特质的东西。此外，这一因素的推移进程，应该能反映中世国家各阶段的变化。并不是说仅仅追求表面现象就足够了，笔者坚持认为这种讨论不应导致忽视特殊的、具体的特征。

讨论中世国家的全部是不可能的，因而本文以上述问题为焦点，试图接近日本中世国家自身的特质。

## 一　权门体制

### 1. 权门势家

在把日本中世的国家权力机构作为一个国家机构来讨论之时，首先需要注意的是历史学没有对这些机构整体的总称概念。我们称呼日本古代国家（虽然不是整个时段）为律令体制，称呼近世国家为幕藩体制，在说明政治机构、权力机构时使用这些概念，但就中世国家而言，没有能与之匹敌的通用概念。这意味着中世国家终究不存在明确的国家体制吗？在进入中世国家论的开始，我们首先就直面这一根本性问题。

但是，即使在惯例上，实际上出于需要，也有一个概念被用来概括中世的统治机构。这就是“庄园体制”的概念，特别是在比较中世封建社会机构与近世的相应机构时，一般在指代权力机构特质的意义上使用。

然而，庄园指的是一种经济制度，而不是律令制等那种本来表达政治机构的词语。此外即便作为经济制度，庄园也不代表中世经济制度的全部，这可以从其对应词“国衙领”（“公领”）的存在得到确认。将“庄园体制”一词直接扩展为政治机构概念使用显然是过头的，即使对专家也可能带来误解和混乱，纵然如此也需要默认使用，反过来公众则很难理解中世历史，这是学术史呈现出的辛酸。

虽然如此，将庄园视为中世社会支配机构本身，并非没有道理。庄园总之在整个中世都存在，并且，庄园所有者或者庄园支配权持有者正是统治阶级的代表，这是因为在中世国家拥有最高权威的人才能成为最高级的庄园领主。换言之，庄园最高级领主本家或领家，是所谓权门势家才能持有的地位。本文在此以众所周知的事实为基础，首先想要对权门势家这一存在作一讨论。

“权门势家”这一词语在中世文书、记录中频繁使用，[①] 却是个制度上

① 权门势家的出现，是在平安时代庄园发展的过程中被注意到的，给人以权门势家只是这个时期才有的印象，但直到室町幕府的法令中，这一词语仍在频繁使用。参见佐藤進一・池内義資編『中世法制史料集』第 2 巻、岩波書店、1957 年。

无任何规定的词语，迄今为止也无人讨论这一词语的意义。充其量它就是在政治混乱中形成的非制度的、当权者私利私欲的体现，此外作为庄园本家、领家的另一种说法，在写文章时便宜使用。“权门势家”一词确实含有这样的意思，这里想要进一步加以探究，以确定其历史特征。

首先，观察权门势家一词的直接意义，无须举例，可以指出以下几点。第一，直译过来就是“有权势的家门”即“有权威、势力的门阀家族”的意思，其权威、势力多少指代的是国政，而非限于特殊地域或阶层内部。第二，不含有官职或者官制上的意义。权门势家纵然实际上是大臣、纳言、官大寺等，但并非以其职务指称，而是以制度外的一面使用。第三，权门势家虽然不能说不可以指一个门阀家族，但词语本身含有复数含义，实际上是不特定多数的概称。这样，将上述含义总括起来，权门势家的意思就是“在国政上具有权威、势力的若干门阀家族，他们凭借其权威、势力，在国政上掌握了某种实力”。如后文所述，权门势家一般管理庄园，将很多人纳为其从属，具有很多的社会特性。本文是从政治的角度，把这一个个的门阀家族称作权门或者权门势家。

不过，权门势家的这一形态，就这一点而言，它只意味着政治史和社会史上的一种现象，但这种现象是随着其以前的政治体制即律令体制的实质消灭而出现的，且长期存续。因此，如果从权门势家掌握国政，以及与之相适应的国家权力机构的特殊形态来思考的话，也可以认为是与律令体制、幕藩体制类似的一种政治体制。在此，笔者把权门势家支配国政的国家体制用“权门体制”一词，把权门势家实行的国政用“权门政治”来指称。

关于权门势家的形成，本文无法展开篇幅讨论，早在律令制中就有亲王家、内亲王家、摄关大臣家、职事三位以上家的家令制规定，此外各大寺院别当、三纲设置公文所，这些都可认为是权门势家门阀机构的开端。[①]显然，权门势家不是作为过去体制的发展出现的，而是在 8 世纪以后庄园

① 这与律令制并非如表面那样是完全由专制者进行统治的中央集权制度有关，从这个意义上说，这不仅仅是制度或名称的问题。此外，关于寺院的机构，参见竹内理三「延喜式における寺院」『律令制と貴族政権』第 2 部、御茶の水書房、1958 年。

发展史的进程中，其政治、社会势力扩张的产物，必须从庄园式的存在的发展中寻求其产生的基础。而且，庄园制本质上是多种形态的“所领”——直接掌握、支配当地民众的农奴制式的东西，包括由地租获取的权益和职权派生出来的利权，以地租收取为基础的私人家产[①]——的一种政治解决方案，用于解决如何持有各种财产的问题，因而简单来说，所领的多样化的广泛形成，作为其根底的经营和生产关系的新发展才是权门势家形成的基础。

提到权门势家，一般会想到平安时代以后的藤原氏。但此外还有很多所谓的贵族名门，从本质上讲，还有其他应被称为权门势家的存在。首先天皇家（“王家”），女院、亲王、内亲王等毋庸赘言，实施院政的上皇、法皇乃至天皇个人，也应该被称作权门势家。此外以南都、北岭为首的各大寺社也是如此。传统上，他们被描述为在阶级性质上与藤原等无异，因在政治地位上有些不同而没有被叫作权门势家，但从他们具有私人的门阀组织，在国政上享有威势这一点来看，他们与藤原氏是具有共同特征的。此外需要强调的是，在同样的意义上，包括幕府在内的武士首领，也是一种权门势家。武士首领或幕府虽然在阶级基础上以及组织特征上与其他权门有差异，无法一概而论，但从其门阀机构的形态及对国政的态度来看，本质上与其他权门势家并无差异。很遗憾，这里没有更多的篇幅来作比较，当前如果要列举各权门的门阀组织的共通性的话，第一，政所（公文所）、文殿、藏人所、侍所等（各权门的名称和设置数量有差异）是其核心政务机关，与之相适应，别当以下为所谓家司制度；第二，这些机构发出的文书，有政所下文、厅下文，以及御教书、院宣等奉书形式，在门阀内外的功能是共通的；第三，以前述的家司为首，具有近臣、伺候人、扶持人、寄人、侍、家人等形态的私主从组织或私兵；第四，由来虽不尽相同，但都在门阀内部范围制定法令，实施各种审判权；第五，各个权门势家都将庄园、知行国等所领组织为门阀中的“职”，构成其管理体系。

① 中世将不动产——主要是土地财产称作“所领”（石井良助『日本法制史概説』創文社、1960年、300頁）。其中所有的特征多种多样，但本文是从广义的角度来使用“所领”一词。

现在，这些东西似乎只是形式上的相似，但考虑到这些都是与社会力量和国家政治直接相关的组织，它们的意义就不仅仅是形式上的相似了。也就是说，可以认为大概这样的情况能够反映出在国政及其整体机构中各权门的位置具有同质性，从这一意义来说，对各门阀机构的内容和特征，按照包括其谱系性关联加以详细探讨，在今后的研究中十分必要。

2. 庄园制与权门的组织

关于权门势家的门阀机构的一般特征已按照上述方式作了概括。接下来，应该如何就其历史特征作出客观评价呢？

如前所述，作为权门门阀机构经济基础的所谓庄园制土地所有，是由各个所领构成的，所领的经济内容，大致可以分成两个类型。其一，是以下人、所从等农奴式农民的劳动为主体，包括对一族、同族等的支配在内，以父权制式农奴制经营为本质的东西。这是律令制内部以“宅”为中心，作为“名”的所有而发展起来的在地领主所领，[①] 石母田正所指出的三种类型的“领主制”大致与此相当。[②] 其二，以“田堵”以及“名主”经营这样的一系列农民式小农经营[③]的收取为基础，仅以年贡、公事、夫役等地租收取为内容的所领。无论是残留初期庄园以来“耕种”[④] 特征的佃米收取所伴随的庄园经营，还是通过寄赠获得庄务权（庄园内行政及司法权——译者注）与地租上贡的本家职、领家职等，抑或是封户或免田庄园化的产物，又或者是不在当地地主式的加地子领主，总而言之，一般游离于直接经营之外的贵族式所领，都可以在此类型中理解。在两种类型中，所领支配者与土地、农民的关系明显不同，因此领主的阶级特征乃至政治特征也不一样，但是，两者总是相互结合，形成了庄园制式的支配体系。在这一复杂的支配体系中，应在何处确立基本的收取关系是个很大的

① 在地领主的所领是由宅地发展起来的，早年清水三男在『上代の土地関係』（伊藤書店、1943 年）中就已指出这一点，近年，户田芳实发展了这一观点［昭和 37 年度大阪历史学会大会报告，后详述于「中世の封建領主制」『岩波講座　日本歴史　中世 2』。

② 石母田正『古代末期政治史序説』第二章第二节。但石母田正强调，“只要作为其基础构造的名主层是古代家族式的”，领主制就“无法整体上克服古代的结构”（第 153 页）。

③ 黑田俊雄「荘園の基本的性格と領主制」『日本中世封建制論』東京大学出版会、1974 年。

④ 黑田俊雄「荘園の基本的性格と領主制」『日本中世封建制論』。

问题，[①] 但无论这两类的所领中的哪一类看起来是基于在地支配权、土地实际管理权、庄务权等私的强制的收取基本关系，它仍然是基于农民式小农经营的收取的支配。[②] 其他的所领是在其基础上伴随、寄生的，是对其加以保证、补充的。这就是庄园制。“庄园制”这一词语，如今在以极其多样的含义使用，但认为这个词泛指中世村落一般的情况当然是不正确的，如果要说明庄园的在地构造的话，除了“领主制”外不能是任何东西。[③] 然而，庄园之所以为庄园，是因为存在各所领以本所为顶点实施支配的机构，关注这一点的话，庄园制只能是保证各所领支配的封建知行体系。不过所领并不仅仅在庄园中形成，官职的世袭收益权化与知行国制度，或者就像从保、别名等形态中也可见到的那样，“所领”在国家机构的一部分中也能形成，庄园这一形态可以说是其中家产式特征最明确的纯粹结晶体。但是，一直以来关于庄园的讨论过于固定，只是强调其古代的、贵族的支配谱系和权限，虽然注意到了各所领具有的相对独立的家产式特征，却没有对其知行体系作进一步深究。

如上所述，之所以称之为封建式知行体系，理由有以下几点。在庄园制知行体系中，对权门之下的知行者来说，所领可通过多种方式形成，比如由类似武家法所述的本领安堵（对原有所领的权益保证——译者注）的寄进来形成，或者由类似新恩赐予的任职来形成，又或者通过俸禄的给予来形成。反之，既然获得了恩赐，就需要奉行相应的公务，履行门阀机构内部的各种职务（“职”），这些各种各样的职务，就作为权门的门阀机构内部的分工——或者家司，又或者作为私兵，抑或作为派往庄园当地的管理人员等的一环被确定下来，形成相互补充的关系。因此，这些“职”作为整体，才让各个权门统治体制的职能得以完成，而不是西欧封建制那种

① 永原慶二「荘園制の歴史的位置」『日本封建制成立過程の研究』岩波書店、1961 年。

② 这是以封建地租的收取为基本的支配。对其加以否定的观点的基本论据，有对于“农民式小农经营”完全独立性的疑问，以及地租榨取机构的特征。关于前者，“完全”独立的理解确有问题；关于后者，以下详述。

③ 参见安良城盛昭「太閤検地の歴史的前提（1）」（『歴史学研究』第 163 号，1953 年）1 之 4 对石母田正观点的批判。（补注）本文此处的断定不正确。对庄园、公领“百姓”的支配的原本特征，显然与在地领主制不同（黑田俊雄「日本中世の封建制の特質」『日本中世封建制論』。以下讨论的庄园制知行体系的特质也以此为基础。

各领地管理者均承担同等军役的状况。换言之，权门的统治组织，是以权门的家产式所领为核心，将庄园、公领等各种所领以家产管理诸职等形态组织起来的知行体系。虽然这也是一种封建制，但带有强烈的门阀特色。本来，摄关家、寺社、幕府等，各自的门阀结合在表面上有些差异，需要履行的职务内容和范围、构成以及身份限制也存在差异，这是显而易见的，但最终需要注意的是，主从关系没有演变成独立领主之间的双边关系。

近年来，永原庆二探讨了庄园制的基本特征，详细分析了本家、领家、预所、在地领主等的相互关系及庄园租税的榨取结构，在这一方面首先取得了重要的成果。① 永原在文中批判了寄进地系庄园形成后，在地领主的农奴制式支配构成了庄园制的基本收取关系这一学说，认为在庄园体制内，享有庄务权的本家或领家掌握着庄园的处置权，地租的数量也压倒性地被吸收到本家、领家一侧，进而指出，庄园制的支配机构在权门势家的权威保障下，或更为根本地是在国家统治秩序的保证下，"与其说是封建制，不如说是古代式的东西"。的确，一直以来，在地领主制为基本的收取关系的观点是比较含混的，② 重要的是，庄园支配并非仅因为单一领主对农奴的简单关系或者"律令国家以来作为国家权力保持者的地位=权威"而形成，而是在某种情况下实现封建地租收取的基本收取关系已形成，③ 包括其在内各种类型的所领组成了多层级的知行体系。换言之，觉得仅凭一个领主就能单独实现租税的收取，把其他的视为寄生者或无权利者，认为国家秩序的任何保障都与封建统治相矛盾，那就不仅无法理解庄园制的本质，这种理论连一般的封建主从关系或者知行关系，以及封建国家的存在意义都没有办法理解。

然而，庄园各个所领的知行主体的相互关系，并不一直都是门阀式的

① 永原慶二「荘園制の歴史的位置」「公家領荘園における領主権の構造」『日本封建制成立過程の研究』。

② 关于这一点，笔者的旧文（「荘園の基本的性格と領主制」）也是基于一个简单前提的，需要重新订正。

③ 刚才提及的两种所领哪一个应该认为是基本的收取关系，或者应该认为是不同的领主权并存的情况，关于这一问题，各庄园情况各异。目前永原庆二认为，除公家掌握庄务权的情况外，多数是在地领主作为请所实现地方支配的情况。见永原慶二『日本封建制成立過程の研究』、70 頁。

支配关系。由于各所领都具有作为家产的私的独立性，虽一度被编入门阀式关系之中，脱离出来的情况也有发生，但此外在同样的根据下，相互对等的权门之间，比如本家职是上皇，而领家职由摄关家掌握的情况也大量存在。这样的情况已经超过门阀式的色彩，应该说，很多是因为当时特定的政治形势而形成的政治势力结合及紧密联系。在这一点上，应该通过政治史的研究逐个开展具体的分析，虽不谈更多细节，但在这里，姑且称之为权门的系列化。权门的系列化的契机还有寺社的本末关系，氏族与氏寺、氏神的关系，以及其上氏长者制度所体现的氏族统辖，[①] 整体上通过复杂的勾连而多层级化。系列化未必就会形成严整的集权体制，但是即便如此，其中还是会形成若干系列的顶层，权门势家中会出现两三个强力者，他们成为各政治势力的核心。[②] 门阀支配至此才获得了权门政治的能力。

3. 权门政治的结构

如上所述，权门势家的各门阀机构形成了一种封建式的知行体系，就这一点而言其仍然只是私人组织。前文已经指出，因为有多个权门势家存在，各个权门门阀无法专断国政。[③] 如果那样，各权门势家是以何种形式介入国政或国家的呢？

12世纪以后，权门势家大概分成以下类型，它们组成了一种国家秩序。

①公家：天皇家与王臣家，即作为个人的天皇、上皇、法皇、女院、亲王、摄关、大臣、纳言等显贵贵族家族，他们以司职“公事”的文官家世为本业。以诗歌、儒学、历法等学问为家学者也归入这一类型的权门。

②寺家：南都、北岭及其他大寺社，在神佛习合的状态下，与所谓的社家无差别。他们标榜镇护国家，主张相对于公家“王法”的“佛法”的国家属性，此外他们还是公家的“氏寺”“氏神”。寺家、社家掌握着能在国政中发挥影响力的潜在势力，但因为没有直接掌握政权，所以表面上看

① 关于氏长者及其统辖能力，参见竹内理三「氏長者」『律令制と貴族政権』第2部。

② 永原慶二『日本封建制成立過程の研究』、125—126頁。

③ 中村吉治把庄园制的形成看作封建制的诞生，还把以庄园制为经济基础的各个权门统治体系视作“可认为是封建国家”（『日本の村落共同体』日本評論社、1957年、76頁），这就忽略了当时“日本国”真正的统治权力结构。

起来不在权力机构之内。[①]

③武家：所谓武士首领，是通过私人的方式把武士组织起来的人，如源义家、平清盛、木曾义仲、源赖朝、藤原赖经等，主要以源平两氏为代表。关于武家作为权门的特色，这里没法过多展开，以镰仓幕府的御家人制度为核心的机构当然是其终极形态。

那么，这里首先需要注意的是，权门势家并非仅凭私的实力——政治手腕或者经济富裕等——就能成为权门势家，显贵的文官家世也好，镇护国家的寺院也好，武力统帅、守护国家的武士也好，都带有从国家的角度来的职能性功能。这可以说是国家秩序中统治阶级内部仿佛种姓制度一般的分工形态，权门的私的特征，至此被赋予公的位置，通过相互补充的关系组成了国家。但是，各个权门不断被组织各自的自我完结式国家权力机构的冲动驱使，关于这一点，前述各权门内部多少存在的私兵，以及当权门系列化=政治势力化时经常出现的公、武、寺的复杂结合关系都是如此。具体从挑起承久之乱试图摧毁武家的后鸟羽上皇，以及镰仓幕府对国家事务的全面干预及其寺社政策中可以看出，然而，最后没有哪个权门能够形成单独掌握国家整体的社会、政治势力。

其次需要注意的是，大体上区分为公家、寺家、武家的三者，乃至各个权门之间，门阀机构都具有各自的特色。这是基于他们各自按职能组成的官人阶层、（中下级）僧侣神官、在地武士等的阶级特征或职能特殊性而结合的习惯。因此，从这一现象的表面特点出发，认为公家、寺家是非军事性结合即非封建属性的观点，必须与第一点（公、寺、武的相互补充式结构）结合起来加以驳斥。

再次需要注意的是这个时代城市的特点。当时的城市仅有京都、奈良和镰仓，各自为公家、寺家、武家的象征。并且，进一步仔细看的话，正如“京都·南都”“京·白河”“京·六波罗”“京·镰仓”等并称的情况，兴福寺、东大寺、院政政权、平氏政权、镰仓幕府等各自都独立形成了自己的门阀城市。也就是说，当时的城市是权门的所在地，是门阀的聚

① 这里所说的寺家，不是指当时的一般僧侣。遁世或者游方的“圣”，以及同一背景下出现的专修念佛修行者的非权力特征，在这一点上与寺家形成鲜明对照。

居地，也可以说是其收取地租的集中地，甚至在其上，按照第一点所讲的职能分化方向，也相互对应着一种分工关系。当然，这里的财富集中促进了城市与农村的分工，这种分工又按照权门家产式收取方式的原则界定为“座”这种特殊形态。因此，权门体制下的城市不单具有政治机能，还在发展全国范围的分工和分配的同时规范和赋予了城市结构。这一点特别需要注意。[①]

再者，相互并存、相互竞争的各权门，当然参与了各种国家政治。但最为重要的是，他们对国政的参与，并非以国王或者摄关、大臣以下的官职实施，而是俨然凭借其“权门势家”本身，通过“口头干涉”对国政施加压力，[②] 也就是“公私混淆”的状况。[③] 即便只从形式上来看，上皇、法皇等的院政，前大相国的平氏政权，前右大将家的幕府政治等，直截了当地显示了这些从官制角度完全无法解释的法外政治势力的状态。于是，摄关政治以来的奉书样式私文书——纶旨、院宣，以及公家、寺家、武家御教书盛行，[④] 这些文书被视为权门政治的意图表达手段，它们本来是私文书，却超越了私下的门阀内部问题，包含了很多与国政有关的内容。以仁王或大塔宫的令旨在内乱发生时能够有接近于公文书的权威的理由就在于此。[⑤] 不过，权门如此表达的意图，在由国家给予确认时，是以宣旨的形式发布的。

权门对国政的指示、压力，也有不采取文书手续，而采用暴力形态的情况。南都、北岭的僧兵强诉，保元·平治之乱，源平战争，承久之乱等战乱呈现出权门之间私斗的样态，均采取了要求国家改变其机构、官职和

---

① 这里需要强调的是，关于权门体制下的城市和分工发展，仅仅一般性解释为自给自足的自然村形成了市镇乃至封建城市，是无法把握当时城市和座的本质特点的。

② 即便是被称作“治天之君”实施院政的上皇，当后白河屈服于平清盛的威压时，也起誓“自今以后，万机不可有御口入（口头干涉）之由”（『百練抄』治承三年十一月十五日条），『名目鈔』解说“院宣（万机咨询之时，每事被下）”（院中篇）。

③ 石井良助『日本法制史概說』創文社、1960 年、201 頁。

④ 林屋辰三郎「御教書の発生」（『古代国家の解体』東京大学出版会、1955 年）从这一角度给长期以来的古文书学赋予了新的观点。

⑤ 令旨与御教书都是奉书形式，在古文书格式上为同一系统（相田二郎『日本の古文書』上、岩波書店、1949 年、403 頁以下）。

所领支配的形态。也就是说，强诉不是对敌对势力加以攻击就完成目的，而是要给朝廷施加压力，此外内乱之时也是通过“官军对朝敌”的形式，[①]以行使国家权力的形态将结果正当化，当然，这里的国政也是由法外的私政所引导的。

因此，当时国政与国家权力机构的中枢，通过各权门的相互力量关系，由其中最具实力的一支所掌握而得以安定下来，但其权门的长官并没有成为国王。纵然假设王位篡夺是可能的，但仅凭一个权门的权势内容是无法压服其他全部权门的。白河上皇的“三不如意”，镰仓幕府的“东国性质”，[②] 都呈现出这样的极限。在此基础上，这些权门的权威，实际上与其他权门相较是相对的，更确切地说不过是相互补充的。因而，中世没有发生王位的篡夺，正如中世皇位继承的历史所体现的那样，肆意地操纵国王的废立，才是权门掌握国政的最合适的形式。

如果是那样，这种权门政治应该是在何时形成的呢？权门势家形成的渊源当然可以追溯至奈良时代，但显然当时还没有形成权门政治。到了前期摄关政治，也就是平安时代的9世纪后半叶至10世纪前半叶，藤原氏仍然还是作为官僚参与政权，因而不过是通过这些事实的累积，其作为权门势家的立场不断强化的阶段而已，摄政、关白的地位也并不稳定，这一点得到了很多人的承认。因此，政治还没有形成可以称作权门政治的形态。换言之，安和之变后，摄关政治的时代到来，但纵然藤原北家的门阀地位确立了，其内部的个人争斗仍持续——这一现象本身是权门支配的私的本质共通的东西——一个人可以成为摄关是基于其作为藤原北家这一权门的出身。但是，摄关、大臣的地位仍是在律令制的手续基础上获得的，还没有摆脱其官职形态，可以说是律令制范畴内权门政治最大限度展开的阶段。

院政，在上述的进程中起到了决定性的划时代意义。窃以为，院政作为天皇政治的一个形态，或者一般认为是上皇（法皇）与天皇政权两分的产物，但院政时期以后，到了镰仓、室町时代，国王依然是天皇，院厅、

① 这种形态到应仁之乱为止都是一以贯之的。

② 佐藤進一『幕府論』（新日本史講座）、中央公論社、1949年。

幕府等本质上是门阀式统治机构。本文关于院政或幕府的权门式特征及其权门政治的特质，特别是与天皇的关系，无法以更多的篇幅来具体考察，但不落入政治中最大的实权是国王这一常识性观点的圈套，注意到权门掌握政权的政治形态的特质这一点，笔者认为是极为重要的。这里有必要指出的是，上皇掌握政权只是作为权门的任意行为，按照律令制的原则的话，是完全处于法外状态，① 因此，院政在完整的意义上可以说是权门政治的最初形态。并且，在这一阶段，需要注意的是其他权门势家也各自建立了体制，比如，一般性的有家司制度的确立、庄园寄进的盛行等，特殊的有摄关家的朱器、台盘、长者印以及殿下渡领的形成，寺社政所、僧兵的形成，武家的权门化，等等。② 因此可以认为，院政的形成，不仅是权门政治的确立，也意味着国家形态中权门体制的形成。

镰仓幕府的建立是权门体制的第二阶段。镰仓幕府带有其自身权门支配机构的特征，哪怕是我们不作解释也不难理解，但必须强调的是，幕府的公法式权限，比如守护、地头的职权，是作为整个国家权力机构的一部分，与公家、寺家等的权限相互补充的。但同时须知，镰仓幕府在其阶级特征上，与公家、寺家权门不同，幕府本身孕育了独自形成国家权力机构的可能性。③ 在此不得不停在抽象的讨论范围内，这一问题怎样包含了深刻的政治、阶级矛盾，我们从慈圆《愚管抄》站在公家、寺家立场倾其智慧对武家的国家意义作的尝试出发，可以窥见一角。因此，权门体制形成，律令制贵族并非简单地转移为封建贵族，他们在某种角度上的确可以说是“古代的”权威向中世权门的转变，因此，多数的古代贵族走向了没落，此外，贵族们付出了领主制形成、武家权门诞生的代价，不得不将权门政治的主导权逐步转移给幕府，权门体制绝不意味着古代式统治的延续。

---

① 参见第266页注②。需要注意的是，即便在所谓院政时期，也是断断续续实行的。

② 参见竹内理三「氏長者」「延喜式における寺院」『律令制と貴族政権』第2部；勝野隆信『僧兵』至文堂、1955年；等等。

③ 迄今为止关于幕府的大部分研究，都是在认为幕府独立建立了国家机构的基础上仅就后一点开展研究，但仅被后一点吸引而无视前一点是无法说明清楚的。但是，在中世，幕府建立独立国家的可能性仅停留在可能性上，没有成为现实。

## 二　国政与王权

### 1. 国政的内容

由于在权门体制中，国家权力机构的主要部分被各个权门分掌，搞清楚公家、寺家、武家等各自的支配机构，分析其履行的国家权力的机能，指出其相互关系——依存、矛盾、对立，应该是厘清中世国家内容时最为主要的部分，但关于其各自的状况在此省略。除此之外，似乎还有其他一些属于国家的特有的方面，不能从属于任何特定的权门。在此意义上，接下来对国政的内容、官员的组织、王权的特征等作简单的讨论。

关于国政。当我们考虑作为当时的统治阶级应该做些什么时，大约可以举出三件事。第一是地租的收取，也就是封建式土地所有在经济上能够实现的最根本的东西，当时被称作劝农或者收纳。第二是镰仓幕府法所说的所务沙汰、杂务沙汰、检断沙汰等审判，① 以及警察、监狱、军事等，直接依靠武力、暴力来强制执行的工作。为了给这些工作提供报酬，就需要伴随租税的征收。第三是超越各个所领支配或门阀私人支配的国家整体的各项法令制定、公布，官员的任免及其仪式（包括宗教仪式），还有这些产生的费用所需的租税的征收等，一般称作“公事”的国家行政。这三者存在有机的关联，形式上分类并不算正确，还可以进一步细分，但为了能理解国家的形态，姑且先这样整理。

第一，看地租的收取。众所周知，原本在律令体制中，地租收取基本上是国家“劝农”的职责。10世纪前后日本社会、经济发生了多方面的变化，这时出现的重要问题是，官职的利权化、所领化兴起，国家的劝农职能逐步消退。即便在摄关政治的时代，朝廷在形式上还是审议着这些事项，② 但随着领主制、庄园制、知行国制等的全面铺开，国家的劝农职能已不需要，这一点很明了了。这样，劝农——或者收纳，被将各类所领私下组织起来的权门或其内部的所领知行主体分割，变成私人的支配，如

① 所务沙汰指不动产相关，杂务沙汰指动产和债权关系，检断沙汰指刑事关系。

② 『御堂関白記』等中散见的“不堪佃田奏”记载就是一例。

此，地租的收取就不再成为国政的对象，而变成所领支配的问题。

第二，看审判、警察、军事。这些在原则上也尽可能归属各个权门的管辖范围，[①] 门阀内部也制定了自己的法令，这一点前文已经讲过。然而，关于所务和杂务，权门相互间的纠纷是当然会出现的，对这些事项的审理，无疑就必须在国家的层级来处理。对于这些状况，从国家的军事、暴力机构最直接的形态即检断权来看，权门支配机构内部除了大犯三条之外的犯罪，是属于权门=本所管辖范围的，有事例显示即便想要寻求幕府的介入，也首先由本所向朝廷提起上诉，纶旨下达给武家以后武家才参与进来，[②] 就这一点检断权是属于各权门的。然而，对大犯三条这样的重犯，如宽喜三年（1231）十一月三日的宣旨（新制）[③] 所述，朝廷官衙的“警巡”由卫府的官员们负责，各地的海陆盗贼由“诸国司及左近卫中将藤原赖经朝臣朗从等”负责，京都的强盗则由“诸卫”与幕府的在京武士及保长、坊令负责，各自明确了负责人，就像这样，除了京都与官衙，全国以宣旨即国王的名义，设为幕府的管辖范围。大犯三条因此显示的是国家的检断事项，负责这一职责的守护，在这一意义上不只是作为权门的幕府的地方官。在幕府法中，与地头御家人有关的检断专由侍所和六波罗管理，[④] 守护仅在大犯三条这一项对非御家人、普通民众有处置权，[⑤] 这体现了守护作为国家官职的特征。至于地头，其检断权之所及，限于庄园、公领的民众——在身份上属于各权门，[⑥] 而且其所负之职责，是针对庄园、公领的本所的，因而地头也不只是幕府的地方官。幕府通过掌握守护、地头的处置权，发挥了武家权门的国家职能，此外还从这一必要性出发，命令守护催促大番役、整顿宿驿、征收某些税收，以及大田文的制作。在这一点上，把守护、地头只看作幕府的地方官，认为二者俨然是与朝廷治下的官

① 石井良助『日本法制史概説』創文社、1960年、289頁。此外，羽下德彦「検断沙汰おぼえがき」（『中世の窓』第4、5、6号，1960年）关于检断权说明了此问题。

② 羽下徳彦「検断沙汰おぼえがき」『中世の窓』第4号、21頁；第5号、6頁。

③ 「三代制符」（『続々群書類従』第七）。对于这类“新制”，后文也会解释，可参考水戸部正男『公家新制の研究』創文社、1961年。

④ 佐藤進一『鎌倉幕府訴訟制度の研究』畝傍書房、1943年、149頁。

⑤ 佐藤進一『鎌倉幕府訴訟制度の研究』、145頁。

⑥ 佐藤進一『鎌倉幕府訴訟制度の研究』、145頁。

衙职员、国郡司对立的，这种通行的说法是把幕府作为国家权力的一面和其作为权门的私的一面混淆了。当然，之前的学者已经指出，幕府通过这种公的支配权逐渐形成自己的国家权力结构，① 但这只是证明了这种可能性的存在。幕府与公家、寺家并列，被视为武家，也包含了互为政敌的一面，但离开了幕府的“公家政权”究竟如何才能实现统治呢？况且，可以独自作为国家机构而存在吗？笔者已反复讲过，公家、寺家、武家三者互相分掌国家权力，是相互补充的关系，幕府在国家层面上是负责检断——包括内乱镇压和外寇驱逐在内——的权门。虽然这个问题超出了检断的范围，但作为对镰仓幕府特征的补充说明，在此还是要提及。

第三，法令发布、官职任免、仪礼、税收等国家行政层面，是基于各权门门阀机构的界限，在超越权门的领域，作为权门支配的补充而显现出来的国政的一部分。关于法令，该时代主要需要注意的是以宣旨的形式发布的“新制”，其内容包括神事、佛事的兴盛和庄园停止等，还有主要针对六位以下的下级官员为首的，院宫、王臣家、寺社舍人、杂仕、女房、杂色、僧徒等的纲纪纠正、禁止奢侈等政策，这样的法令不止针对所谓公家，还具有针对包括武家在内的全国性公告的含义。如水户部正男所述，接收到朝廷发布的新制以后，寺家遂制定“寺边新制”，武家则制定“关东新制”，② 从这样的史实来看，把其仅仅解释为“公家新制”，认为是“公家政权”的习惯性事务，是不正确的。如果那样的话，新制制定的目的是什么呢？大概，当时国家权力几乎惯例上被各权门分掌，③ 权门势家实际上并不会聚集在一起来开会讨论决议，平常事务依靠“武家法”“本所法”等就能处理，但是，只有那些旨在维持现有制度和地位，即协调整个权门体制时才需要在国家范围内进行处理。新制就是这样的东西，正因为如此，尽管它们不得不流于形式、防御和被动，但仍被反复发布，以各自的方式反映着所在时期的政治形势。

① 佐藤進一『幕府論』；石井進「鎌倉幕府と律令国家」石母田正・佐藤進一編『中世の法と国家』東京大学出版会、1960年。

② 水戸部正男『公家新制の研究』。

③ 惯例的变更，要通过权力的抗争，或“蒙古袭来”这种紧急事态下发布的宣旨来进行。

然而，法令的发布不一定是“公事”中最主要的。一条兼良将节会、官奏、叙位、除目称作“四个大事”，正如《贯首秘抄》所述，“叙位除目事，公事中第一大事只在于此”，① 各级官员的任免是最为重要的事，此外就是各种仪式。② 关于官员的任免我们后面再讲，仪式也被称作有职故实。这在宗教观念上常常被叫作“王法”，与之相对的“佛法”也通过对镇护国家的标榜，与“王法”共同成为国家仪式，权门公家、寺家（社家）作为国家权力机构的意义是确实存在的。③ 这些仪式乍一看好像没有什么意义，但就像年号制定、天文勘例那样，在当时的常识中是不可缺少的，而且是单一权门无法处理的事务，与前述镰仓幕府作为国家权力的一面相同，是公家、寺家作为国家权力的特征。

那么，以上提到的检断和公事，当然是需要相应经费的，这是如何得到补充的呢？在经费之中，官职的相应收入一般是划定到各个所领上面的，没有什么问题，其他的杂费就有筹措的必要了。奥野高广指出，镰仓时代“公家政治”的政务费用与皇室财政显著分离，政务费用的财源“以卖官和幕府的奉献为主，以诸司领地收入为辅”，④ 竹内理三进一步对卖官收入作了详细说明。⑤ 但是，由于这些收入不具有稳定的财政基础，还需要其他恒例、临时的课役，比如敕事、院事、大小国役、役夫工米、造内里役、大尝会役、宇佐使役、行幸御幸役、伊势公卿敕使役、野宫造宫役、斋宫群行归京役、新御愿寺役、传马人夫役、乳牛役等，十分繁杂，有的是全国性的，有的是地方性的，这些课役的赋课在中世的文书、记录史料中散见。⑥ 权门势家试图逃避这些课役，设立敕免庄、国免庄，正说明了这些课役作为超越权门的国家租税的一面。此外，即便这些税收流入了某个特定权门或个人的腰包，也还是应该和地租区别开来的，这一点需

---

① 『群書類従』第七輯、453頁。

② 作为公事执行的事项一般以宣旨的形式发布，公事的范围可通过「伝宣草」（『群書類従』第七輯、713頁）得知。

③ 幕府也依存于佛教，保护佛教，这可以通过幕府的专修念佛禁止政策看出。可参照第259页注①。

④ 奥野高広『皇室御経済史の研究』畝傍書房、1942年、8頁。

⑤ 竹内理三「成功栄爵考」『律令制と貴族政権』第2部。

⑥ 竹内理三「成功栄爵考」『律令制と貴族政権』第2部、606頁。

要注意。因此，这也是以存在超越权门私门阀机构的国家机构为前提的。

2. 官僚制与王权的特质

上述国政事项，基本上是惯例的公务，所以通常按照先例处置，因此即便是多少需要点考虑的政务，靠庙堂之上的大臣、参议、纳言对先例和有职故实的精通也就足够了。所谓朝廷，是决定惯例政策的场所，而且一半是仪式性的，一半则是权门势力角逐的场所。对此，存在决定并执行这些政务的机构，在中央就是太政官与从属于八省的各寮、职、司、所等，在地方则是国衙——这些多数也分为各“所”①，大量的“官人”作为官僚被组织起来。他们的地位很多是世袭的，门第是固定的，但到底还是以宣旨也就是天皇的名义任免，是官僚式的，此外，虽然有通过“成功”等方式由权门推荐任命的例子，但仍然还是国家的官职，不属于任何权门机构。然而，这种官员阶层的实际状态并不是很明确，一方面由于卖官鬻爵出现了大量名义上的官员，但另一方面各种新设立的“所”和其他非律令官职的设立以及下级官员的积极活动也很显著。但需要注意的是，即便每个个体不断被权门的门阀机构组织起来，其地位却原本是超权门的、非权门的，并未消除，而是不断得到补充。

这种非权门的官员的存在，从谱系上来看，无疑来源于律令制，从这一意义上讲，也可以说具有天皇“家产式职员”的谱系。② 这是因为在律令制中，国家整体是天皇的家产。不过，在中世的现实中，官员绝不是天皇的“家产式职员”。这里没有充分说明的空间。天皇的家产式支配组织另外以后院厅为中心，以私的形态存在，上皇开设院政时，会存在统辖天皇家（王家）的复合式、序列式权门组织与天皇家领庄园，天皇与这个私的支配组织的一端关联。因此，必须说官衙与官员对天皇而言已经不是家产式的所有物了。在这方面，如果我们想起来在封建国家中，国王的家产式官员作为“非封建”要素，是构成国家不可缺少的要素的理论，③ 就必须说它有一个微妙的特征。虽然官员是可以天皇的名义随时任免的，但天

① 吉村茂樹『国司制度崩壊に関する研究』東京大学出版会、1957 年、423 頁以下。

② 堀米庸三『中世国家の構造』、64 頁。

③ 堀米庸三『中世国家の構造』。

皇没有肆意的任免权，而是由各权门——上皇自然如此，有时也包括作为权门的天皇个人——的竞争与妥协之下才能决定任免的体制。

那么，在存在这样的国政和官僚制之时，位于其顶端的天皇，作为国王有着怎样的特质呢?

正如已经说明的那样，与天皇地位相伴的权力，在政治上完全是无力的，不过是权门势家（包括上皇）并存的权门体制中形式上的存在。① 这种无力的形式上的地位，从谱系来看可以说是律令体制衰落的最后形态，但更为重要的是，国王本身已经不具有多少作为统治阶级的实际意义，这是权门体制的现实状态。所谓天皇，就是出生于天皇家者想要最终成为天皇家这一权门的家长之际需要短暂表演的，这是一个虽然具有无上尊严，但个人意志需要被扼杀、被约束的位置。② 只有当他在位中开设后院厅（亲政），或者成为上皇开设院政，那一刻起才真正获得演出自由的可能性。③ 天皇即便缺失权力行使的能力，但客观上在制度上仍然是国王，其在国政的中心地位，与前述特殊官僚制的官员阶层的地位相对应，可以说是官僚制的顶峰。笔者已反复讲过，天皇的特征是“古代的”或“律令制的”吗？并非如此。国家整体已经变成由将所领支配组织成门阀式封建制的权门势家掌握政权的一种封建国家，从古代渊源由来的天皇传统权威，对封建国家是必要的。石母田正注意到，一般在封建国家形成期，出于封建领主阶级的必要性，必须让超越他们的古代权威得以存续，④ 但这并不是说存在一种奇特形态，即由御家人制度维系的封建国家原型也就是幕府的首领，将敌对国家的国王奉为自己的权威。正因为带有“古代权威”的属性——实际上现阶段权门势家以及更广泛意义上的全部领主都需要一个可能的统治体——天皇才作为中世权威=国王而存在。

① 吉村茂树指出，摄关政治时期的阳成至后冷泉的14代天皇，平均即位年龄16岁，平均在位时间15年5个月，院政开始后，截至后醍醐天皇的23代天皇，平均即位年龄8岁10个月，平均在位时间10年［新日本歴史学会編『天皇の歴史』（新日本歴史）、福村書店、1955年、200頁］。

② 这一状况可以通过「禁秘抄」「誡太子書」得知。

③ 关于后院厅与院政的关系，参考八代国治「後院の考」『国史叢説』吉川弘文館、1925年。

④ 石母田正「中世国家について」『古代末期政治史序説』下。

国王自身权力弱小，各权门也无法自己成为国王，这样的话，国王与各权门的关系是一种怎样的关系？从国务执行的角度来看，上皇作为“监护”者，摄关家则作为“摄政”“关白”的执政官，寺社作为“护持”者，武家则作为“守护”者，等等，看起来，他们似乎是天皇任命下的官僚，但恰恰相反，他们也是被超然的权威授予荣誉称号的“王”。一直以来，对前者，总是说他和古代律令体制的连续性，对后者，则强调上皇与将军是中世的国王。但二者皆不过是看到了其中的一面。上皇与将军作为权门的私支配权是所领支配这一传统的东西，与“监护”或“守护”这种官职式的或者称号式的地位变动无直接关系，可以说是被天皇承认的。[①] 因此，天皇是权门知行体系的顶峰，也就是封建关系的最高地位（国王），正因为如此，能够操纵天皇的权门在那个时代看起来就像是一个国王。

但这本质上是王权的特殊性问题，也就是没有强大的王权。一般认为封建国家的初期没有强大的王权，如果将这一现象套用进来的话，权门体制可以说具有封建国家的初期阶段的特征。然而，西欧之所以不存在强大王权，不仅因为土地领主还没有广泛形成，也因为以国王为顶点的金字塔形统治结构还没有确立，欠缺明显的统一性。但权门体制的情况有些不同。土地领主形成了各种所领，与之相对应，权门体制将国王的权力压缩到极小的地步，但正因如此国家的整合性——虽不是集权的——却是必需的。日本的封建国家必须在律令国家统治的耸立之处建立，这是一种自然的限制。王权的弱小与国家的整合性互为表里，这意味着日本的封建国家不是在古代国家瓦解后重新经历了封建国家的阶段这种简单形态，而是带着与律令制搏斗过的烙印的具有独特特殊性的封建国家。

这种天皇的形式性地位，当然只有凭借观念的权威才能存续下去，因此也被赋予了独特的宗教色彩。“日本乃神国”，也就是日本的国土被神明（或者其本地的佛菩萨）守护着，这一信仰的原始形态在古代就存在，到了中世以后，以武士、农民的氏神或镇守神崇拜为基础，寺社的思想逐步组织化，各种神道学说发展起来，所谓的神国思想得以广为流传。神国思

① 天皇或权门交替之际虽然并不会发布承认领有的安堵文书，但发生纷争时仰赖“圣裁”，或者给予“没官领”，体现了这一性质。这时需要注意纶旨的私文书特征。

想从社会思想的角度来看可以说是权门体制的宗教意识形态之一,[①] 镰仓时代中末期以后，伊势神道发展起来，随着天皇政治地位的形式化和观念化越来越明显，这种说法也越传越广，直到皇帝甚至被描述为“神国”的最高祭司。[②] 因此，作为天皇权威的根据，个人的、作为人的要素几乎消失，转而仅仅凭借所谓的“神器”的宗教尊严性。反之，每个个体的天皇需要符合其地位，于是出现了帝德论，以此为基准讨论各天皇人格的长短。关于神国思想，还有很多需要讨论的地方，此处仅说明了与权门体制下王权的特质直接相关的部分，就不再展开了。[③]

## 三　权门体制的解体

1. 强化王权的条件

到目前为止，笔者把中世国家放在权门体制的范畴内讨论，对其要点作了简要的介绍。笔者认为，权门体制最终贯穿整个中世，因此，不只是上述的平安时代后期或镰仓时代，到了室町时代——实际上是到应仁之乱为止——都没有跨出权门体制的范围。然而，正如迄今为止很多的学说所指出的，以南北朝内乱时期为界，能够把中世历史分为前后两期这种程度的大变化存在于很多方面，权门体制也呈现出显著的变动。这一变动的基调的方向是怎样的？从结果来推的话，可以说是朝幕藩体制迈进。但是在这一过程中有潜在的发展，即以大名领国制——守护领国制为起点，从战国大名发展为近世大名，与之相适应，国家形态也经历了迂回曲折的发展过程。本节将简述这样的动向是如何改变权门体制，并最终推动其走向瓦解的。

作为国家体制的权门体制最具特点的是上一节讲过的王权，以及国家

① 但是，神国思想不是唯一的形态。反倒是以显密诸宗为中心的佛教是一般的形态，神国思想不过是其中一种露骨的表现而已。以权门体制式的种姓制式身份观念为前提，武士与农民、渔民等“卑贱者”的往生或成佛的说法在中世文艺作品中多有出现。

② 然而，强调这一点的是神道家，客观上天皇并没有彻底成为宗教性存在。

③ 关于神国思想的问题，参考黑田俊雄「中世国家と神国思想」『日本中世の国家と宗教』岩波書店、1975年、253頁以下。

本身的机构，简言之，就是极为弱小的、形式上的、非集权的状态。与之相对，以幕藩体制为归结的国家体制中，国王——幕藩体制中是将军——的权力在封建社会中达到了最大值，这是幕藩体制的特色。当然，此外很多方面都存在重大差异，无须一一指出，但关于国家体制，作为权力结点的国王=王权表现出最显著的特质，王权本来性质即是如此。因此，考察权门体制时，把王权的强化这一项设为迈向新阶段的主要指标，来考察其条件，可以给问题的解决带来一些线索。

第一，领主阶级内部多层级关系——知行关系——脱落了父权制或门阀式的恩情，被基于明显利益的契约关系重新组合。具体来说，这一关系可以从御家人制度的废弛包括非御家人在内的中小领主阶层对守护、守护代的隶属化，总领制变质带来的党、一揆式契约的发展等看出。在这些变化的深层，地头的直营土地走向消灭，庄官的“劝农”逐渐消失，可以看到，领主制本身摆脱了来源于直接经营的农民和农奴制恩情关系，与农民的阶级隔绝日益明确，但在基于所领开发的传承等的人格性或特殊个别性丧失后，沦为单一的物权，结果“职”的多层级性变成名义上的东西。因此，各阶段的所领支配权各自独立化，无论对贵族还是武士，仅作为地租来源的“所领”这一封建所领形成。新任职地头的设置，领家与地头对庄园的下地中分（将多层利权关系的土地分割为一元化的支配单位——译者注）不断开展，地头职转变为公家领等事实都显示了这一点。此外，就像这样，在一切领主阶层和农业经营分离的同时，货币经济的重要性也越发提升，手工业生产物商品化的状况出现，领主阶层也被迫卷入其中。需要注意的是，这些变化对权门体制来说绝非从外部侵入的，如前所述，正是因为权门体制的存在，所领反而有了由其地域分散性而带来的利权属性，货币流通促进了代官承包制度等的发展，其内部存在必然性，变化的条件于是累积起来。

第二，在上述条件的基础上，在父权制或门阀式人格结合=支配废弛的状况下，以各种政治军事事件为契机，武士们从这种结合=支配中解放出来，结果，他们可能首先成为雇佣兵，暂时成为王室的军事力量来源。[①]

① 关于封建社会中的雇佣兵，参见京都大学西洋史研究室编『傭兵制度の歴史的研究』比叡書房、1955年。

南北朝内乱前后，作为时代现象广泛出现的“恶党”就极为显著，此后，“恶党”“足轻”“野武士”等形态一直存在。关于他们的行动和去就无法逐一系统地确定，但是他们服务于国王或其权力分担者守护，乃至效命于自身试图成为国王的领国大名，构成了其兵力的重要部分，这在很多战记中都能看到。

第三，领主阶层和农民之间的阶级矛盾公开化，结果王权俨然成为限制领主阶层私欲的高位救济者一般的存在，出现了连农民也对王权抱有期待的情况。实际上，这种倾向在幕藩体制确立前已出现若干兆头，[①] 然而，这仍然是一种可能性，尽管是一种必要的可能性，在权力结构和政治阶段中并没有显示出重要的作用。这是当时农村结构的特质——“乡村”的指导阶层是“名主”层——将其整合起来的大名领国制这一严苛政治特征所致。在这一点上需要注意的是，包含帝王神圣化的神国思想，以“佛法领”为目标的一向一揆，在宗教层面上的政治诉求广泛地出现了。[②]

以上列举了三点，此外，商业和其他货币经济的流通形态与王权的关系，以及与之相关的新兴官僚阶层的问题、武器和军事力量的性质问题，还有政治意识形态的问题等都必须仔细考虑，但这里没法展开全面的考察。但是，另外多说一句，这些倾向是否应该和西欧中世纪盛期“封建王政”的形成作对比，这是笔者一直考虑的问题。不过，我们暂时只考虑王国发展的基本基调，接下来对建武政权作一讨论。

2. 建武政权的特征

根据如今的各种说法，后醍醐天皇的建武政权是“古代式政权”的暂时性反动复辟，这一点基本上成为定论。之所以说是“古代式”，主要是因为这一过程被视为天皇领导着公家、寺社等一切“古代式”势力，在幕府倒台后建立了政权。但是，如果分析天皇及其势力的内在状况的话，其之所以可被称为古代式的东西真的存在吗？此外，的确后醍醐天皇以延

① 太阁检地中著名的“作合（领主与直接生产小农之间的中间榨取形态）否定”与之有关。

② 关于这些宗教上的问题，参考黒田俊雄「中世国家と神国思想」『日本中世の国家と宗教』、253頁以下；「一向一揆の政治理念：『仏法領』について」『日本中世の国家と宗教』、331頁以下。

喜·天历之治等为理想，试图将其实现，具体的构想于是成为必要，实际上也着手推进了，但对其构想的内容进行客观评价的话，真的可以说是古代式的吗？并非如此。窃以为，建武政权虽然完全带有反动特征，但其反动性不应该仅仅从谱系和主观愿望上表述，而应该在组建新国家权力机构的过程中天皇可掌握主动权的问题里面讨论。[①]

由于建武政权的各项政策整体上始终是混乱的，并最终破产，想要追溯其确实的状况有一定困难，但也还有一些清楚的事实，这就是该政权彻底地采用了天皇亲政的体制。后醍醐天皇即位后不久，其父后宇多院政停止，他开始亲政，重新设置了记录所，到建武年间，又废除了关白一职，最终否定了院、摄关家、幕府等前代作为权门介入国政的一切形式，试图建立天皇掌握政治实权的体制。这样的话，不仅是对武家政权的否定，也必须认为其否定了权门体制本身。[②] 因此，有意识地复活平安时代中期以后断绝的“天皇”谥号的事实，[③] 也不应该仅仅按其主观意图评价为复古，而应该在宋学名分论等新思想背景下的王权强化=天皇亲政思想中理解。还可以看到，建武政权并非任用摄关等权门政治家，而是任用、提拔了日野资朝、日野俊基等儒家中层贵族与镰仓幕府职员，他们可以说是对王权确立来说极为核心的新兴官僚阶层。

在这一基本体制的基础上，众所周知，建武政权推行了“天下一统”的诸多政策，它们几乎都与需要关注的要点有关，即否定权门体制=加强王权的角度。首先，天皇从隐岐返回京都，很快就发布了天下黎庶的所领由天皇来逐一认可的法令，形势上实际上无法实现，但技术上的难点暂且不论，这一法令难道不是鲜明地显示了天皇作为所领直接且唯一最高封主的原则吗？此外，试图调查天下土地、撤废新关、发行纸钞和乾坤通宝等

① 佐藤进一在清水三男「建武中興と村落」（『日本中世の村落』日本評論社、1943年）、松本新八郎「南北朝の内乱」（『中世社会の研究』東京大学出版会、1956年）的基础上，具体探讨了建武政权中出现的新政策，将其评价为被历史发展不可避免地规范之后的妥协策略或空想（『幕府論』）。

② 当时有人认为建武政权继承了承久年间后鸟羽的意图，但二者是不同的。承久之乱当时只不过是想树立权门体制内部院政政权的优越性。

③ 平田俊春「後醍醐天皇の御謚号」『吉野時代の研究』山一書房、1943年。

计划，也可以评价为并非复古而是遵照上一节所述的新条件制定的政策。这些政策理想先行，观念色彩浓厚，技术上操之过急，是不可能实现的，但即便如此，领主阶层舍弃与权门之间的纽带，纷纷跑来为王权效命的条件确实存在，历史事实已经说明了这一点。另外，废止大觉寺统的本所号，保护诸国一宫、二宫神社的考虑，应该说是对镰仓幕府政策的继承，在诸国国司设置并列的守护，也必须解释为建武政权具有以王权为中心将此前一切封建国家机构重新强化编组的方针。① 在这一点上，与上一节补充的话题关联起来说的话，与其有断言建武政权是“古代式政权的复活”的勇气，不如解释说建武政权的意图是建立封建王政。

然而，建武政权具备了能瓦解权门体制的条件与方针吗？问题实际上就在于此。在这一意义上，应该关注政权中枢机构记录所、杂诉决断所、武者所、洼所等新官衙。这里无法讨论这些新官衙的先前状况，总之这些官衙是区别于以律令制为基础的既有官衙而重新设置的，简言之，继承了包括镰仓幕府在内的权门家政机构的谱系。权门的家政机构直接转化为国政机构的状况本身无须再提，重要的是没有能够否定既有的官衙这一点（即便这些官衙作为中枢机构已经不充分，需要设立记录所等机构），因此，只能认为亲政是在权门的国政指示方针的形态下实施的。因而，虽然废除了摄关、上皇、将军等权门政治，但他们仍作为权门的支配者管辖、领有着所领、家司和侍，领有关系是通过纶旨来确认的。而且，当领有关系无法逐一确认，除了“高时法师一族以下朝敌辈知行地”外，都后退到“当知行安堵（对现实权力持有者进行追认——译者注）”的地步，这时还可能从根本上否定权门体制吗？岂止如此，以立下功劳的护良亲王为首，包括公家、僧侣、足利尊氏等，新的权门已经在不断出现。

建武政权这种矛盾的特征，大概是从以天皇为首构思新政权的人们的阶级立场的反动性产生的。他们之所以以强化王权为志向，不是为了重组代表广泛的在地领主阶层利益的权力机构，而是为了恢复以大觉寺统为中

① 关于建武政权的上述各项政策，需要逐一再次讨论，目前，除了前述诸书外，魚澄惣五郎『吉野朝史』（綜合日本史大系、内外書籍、1927 年）、中村直勝『吉野時代』（日本新文化史、日本電報通信社出版部、1942 年）也可参考。

心的一小部分公家势力。为了达成这样的目的，他们需要获得以持明院统为首的公家、寺社势力的协助，结果不得不全都以“当知行安堵”收场。话虽如此，从政权一开始的意图来看，“天下一统”成为“公家一统”，武士们被处以“奴隶杂人一般”（《太平记》）的待遇就是理所当然的了。在此，当然基于御恩与奉公的稳固主从制和知行制，很难成为国王与臣下关系的根基。既然根底上有“所谓武士，是数代的朝敌”（《神皇正统记》）的认识，即便有怎样新颖的计划构想，最终也不得不如泡沫一般消散。后醍醐天皇不仅是在组织封建王政方面失败了，就连作为权门的私人权威本身也随着现实政治中的登场而消失，进而导致天皇一般意义上的“古代式”形式、观念性权威显著下降。[①]

3. 室町幕府与大名领国制

接下来对打倒了建武政权，掌握政权的室町幕府作一考察。室町幕府的情况，从与其支配下发展起来的大名领国制的关系来说，蕴含比建武政权还复杂的问题，但在此仅从与权门体制的关系的角度来厘定其特征。

关于与权门体制的关系，室町幕府基本上继承了镰仓幕府的体制，这一点众所周知，可以说由此问题大体上已获得了解答。也就是说，在继承了镰仓幕府中央机关的政所以下机构组成的方面，在庄园及其他御料所的方面，在式目法规的继承方面，在文书的形式方面，在以三管领为首包括各国守护在内的以同族为中心的私组织方面，原则上——特别是以得宗专制下北条氏统治组织为核心——继承了镰仓幕府，其本身是作为一个权门诞生的。特别需要注意的是，在与天皇的关系方面，足利尊氏拥立持明院统为北朝，并不是其个人立场或观念层面的问题，而应该从破斥“朝敌”污名，攫取“官军”称号，在权门体制中创造政治有利条件的观点来理解。因此，室町幕府“尽管是一个武家政权”，却把根据地放在京都，走向了“贵族化”的事实，不如说应该认为是其作为权门理所当然的。

然而，室町幕府的这些状况可以说不过是表面上的、形式上的。最为

① 『太平记』及其他文献中出现的关于天皇权威下降的表述（参考永原慶二『日本封建社会論』補論、黒田俊雄「南北朝内乱と太平記」（『日本史研究』别冊、1953 年等），就有这样的意思。

重要的是幕府权力的基础，幕府甚至是被评价为守护大名的联合政权。守护大名们通过司法上的使节遵行权，军粮用地、半济分上地的分配权，以及征税权等，形成了“领国”，被认为是以纯粹封建式大名领国制为目标的。实际上，守护侵占权门寺社的庄园，使各权门逐步丢失其经济基础而走向衰落，连本所一圆领的庄官也沦为守护的从属。纵然幕府的法令一直在制止他们的越权，结果却一直在推动这一进程，甚至幕府本身也呈现出作为守护大名联合政权的面貌，这样，幕府难道不是权门体制的否定者吗——这样的观点，是迄今为止关于室町幕府的观点的主流。但我们现在讨论的问题，是这个时代国家权力机构整体的特征，而不是室町幕府的守护制度如何能够通向接下来的时代的问题。将幕府论转移到守护大名论的问题上，不是现在要做的正确的事。笔者不是站在被评为最守旧者的足利将军的立场在讨论，笔者想说的是，作为幕府国家权力机构的一部分，守护大名只能以守护的身份成为“大名”。毋庸赘言，上述的使节遵行权以下的权力，如果不是包含权门寺社本所在内的统治阶级整体的国家权力，又是什么呢？这一点，与其说大名化的手段是两个层面的问题，倒不如说，正是因为具有相应的实力，才被委任守护权，通过被委任的守护权，才得以成为“大名”。守护大名虽然乍一看是独立开展着领国的支配，但与幕府进而与国家中央权力的方向存在怎样的重要依存关系，从应仁之乱时几乎全国的守护大名都把命运押在了在中央政界的胜败上的态度来看，已经鲜明地体现出来。但是，应仁之乱已经是权门体制的最后而已。

因此，即便是关注实际上的状况，思考国家权力机构的问题时，还是应该把焦点放在幕府本身上。于是，从这一点来说，幕府以外的其他各权门，包括天皇家在内已经丧失了作为政治权门之实，无论在政治上还是经济上都从属于幕府，将全部的希望寄托于幕府，才得以存续。佐藤进一注意到幕府“自然而然地使公家的公权名存实亡，最终给公家政权画下休止符的过程”的指标性事实，也就是“南北朝后期院文殿、检非违使的废绝（实际上职能的终止）”，[①] 权门的门阀机构当然不是在这个阶段全都废绝了，但这的确是重要的事实。换言之，国家权力的主要职能，几乎都被幕

① 佐藤進一『幕府論』、35 頁。

府掌握，可以看到处于幕府机构在实质上占据了国家机构的状态，足利义满自称“日本国王”的不可避免的状况也出现了。但是，幕府就是幕府。事实上，贵族、寺社在礼仪和有职故实研究方面有其作为权门存在的理由，之所以如此，就是因为幕府发挥不了的国家职能，在当时仍具有意义。的确，这些是被权力机构的核心排除出来的东西，但从这一点上来讲，如果和守护大名类比的话，可以说幕府本身也无非为了传承武家故实而必要的存在罢了。[①] 问题归根结底在于，除其他事项外，这种关系也是守护大名所必需的。因此，这里接着上一节再多讲几句的话，室町幕府即便弱小，但可以说还是以封建王政为志向，然而整体上（不单是形式上）还是没能瓦解权门体制。

应仁之乱后，所谓战国时代的大名领国制是如何发展的，这里没有篇幅再展开了。但他们已经不再是“守护”，幕府实际上也不复存在。以应仁之乱为契机，权门体制与庄园制实际上灭亡了。天皇、公家、幕府等权门虽然保持着虚名延续到织丰时代，但他们应该支配的国家和国政，实际上已经不存在了。

从大名领国制出发统一全国、称霸天下的织丰政权以及江户幕府，让大大小小所有领主成为国王（将军）的直臣或陪臣，作为世界上也极为罕见的强大封建王政，君临天下。到了这个时候，固然还存在权门体制的遗留，天皇与将军的仪式性关系等需要讨论的地方也还很多。但是，就国家权力结构这个具体而客观的问题而言，无论如何都应该明确指出，天皇此时并不具有国王的地位。也就是说，权门体制，进而镰仓幕府、室町幕府等的存在，只不过是中世式的东西，具有必须和江户幕府区别开来的特质。

## 四　结语

以上讨论了中世的国家与天皇，所述内容整体上和通行的理解存在很大的差异。关于这些异同点每次都想要提及，很多地方都还需要展开详

① 关于幕府这一特征的发展，参见藤直幹『中世文化研究』河原書店、1949年。

述。即便如此，令人遗憾的是，我们不得不就这样一个重大问题只作出结论性的叙述。之所以使用“权门体制”这个一般没人使用的词，是因为笔者认为这样的视角在具体分析中世国家的特质和问题时是有效的，笔者想进一步声明无意执拗于这一词语本身。

然而，最后笔者想再次强调用“权门体制”这个词语归纳的日本中世国家权力机构的特色。这大概是近世幕藩体制这一机构形成的决定性前提条件，作为政治形态和国家观念的传统制约效力发挥着作用。如果把这一现象抽离开来，只是探讨日本也存在抽象的一般的封建国家，是无法把握幕藩体制的特质的，不必说，想要在世界历史中正确把握日本史的位置更是不可能的。因此，在今天的研究状况下，不能停留在对曾经的皇国史观批判的程度，而应该着手分析覆盖在被统治民众身上的国家权力机构本身。本文是为展开这种分析的大而化之的论述，但通过本文，应该可以理解中世国家与天皇的大概了。

（黑田俊雄，日本历史学家；译者康昊，上海师范大学人文学院世界史系副教授）

# 富永健一老师和南开大学

〔日〕园田茂人　著　赵文文　译

我接到富永健一老师的讣告，是在 2019 年 2 月 23 日的晚上。当时我为了在南洋理工大学演讲去了新加坡，在住处收到了讣告的邮件。当天上午，老师因心脏衰竭去世，两天后的 25 日是守夜，26 日是告别会，整个送别日程非常紧张。因此，我未能参加老师的葬礼。

在葬礼次日，有人提议以富永老师的学生为中心，举办纪念老师的座谈会，不到两周时间这一计划便基本上决定了。于是，在老师去世三个多月后的 5 月 26 日（周日）下午，在他长期执教的东京大学本乡校区法文 2 号馆 1 号大教室，举行了“富永健一老师的学问和人生座谈会”（见图 1）。约 40 位接受过富永老师指导的研究者和他工作中的同事聚集在一

**图 1　富永健一老师的学问和人生座谈会**

起，共同缅怀故人。由于我曾三次与富永老师一起访问中国，所以有机会谈谈老师和中国的联系（见图2）。会上的发言内容刊登在主持座谈会的法政大学德安彰教授的主页上，所以在本文中，我将以发言中未涉及的事实为中心，重点介绍富永健一老师与南开大学的关系。

**图2　在“富永健一老师的学问和人生座谈会”上报告的笔者**

## 一

富永健一老师生前曾著自传《社会学　我的一生》（密涅瓦书房，2011）。书中讲述了他的出身、家庭关系和童年逸事等很多经历，是460多页的大部头著作。该书第8章的标题为“不会中文的我的中国经历”，其中包含老师从1984年11月1日到12月31日在南开大学社会学系讲课的内容，以及准备工作的详细情况。此外，书中还详细记录了他在访问期间参观北京市和静海县大邱庄的经历，以及授完课后去上海和苏州的旅行（见图3）。

据富永老师自己的回忆，他之所以受到南开大学聘请，是因为在访问中国的三个月前（1984年8月——译者注），东京大学出版会发行、由老师编纂的《社会学讲座》第8卷《经济社会学》被译为中文。当时，南开大学经济学系副主任薛敬孝教授正在日本访问，邀请一桥大学的经济学者

图3　富永老师与南开大学社会学系84级研究生的合影

图4　富永老师和苏驼主任

南亮进教授（1933—）来南开大学讲学，顺便拜访了富永老师的研究室，并传达社会学系主任苏驼教授的聘请信息，这是富永老师到中国访问的开端（见图4）。在南开大学的专家楼餐厅，富永老师经常和刚从一桥大学退休的细谷千博（1920—2011）教授会面。在那一时期，南开大学似乎从日本招聘了很多社会科学领域的专家。

由于《经济社会学》不是富永老师的独著，因此最初他对于用这个题目授课存在顾虑。而且，在以博士论文为基础写了《社会变动的理论》

（岩波书店，1965）这本著作以后，他便没有出版过以社会变动和近代化为关键词的专著。在这里，他再次同自己学术研究的初心——社会变动和近代化等概念相遇，调动当时正在撰写的社会科学史的知识，并结合当时流行的日本阶层研究的观点，展开了富永版“经济社会学”的研究。为此，他从日本带来了大量图书，从下午到晚上写讲义稿，而我则在半夜将其要点译成中文。每天早上，我将稿子交给负责同声传译的丁爱菊老师，再将其复印给学生。这样的工作持续了40次，在上述《社会学　我的一生》中有详细的记录。

在南开大学的集中授课，为富永老师之后的学术飞跃提供了契机。1986年，《社会学原理》由岩波书店出版，里面包含几处富永老师写南开大学讲义稿时同我讨论的内容。另外，放送大学的教材《社会构造与社会变动——近代化理论》（放送大学教育振兴会，1987）反映了富永老师在南开大学的讲义记录，这也奠定了后来出版的《日本的近代化与社会变动——图宾根讲义》（讲谈社，1990）和《近代化理论——近代化中的西洋与东洋》（讲谈社，1996）的基础。

富永老师珍视他在南开大学的回忆，因为这段经历为他带来了此后研究工作的巨大进展。

## 二

但毋庸置疑，富永老师和南开大学之间最重要的媒介是“人”。

富永老师在1984年访问南开大学时获客座教授称号，因此在1987年和1989年他也有机会到南开大学集中讲课。不过，他提到最令他印象深刻的是1984年第一次访问中国时遇到的学生们（以下称1984年班）。1987年集中讲课期间，我也陪同着老师，但这一届明显与1984年班不同，与老师的距离似乎略远。反过来讲，他与1984年班的距离太近了。富永老师在《社会学　我的一生》一书中留下了这样的话：

（到达天津的）第二天，社会学教授苏驼、负责为我的授课做翻

> 译的校长秘书丁爱菊女士、年轻的讲师彭华民女士、会讲英语的研二学生杨继明同学、会讲日语的研一学生庞鸣同学和严立贤同学，还有很多其他研究生，一起接待了我和园田君。同学们告诉我，决定从日本聘请我的是他们。他们说道，这样做的原因在于想听老师从社会学上解释：为什么日本成功实现了快速的近代化，而中国到现在还没有实现。我佩服他们有鲜明的问题意识，所以大力称赞他们的问题很好。事实上，他们都是非常优秀的人才，给我留下了深刻的印象。（211 页）

正如这段内容所说，虽然讲义名为“经济社会学”，但 1984 年班关心的是如何从经济社会学的角度理解战后日本的发展，而这些又能否适用于中国。因此，在上午课程最后的问答时间中，比起与经济社会学有关的概念和理论，他们更关心的是具体的日本现实及其解释。在回答中，富永老师往往一边比照中国的现实，一边思考这些解释在社会学上是否恰当。

富永老师与 1984 年班的交流并不限于上课时间。同学们会看准晚饭后的时机，去老师住宿的专家楼，花两个小时左右的时间就各种各样的问题交流意见。1984 年班想了解日本和世界的情况，而老师对他们成长于怎样的家庭环境，又经历了怎样的过程而学习社会学有浓厚的兴趣。富永老师是个勤于做笔记的人，如果没有这些记录，《社会学　我的一生》第 8 章应该无法完成。

总之，与 1984 年班的那段浓墨重彩的时光，对于富永老师来说是不可替代的。老师在回国后说：“比起东大那些傲慢的同学们，我更乐于和南开大学的同学们讨论。”此后在中国各地，1984 年班的学生们成为支撑社会学发展的核心力量，其中不少人都是中国社会学会的成员。在他们中间，大多数人已经到了退休年龄，但仍借由微博上一个名为“回望南开三十年”的社区保持着联系。

2019 年 2 月 23 日晚上，我在接到富永老师的讣告后不久，即将消息发布在“回望南开三十年”社区里，很多南开大学的毕业生发来了悼念文章。而在两天后的 2 月 25 日，至今仍在南开大学社会工作与社会政策系任教的关信平教授发来了以下悼文，并希望将其送到富永老师的治丧委员会：

富永健一教授治丧委员会：

惊闻我们敬爱的老师日本东京大学名誉教授富永健一先生不幸辞世，我们全班同学深感悲痛。

富永老师于 1984 年第一次到南开大学社会学系为我们讲授“经济社会学”课程。在短短两个月的时间里，富永老师为我们传授了大量的社会学理论知识，我班同学受益匪浅，为我们后来走向社会学学术与实践的道路奠定了重要的基础。富永老师学识渊博、授课认真、治学严谨、为人谦和、关心学生，深受我班同学的欢迎和爱戴。我班同学与老师结成了终身的友谊。后来，富永健一教授被聘为南开大学兼职教授，为南开大学社会学系的发展做出了重要的贡献，我们衷心感谢富永老师为我们提供的帮助。

我们沉痛悼念富永健一教授！将永远怀念敬爱的老师！

富永健一教授千古！

南开大学社会学系 84 级全体研究生

2019 年 2 月 25 日

这篇悼文公开于 5 月 26 日（周日）的“富永健一老师的学问和人生座谈会”，与我的日文译本一起收录在法政大学德安彰教授的主页上。恐怕没有比它更能显示富永老师与南开大学的联系了。

## 三

富永老师生前最后见到的 1984 年班成员是北京大学社会学系的张静教授和清华大学政治学系的景跃进教授。他们两位是 1984 年班的同学，之后结为夫妇。张静教授应早稻田大学政治经济学部唐亮教授的邀请，在东京多年，后来她的丈夫景跃进教授也来到日本。2017 年 8 月 13 日，他们委托我安排与富永老师会面。由于老师当时已经行动不便，所以他坐出租车从杉并区的家来到我在东京大学的办公室，在那里见到了张、景二人（见图5）。

**图5 富永老师与张、景夫妇面谈场景**

刚开始，谈话内容主要是报告近况，但渐渐转向了张、景夫妇回答，富永老师提问的形式。他们跨越三十多年的时间，进行了一场远超师生关系、关乎东亚未来的学术交流。

他们最后的交流给我留下了极为深刻的印象。富永老师问张、景夫妇："2005年为什么会发生反日示威?"两人回答说："因为最近一些年轻人有强烈的爱国主义思想。"老师一直关心现代中国的发展，期待中国知识分子坚定信念，期待中国变得更加美好。

这就是老师对1984年班说的最后的话。我想，这些话不仅是对张、景夫妇，也是对所有在南开大学上过他课的学生们说的。合掌。

（园田茂人，东京大学教授；译者赵文文，
南开大学日本研究院博士研究生）

# 书 评

# 太平洋战争的预言

## ——评爱德华·S. 米勒《美国陷阱：橙色计划始末》

高　星

日俄战争和第一次世界大战后，亚太地区实力格局发生变化，日、美崛起为世界大国并在远东渐趋对立。自此，美国开始谋划对日作战秘密计划，代号为"橙色计划"。橙色计划来源于美国军事部门，其制定与修订的过程，可谓映射太平洋战争前美日关系演变的一面镜子。橙色计划长期笼罩着神秘面纱，战后数十年未有研究，相关档案直至20世纪70年代才得以解禁。《美国陷阱：橙色计划始末》一书，即是这一领域的开山之作。

该书作者爱德华·S. 米勒，原为美国AMAX公司首席财务官，凭借对美国海军战略的兴趣，在对美国国家档案馆、海军档案馆以及海军战争学院等处档案进行爬梳的基础上，历时18年完成该书。全书共有30个章节，可概括为三个部分，即美国太平洋战略的基本内容、橙色计划的制定及演变、橙色计划与太平洋战争实际战况的对比。该书于1991年首次出版，[①]获得许多重要奖项，其中包括美国海军协会纽约委员会杰出图书奖。数十年间，尽管国内外学界已出版多部关于二战前美国军方战略的研究论著，[②] 但

---

① Eward S. Miller, *War Plan Oranse* : *The U. S. Stratesy to Defeat Japan*, *1897–1945*, Anapolis. Maryland: Naval Institute Press, 1991.

② Steven T. Ross, *American War Plans*, *1890–1939*, London: Frank Cass, 2002; Henry G. Gole, *The Road to Rainbore*: *Army Planing for Global War*, *1934–1940*, Annapolis, Maryland: Naval Institute Press, 2003；徐蓝：《从"橙色"计划到"彩虹"计划——太平洋战争前美国的战略演变》，《历史研究》1996年第6期；徐蓝、耿志：《英美军事战略同盟关系的形成与发展（1919—1945）》，北京师范大学出版社，2019。

专研橙色计划的仍不多见，该书依旧是不可跨越的经典之作，2022 年 2 月该书中译本问世。[①]

橙色计划始于 1904 年 12 月，由当时属于顾问机构的美国陆海军联合委员会制定，是美国战前太平洋战略的同义词，共有 20 多份正式计划，每份都厚达数百页，分别命名为“海军 WPL-13”或“舰队计划 O-1”等。橙色计划于 1940 年底终止，为彩虹计划所代替。橙色计划的构想在太平洋战争爆发后基本得以实施，这一计划主要由海军制定，因此被评价为“记录和保存了美国海军的共同记忆”。

在该书第一部分，即第 1—7 章，作者生动翔实地介绍了美国太平洋战略的内容。橙色计划假设了美日之间由远东地区的利益冲突而引发不可避免的战争，其基本内容是预测日本将发动突袭，夺取菲律宾和其他西方国家的殖民地，但美国卓越的工业实力将使其能够夺回领土，并通过海上封锁扼杀日本的经济。该计划将战争分为三个阶段：日本最初占领防御薄弱的美军基地、美国在中太平洋地区的反攻和对日本本土的封锁与摧毁（第 8 页）。橙色计划的构想反映在地缘政治、宏观战略、动员后勤以及战区规模的战役等方面。在地缘政治中，橙色计划阐释了战争起因、冲突实质、交战双方的目标以及将为此所付出的时间和代价（第 37 页）。宏观战略则体现在美国的军事使命是用海权击败陆权这一原则（第 43—46 页）。在战区及后勤保障方面，该计划对东、西太平洋的战略形势加以对比，将东太平洋视为己方的安全区域和进攻的机动区域。作者认为，即使美国海军战前规划在西太平洋建立要塞基地的两种策略均告失败，也会促使美国海军发展移动作战的能力，且不断精进后勤保障技术。

该书第 8—24 章可视为第二部分，亦为该书的重点。作者通过对橙色计划的制定者及数次修订过程的考察，清晰展现出美国太平洋战略的演变过程。自 1906 年至 1914 年，美国海军战争学院和海军总委员会成为橙色计划的主要制定者。一战后，海军战略规划受到更严格的官僚控制，独立的参谋机构逐渐退出战略制定的舞台（第 24 页）。随后，作战计划的制定

① 〔美〕爱德华·S. 米勒：《美国陷阱：橙色计划始末》，刘啸虎译，中国书籍出版社，2022。下引该书只留页码。

也经历了“疾进派”和“缓进派”的博弈，疾进派主张速胜，认为美国民众难以忍受长期战争；缓进派则主张循序渐进。美国海军老一代人物属于疾进派，而缓进派则在从事作战谋划的海军中层军官里尤为集中。20世纪20年代初，疾进派占据主导，作战计划制定者们提出“通票直达”方案，即舰队挺进要一气呵成，途中仅作几次短暂停留，直至抵达西太平洋临时基地（第109页）。随着《华盛顿条约》的签订，缓进派的时机到来。缓进派的观点是进行长期作战，其战略是要求一个接一个攻占可用作海空基地的岛屿，其方案最终成为美国太平洋战略计划的主流。

步入30年代，国际局势发生了重大变化。日本退出国际联盟并宣布废除军备条约，使美日战争被视为最可能面临的突发事件。为了从经济大萧条中复苏，1934年美国通过了维森-特拉梅尔法案，要求重建海军力量，达到条约规定上限。国会确认了给予菲律宾独立的承诺，但将履行期限设定在十年后。在这一时期，美国逐渐放弃“通票直达”的方案，转而采取对日本逐步进攻的策略。1934—1937年，美国设计了在中太平洋渐进两期作战计划，第一阶段的目标是夺取马绍尔群岛和卡罗琳群岛的部分岛屿，建立舰队基地和空军基地；第二阶段的目标是进攻特鲁克岛。这些计划奠定了二战时期美国两栖登陆、海军封锁、空战和选择目标岛屿的作战原则。它还提出了绕过不必要的据点、保持战略进攻态势的思想，为后来美国在中太平洋实施的“跳岛作战”策略奠定了基础。然而，随着日本在华侵略行动明显升级，以及欧洲独裁者的行动可能威胁到美国的利益，美国在太平洋地区付出最大努力的前提受到了质疑。从1937年到1940年，美国高级军方领导人对橙色计划的可行性越来越表示怀疑，但一些执着的年轻海军军官仍努力确保了橙色计划的核心思想，这为美国赢得太平洋战争奠定了战略基础。1940年，受到欧洲战局的影响，橙色计划的优先级降低，随着欧洲形势趋于紧张，美国开始制定一系列彩虹防御计划，“先欧后亚”战略的彩虹五号计划成为重点，橙色计划也渐为彩虹计划所取代。

该书第三部分，即第25—30章，作者将二战期间美国的太平洋战略与橙色计划进行比较，旨在探明橙色计划的延续性和有效性。作者指出以往研究对这一计划多持批评态度，认为这是“几乎完全抽象的思维活动”。

作者指出过往研究的疏忽，即只关注了橙色计划中某些错误或离奇的特定细节，而忽视了那些经受住时间考验的构想。如果将战时战略和橙色计划进行对比，就可以发现：美国最初发起的战役与橙色计划最终版本相似，随着进一步卷入西太平洋战事，美国遵循了30年代的策略，然后是20年代的构想，最后当美军逼近日本本土时，又遵循了杜威-马汉时代制定的原始计划（第441页）。将这次大洋攻势视为连贯的三阶段行动，可以方便地评估橙色计划和战时计划的一致性：首先是攻克密克罗尼西亚群岛东部，与战前拟定的作战顺序大致相符；虽然美军在中太平洋夺取的岛屿只有少数几个在橙色计划中明确标定，但这些岛屿的变更同样服务于橙色计划的构想；美军1943年11月至1944年2月的首次进攻（低成本突破日本军队的外围屏障，夺取建立一号基地的地点）、进攻步骤（夺取马绍尔群岛、绕过东加罗林群岛）以及进攻马里亚纳群岛的决策都符合橙色计划的构想。橙色计划定义了战争第二阶段的结束：舰队通过优势力量在菲律宾站稳脚跟，并准备继续发动进攻。菲律宾南部成为指挥官和作战计划制定者的一致目标，在这里，美国海军战略家们试图切断日本的石油供应，诱使其舰队走向最终的失败，并为下一步进攻建立基地（第449页）。1944年底，战况已达到橙色计划预想的第二阶段结束时期，美军的海上封锁已经切断除东北亚以外的所有日本海外贸易，此时美国已准备好进入战争的第三阶段，即迫使日本无条件投降。

作者指出，战略家们并不是预知未来的先知，尽管橙色计划经过近40年的谋划，却仍无法满足不断变化的需求，如国家行为的改变和军事技术的革新（第453页）。战争技术在战前40年间的根本改变，如内燃机为现代战争装备如飞机、潜艇、坦克等提供了可能，由煤炭转向石油使军舰能够远洋航行，军火的杀伤力和精确度逐步提高，加上通信技术飞速发展等，这些进步直接促成了战略的调整。总的来说，橙色计划在二战中发挥了重要作用，其灵活性和适应性使其在战争中依然有效。

作者通过评估美国在二战中构想出的其他太平洋战略，评价橙色计划的影响。二战期间，美国对橙色计划作出了一些调整，四个主要的调整是发起南太平洋攻势、收复菲律宾吕宋岛、在中国登陆以及进攻日本本土。

南太平洋攻势分散了中太平洋的主要力量，但没有从根本上改变逐渐向日本进发的“跳岛战略”；在中国开辟陆上战线的提议，被证实在后勤上不可行也不必要；收复菲律宾吕宋岛实现了解放菲律宾的诺言，但比绕道直取的代价更大；最大的偏离是进攻日本本土的计划，橙色计划认为这不可能实现，但是强大的美国工业生产能力和迅速结束战争的愿望促使联合参谋部在 1945 年批准了进攻计划。不过，广岛和长崎的原子弹轰炸使橙色计划最终执行，作为终极的封锁和轰炸工具，原子弹的使用避免了长期围困，实现迅速而完全的胜利。总之，尽管稍有偏离，但橙色计划指导了美国的战略，而核武器时代的开始，亦标志着橙色计划的终结。

要而论之，该书立论鲜明、结构清晰，从国际背景、地缘政治、派系博弈、公众心理等多个维度，逐层揭开了橙色计划的规划逻辑，并通过战时的具体战略加以检验，生动地呈现了 20 世纪前半叶美国太平洋战略从起始到结束的完整过程。当然，该书还存在一些问题。例如，它过于聚焦战略规划，未能对美日在外交、经济及文化方面的冲突作更全面的考察。另外，对于战略实施的对象日本，作者也未对其作战计划进行研究，并遗漏了对作为美国盟友的英国太平洋作战计划的分析。即便如此，该书仍不失为具有学术价值和现实意义的力作，在亚太形势发生重要转变的今天，考察橙色计划的制定和演变，亦可成为了解当下美国战略制定的窗口。

（高星，南开大学历史学院博士研究生）

# Contents

**Feature**

Speech on the Donation Ceremony of "Nankai University Wang JinLin Japan Studies Fundation" Wang Jinlin / 004

**Japanese History and Society**

Internal and External: Re-examining the Compilation Intention of *Kojiki* and *Nihonshoki*

Zhan Caicheng / 009

**Abstract**: *Kojiki* and *Nihon Shoki* were only written eight years apart. But why should two historical books with almost the same content be written in such a short period of time? This has become a big problem plaguing Japanese academia, and was hailed by Sakamoto Taro as "a long-standing difficult problem". Nowadays, Japanese academic circles generally believe that *Kojiki* is oriented towards Japan (internally), while *Nihon Shoki* is oriented to foreign countries (externally). However, this view ignores a very important question: Since the *Nihon Shoki* is aimed at foreign countries, why has the *Nihon Shoki* not spread to China, North Korea and other Asian neighbors for more than a thousand years? Combined with the history at that time and analyzing the compiling intention of *Kojiki* and *Nihon Shoki*, Xwe can see that *Kojiki* and *Nihon Shoki* do not have the distinction between internal and external as advocated by Japanese scholars, and they are both oriented towards Japan (both are internal). Only in terms of the hypothetical readership and the specific focus of the compilation intentions, *Kojiki* and *Nihon Shoki* are different, but they are essentially the same. They were all meant to consolidate the centralized state centered on the emperor and to record ancient Japanese history.

**Keywords**: *Kojiki*; *Nihon Shoki*; Compilation Intention; *Kojiki* and *Nihon Shoki*

The Research Concerning the Origin of Tug-of-War between China and Japan: Also on the Hmong's "Festival of Tug-of-drum" and the Japanese "Festival of Onbashira"

Li Guodong, Chen Jieying / 029

**Abstract**: As a kind of rice-farming custom, tug-of-war originated from the Hmong's "Tug-of-drum", and the "Tug-of-drum" originated from the worship of liquidambar. In the 10th century BC, as the descendants of Chiyou, the king of Xu Yan's clansmen were defeated in Zhoushan islands, and then they escaped to Japan. As a result, they first disseminated rice-farming to Japan, and the big snake worship in the lower reaches of Yangtze River and the tug-of-war as the pattern of manifestation was also introduced to Japan. Both the festival of "Onbashira" in Suwa Taisha and the Hmong's "Tug-of-drum" show the worship of tree pillars, and there are some similarities between them, which shows that Japanese tug-of-war inherits the soul of the Hmong's "Tug-of-drum". It is a custom of rice-farming with the meaning of worshipping ancestors and praying for prosperity and rice harvest.

**Keywords**: The Festival of Tug-of-drum; The Worship of Liquidambar; The Big Snake Worship; The Festival of "Onbashira"

The Issue of Medical Care and Supplies for the Japanese Army Invading China in the "Operation Ichi-Go"

Li Yanan / 047

**Abstract**: In the "Operation Ichi-Go" launched by the Japanese army invading China in 1944, the number of Japanese soldiers who died from injuries and diseases exceeded the number killed in combat. A large number of Japanese soldiers died in rear medical facilities. The reasons for the high casualties among Japanese soldiers were the high-intensity marching during wartime, prolonged food shortages, and a scarcity of medical supplies, resulting in rear medical facilities being unable to cope with the wounded and sick soldiers, thus jeopardizing medical and health services. The Japanese army's highways, waterways, and railways for supply lines were frequently targeted by air raids and ground attacks from Chinese and American forces, compounded by weather and terrain factors, leading to a low supply capability. Frontline units suffered severe shortages of supplies, ultimately resulting in a large number of soldiers dying from injuries and diseases.

**Keywords**: "Operation Ichi-Go"; Japanese Army Invading China; Death Due to Injuries and Diseases; Medical Care and Supplies

## Japanese Intellecture and Culture

The Dissemination and Localization of Zhu Xi's Shōgaku in Early Modern Japan

Wan Lili / 071

**Abstract**: Shōgaku, as a foundational educational text of Zhu Xi's philosophy, was introduced to Japan as early as the Kamakura period. In the early Edo period, the Kainan Zhu Xi school, the Kimon school, as well as scholars like Kaibara Ekken and Nakamura Tekisai from the Kaisai Zhu Xi school, created corresponding adaptations and commentaries based on Shōgaku. They engaged in annotations and localization studies, promoting the widespread acceptance and dissemination of Shōgaku in early modern Japan. Studying the transmission of Shōgaku in this context provides a valuable case for understanding the reception and transformation of Zhu Xi's thought in Japan.

**Keywords**: Shōgaku; Kainan Zhu Xi School; Kimon School; Kaisai Zhu Xi School

Transformation of the Image of Japanese Bureaucrats in the Early Showa Period—Focused on the "Bokuminkan" Image

Shi Pu / 085

**Abstract**: The image of "Bokuminkan" in modern Japan has undergone a dynamic developmental phase. In the early Meiji period, "Bokuminkan" enjoyed widespread admiration from feudal domain governments. However, their bureaucratic political influence waned in the wake of the Taisho Political Crisis and the rise of party politics, leading to a diminishing prominence of the "Bokuminkan Bureaucrat" image. In the early Showa period, as a result of the decline of party politics, the notion of relying on "Bokuminkan" resurged within society. Triggered by the salary reduction issues in 1929 and 1931, the bureaucratic groups demonstrated formidable capabilities for national mobilization. Subsequently, after the collapse of party politics, a new generation of "Bokuminkan," represented by the "New Bureaucrats," emerged as a new political core, attempting to establish a non-party system of national mobilization. This system ultimately laid the groundwork for the military-fascist regime's national mobilization efforts.

**Keywords**: Bokuminkan; New Bureaucrats; Japanese Fascism; National Mobilization

An Analysis of "Liberation Theory of Colored Races" of Modern Japan

Xu Saifeng / 101

**Abstract**: Western countries always propagate the racist theories such as "wisdom differences between races" and "evolutionary struggle," which has exerted a great influence on Japan's cognition and actions against the outside world since modern times. Since defeating the Russians of "white race" in the Russo-Japanese War, Japan had been regarded as the "leader" and "savior" of colored races. However, as imperialist Japan accelerated the aggression and expansion, the so-called "liberation theory of colored races" became a propaganda tool used to conceal Japan's aggression. Up to now, some Japanese still attempt to beautify their aggression history and deny the liabilities for war on the excuse of "ethnic liberation" . In addition, Japan's argument is confusing and deceptive somewhat due to the one-sided and wrong historical cognition of some Southeast Asian people.

**Keywords**: Japan; Foreign Aggression; Liberation Theory of Colored Races; Historical Cognition

A Review of Research on Kuno Osamu in Post-World War Ⅱ Japan

Wang Zhentao / 116

**Abstract**: With the overall conservatism of Japanese society, the idea of innovation is no longer the mainstream form of society, and has gradually been neglected and forgotten by the Japanese academia. The post-World War Ⅱ Japanese progressive intellectual Kuno Osamu is a typical representative. The study of Kuno Osamu in Japan is mainly divided into two stages: before the 1990s, it mainly interpreted Kuno Osamu's ideas from his individual treaties, so the whole manifested one-sidedness and fragmentation; after the 1990s, it focused on Kuno Osamu's ideas of pacifism, democratization, and civic-mindedness, so it embodied specialization and diversity. However, the research characteristic of the Japanese academy that emphasizes ideological theories and neglects practical movements, has led to a lack of systematization and comprehensiveness in the study of Kuno Osamu in Japan. Chinese academics are not limited by such research characteristics, and in the future, can continue to carry out Kuno Osamu research in the directions of ideological inheritance, correlation between thought and action, and political thought.

**Keywords**: Kuno Osamu; Kuno Osamu Studies; Pacifism; Democratism; Civic-mindedness

## Japanese Economy and Diplomacy

### Japan's Security Diplomacy to Southeast Asia: Building Strategic Fulcrum

Zhang Wenjia　Xu Wansheng / 143

**Abstract**: The basic feature of Japan's security diplomacy in Southeast Asia is to select the Philippines and Vietnam as strategic fulcrum countries. Japan builds its strategic fulcrum mainly through the construction of dialogue mechanism, the export of weapons and equipment, joint military exercises, and capacity-building assistance. On one hand, Japan's internal logic of building a strategic fulcrum stems from its intention to find more policy breakthroughs to promote its own political and military power process, to unite strategic fulcrum countries to intervene in the South China Sea dispute and contain China's regional influence, and to cooperate with the strategic layout of the Indo-Pacific region of its ally, the United States, and to enhance its international influence; On the other hand, it also stems from the resource conditions of the strategic fulcrum countries and their response to Japan. Japan promotes its security diplomacy in Southeast Asia by building strategic fulcrums, which plays a certain role in its national strategic transformation and arms exports, but intensifies the regional security tension and the strategic game between big powers, and impacts the principle of "ASEAN centrality".

**Keywords**: Japan's Diplomacy; Japan-ASEAN; Strategic Fulcrum; Southeast Asia Security

Jotaro Yamamoto and Modern Japanese Economic Expansion Activities in China

Zhou You / 159

**Abstract**: Yamamoto Jotaro was an entrepreneur with a great sense of innovation, adventure and plunder, he was also a rightist politician with multiple faces, who bore important historical responsibility for Japan's activities in China. Yamamoto Jotaro played an unique role in Mitsui's trade with China and the establishment and development of Shanghai Textile Corporation, Yamamoto Jotaro was active and deeply involved in plundering China's iron ore resources and creating the Sino-Japanese joint Hanyeping Company. Yamamoto Jotaro's reform after serving as the president of Manchu Railway had an important impact on the revitalization of Manchu Railway, and that he forced Zhang Zuolin to secretly sign an agreement with him to build five new railways.

**Keywords**: Yamamoto Jotaro; Mitsui & Co. Shanghai Branch; Zaikabo; Hanyeping Company; The South Manchuria Railway Company

First Exploration on the Imperial Japanese Naval Station in Manchukuo's "Manchuria Management"

Zhang Mingrui Liu Jingyu / 185

**Abstract**: After the September 18th Incident, the Japanese Navy sent Seizaburou Kobayashi and others to Northeast China for coordinating with the Kwantung Army. And then the Naval Ad Hoc Office of Manchukuo was set up to explore water and mineral resources, persuade and train the former Northeast River Defense Fleet, command the "Japanese Navy Songhua River Rangers" to assist the Kwantung Army in suppressing the Anti Japanese armed forces. Under the background that the Japanese government took "Manchuria management" as the national policy, the Japanese Navy changed the Ad Hoc Office into the Imperial Japanese Naval Station in Manchukuo with independent military power and full responsibility for the Manchukuo Navy and related affairs, in the form of an imperial decree of the Japanese emperor in 1933. Through a series of activities of this Station, the Japanese Navy has temporarily realized its purpose of "Manchuria operation". In 1938, the Japanese Navy revoked the Station on the grounds of completing its mission in the Manchukuo. This decision not only considered that under the long-term war of aggression against China, the Imperial Japanese Naval Station in Manchukuo with independent command might cause friction with the Kwantung Army, but also made necessary arrangements according to the Japanese Navy's own situation and strategic layout at a deeper level.

**Keywords**: Imperial Japanese Navy; The Imperial Japanese Naval Station in Manchukuo; "Manchuria Management"; The Imperial Japanese Naval Ad Hoc Office in Manchukuo

**A Review and Prospect of Japanese Studies in China in the 21st Century**

Progress, Issues, and Prospects of Japanese Studies at Jilin University Since the 21st Century

Pang Deliang / 209

New Century, New Development, New Opportunities: Japanese Studies at Northeast Normal University Since the 21st Century

Chen Xiuwu / 215

Diligence and Long-Term Efforts: The Development Trajectory and Reflections on Japanese Studies at Liaoning University in the 21st Century

Cui Yan　Yu Zhenchong / 224

Japanese History Research at Beihua University in the 21st Century

Zheng Yi / 230

The History and Current Status of Japanese Studies at Zhejiang Gongshang University

Jiang Jing　Zheng Hui / 236

**Explorations in History and Translation**

The State and the Emperor in Medieval Japan

Kuroda Toshio, Trans. by Kang Hao / 255

Tominaga Kenichi and Nankai University

Sonoda Shigeto, Trans. by Zhao Wenwen / 285

**Book Review**

Prophecies of the Pacific War-A Review of Edward S. Miller's *War Plan Orange: The U. S. Strategy to Defeat Japan, 1897–1945*

Gao Xing / 295

# 《南开日本研究》征稿

南开大学日本研究院学术集刊《南开日本研究》诚邀学界同仁投稿。

《南开日本研究》（集刊）1996 年创办，迄今已出版 28 辑。从 2022 年起，本集刊从年刊改为半年刊（第 1 辑和第 2 辑），敬请学界同仁多多支持，共同促进我国日本研究事业的发展。

本集刊设有日本历史、日本政治、日本经济、日本社会、日本思想及文化等专题研究栏目，以期为中国的日本学研究者提供一个公共学术平台。

本集刊稿件篇幅一般为 1 万字左右，观点新颖并有理论深度的学术论文不受字数限制。稿件一经采用，即致稿酬。

投稿时请注意以下要求（注释规范等详见《南开日本研究》论文技术处理规范）：

1. 请附 300 字左右的中、英文内容提要以及 3—5 个关键词。

2. 请使用中文简体 word 文档，A4 幅面，5 号字，固定值 18 磅行距。

3. 注释请使用脚注，格式为：作者（译著或译文还应注明译者）、书名（或论文题目）、出版社（或杂志名称）、出版时间、页码。

4. 注释中引用外文文献时请按照外文规范直接使用原文。

5. 如属课题项目成果请注明课题项目名称及项目号。

6. 本集刊实行双向匿名审稿制度，来稿请用电子邮件发送，论文请加封面，注明中文标题及作者的姓名、工作单位、职称（或职务）、通信地址、邮政编码、电话、电子信箱等。正文部分不得出现上述信息，不要出现作者署名及其他有关作者的信息（包括“拙著”等字样），以便匿名评审。

联系地址：300071，天津市南开区卫津路94号，南开大学日本研究院《南开日本研究》编辑部。

投稿邮箱：nkrbyj@126.com。

联系电话：（022）23505753。

**图书在版编目(CIP)数据**

南开日本研究. 2024 年. 第 2 辑 : 总第 31 辑 / 刘岳兵主编. -- 北京 : 社会科学文献出版社, 2024. 10.
ISBN 978-7-5228-4337-7

Ⅰ. K313. 07

中国国家版本馆 CIP 数据核字第 202411AY47 号

南开日本研究　2024 年第 2 辑（总第 31 辑）

---

主　　编 / 刘岳兵

出 版 人 / 冀祥德
责任编辑 / 邵璐璐
责任印制 / 王京美

出　　版 / 社会科学文献出版社 · 历史学分社（010）59367256
地址：北京市北三环中路甲 29 号院华龙大厦　邮编：100029
网址：www. ssap. com. cn
发　　行 / 社会科学文献出版社（010）59367028
印　　装 / 唐山玺诚印务有限公司

规　　格 / 开　本：787mm×1092mm　1/16
印　张：19. 5　字　数：288 千字
版　　次 / 2024 年 10 月第 1 版　2024 年 10 月第 1 次印刷
书　　号 / ISBN 978-7-5228-4337-7
定　　价 / 89. 00 元

---

读者服务电话：4008918866